ポイント解説

実務担当者のための
金融商品取引法

三浦法律事務所 弁護士
峯岸健太郎 編著

今戸智恵・柴田　久・今村　潤・尾西祥平
緋田　薫・磯田　翔・小倉　徹　著

Financial Instruments and Exchange Act

商事法務

はしがき

　本書は、2019年1月に設立された三浦法律事務所のメンバーにおいて、金融商品取引法のうち実務上論点となる点について広く取り上げつつ、簡潔にまとめたものです。

　私が2006年から2007年に金融庁総務企画局企業開示課（当時）に専門官として出向して企画立案に従事した金融商品取引法が施行されてから、すでに12年以上が経過しています。この間、企業法務の実務が大きく進展し、日本企業を取り巻く環境変化に対応しながら、金融商品取引法は、ほぼ毎年改正され、法の施行時よりさらに複雑化しています。本書では、このような複雑な金融商品取引法について、規制の読み方を概説したうえで、以下の実務上課題となる点について幅広く取り上げつつ、簡潔に解説することを試みています。

① 　株式報酬、ファイナンス、M&A、事業承継、株式の信託や金融ビジネス等の取引類型
② 　上場会社の株式発行等のエクイティ・ファイナンス
③ 　ガバナンス等の情報開示や証券取引所における適時開示
④ 　M&Aや自社株買いにおける公開買付規制・大量保有報告制度
⑤ 　インサイダー取引規制を中心とした不公正取引規制
⑥ 　FinTechやファンド業務に関する金融規制
⑦ 　不適切会計や役職員のインサイダー取引事案等における違反の効果と当局対応

　そのため、本書では、金融商品取引法のほか、会社法はもちろんのこと、金融庁の監督指針、検査マニュアル、Q&A・ガイドライン、東京証券取引所の定める適時開示に関する規則や関連するガイドライン、マネーローンダリングに関する規制等のさまざまな実務に関連する規制を含めて幅広く取り扱っています。

　金融商品取引法については、その関連分野は幅広く、特定の分野や取引類型に的を絞った優れた専門的な書籍や論文が多数存在し、私自身も特定の分野や取引類型について単著や共著にて書籍や論文を執筆してきましたが、それらは、現場で実務に携わる方には難解な部分もあろうかと思います。そこで、本書は、実務上論点となる点について広く取り上げつつ簡潔にまとめ、実務に携わる方が論点について「気づき」ができるような内容としています。このような方針のため、本書では個別の論点について深入りはせず、論点に「気づき」、各論点に関する専門的な書籍での調査や専門家に相談する際の「きっかけ」を作ることに主眼を置いています。本書が複雑な金融商品取引法に関する実務についての理解を高め、

上場会社に関する企業法務や金融ビジネスに少しでも寄与できれば幸いです。

　本書の刊行にあたっては、株式会社商事法務の水石曜一郎氏、井上友樹氏に多大なるご尽力をいただきました。本書の企画にご理解をいただき、構成や内容の両面について貴重なご助言をいただいたことにより、企画から短い期間で本書が刊行できたといっても過言ではありません。この場を借りて心から厚く御礼を申し上げます。

　2019年11月

執筆者を代表して
峯岸　健太郎

目 次

第1章　金商法の構造と読み方のポイント

I　金商法の全体像 …………………………………………………… 1
　1　規制対象となる行為と商品　1
　2　金商法の目的と全体像　3
　　(1)　金商法の目的　3
　　(2)　金商法の全体構造　4
　　(3)　金商法の周辺領域　5

II　金商法の階層構造 ………………………………………………… 5

III　定義の重要性 ……………………………………………………… 6

IV　業務に携わる者の心得 …………………………………………… 6

第2章　取引の類型と法規制

I　株式報酬 …………………………………………………………… 8
　1　報酬制度の柔軟性　8
　2　株式を利用する場合の規制と手続　8
　　(1)　株式を発行する場合の手続　8
　　(2)　自己株式を処分する場合の手続と留意事項　10
　　(3)　持株会を組成する場合の留意事項　10
　3　新株予約権を発行する場合の手続　11
　4　ファントム・ストック（株式または新株予約権を発行・処分しない場合）　11

II　株式等の発行・自己株式の処分 ………………………………… 12
　1　上場会社の場合における手続と留意事項　13
　　(1)　上場普通株式を発行し、またはこれを目的とする新株予約権（新株予約権付社債）を発行する場合　13
　　(2)　国内において優先株式を発行する場合　16

2　非上場会社等の有価証券報告書の提出義務を負わない会社（「非開示会社」）の場合　17

Ⅲ　社債の発行 ……………………………………………………………………18
　　1　振替社債の場合における手続　18
　　2　非振替社債の場合における手続　18
　　　(1)　私募による社債発行　18
　　　(2)　少人数私募の要件　19
　　　(3)　適格機関投資家私募の要件　20

Ⅳ　M&Aと金商法 …………………………………………………………………20
　　1　上場会社におけるM&Aと金商法　20
　　2　業務資本提携の開示規制とスケジュール　21
　　3　公開買付けを利用した買収（二段階買収）　22
　　4　合併等における開示義務　22
　　　(1)　合併等の組織再編成において有価証券届出書を提出する場合　22
　　　(2)　合併等の組織再編成において臨時報告書を提出する場合　24

Ⅴ　事業承継等において親族間で上場株式を譲渡等する場合 ……………24
　　1　上場株式の譲渡と金商法　25
　　2　公開買付規制が適用される場合とされない場合　25
　　3　売出し規制が適用される場合とされない場合　26
　　4　インサイダー取引規制が適用される場合とされない場合　27
　　　(1)　インサイダー取引の禁止と未公表の重要事実を知る者同士の取引の活用の可能性　27
　　　(2)　情報伝達・取引推奨の禁止とクロクロ取引の活用　28
　　　(3)　上場会社におけるインサイダー取引防止規程　28
　　5　事業承継の当事者である株主側でのその他手続　29
　　　(1)　大量保有報告　29
　　　(2)　売買報告書、短期売買利益の提供　29
　　　(3)　親会社等状況報告書　30
　　6　上場会社における手続　31
　　　(1)　売出しに係る適時開示　31
　　　(2)　親会社・主要株主の異動に係る臨時報告書　32
　　　(3)　親会社、支配株主、その他の関係会社、主要株主の異動に係る適時開示　32

(4)　支配株主等に関する事項の開示　33
　　(5)　非上場の親会社等の決算情報　33

Ⅵ　上場会社株式を信託財産とする場合における金商法の適用 …………33
　1　信託による株式の保有者と株式に係る権利の受益者の分離　33
　2　信託を行う場合の公開買付規制の適用関係　34
　　(1)　信託譲渡と「買付け等」　34
　　(2)　受益権の譲渡　35
　　(3)　信託期間中や信託終了時における株式の受益者への給付　35
　3　信託を行う場合における大量保有報告制度の適用関係　35
　4　信託が行われた場合の有価証券報告書の大株主の状況の記載　36
　5　信託を行う場合のインサイダー取引規制の適用関係　36
　　(1)　信託譲渡と有償での所有権の移転　36
　　(2)　受益権の譲渡　36
　　(3)　信託期間中や信託終了時における株式の受益者への給付　37

Ⅶ　組合型ファンドを組成する場合における規制 ……………………………37
　1　ファンド持分が有価証券に該当した場合の効果　38
　　(1)　ファンド持分の有価証券性　38
　　(2)　ファンド持分の有価証券該当性の例外　38
　2　ファンド持分の勧誘には原則として第二種金融商品取引業の登録が必要　39
　3　財産の過半を有価証券に投資するファンドの運用には原則として投資運用業の登録が必要　40
　4　ファンドの募集と運用について登録が不要な場合（適格機関投資家等特例業務の届出を行った場合）　40
　　(1)　届出対象となるファンドの要件　40
　　(2)　届出者の要件と届出後のファンド運営者の義務　41

Ⅷ　Fintech ……………………………………………………………………………41
　1　「金融商品取引業」への該当性　42
　　(1)　「金融商品取引業」に該当することの効果　42
　　(2)　登録上「金融商品取引業」に該当するか否かの判断　42
　2　該当する場合における登録手続　43

第 3 章　発行開示

I　発行開示規制の概説 …………………………………………………… 46
1　概要　46
2　有価証券の募集または売出しにおける発行開示規制　47

II　募集および売出し …………………………………………………… 48
1　概要　48
2　第一項有価証券の募集　49
　(1)　概要　49
　(2)　募集の該当性の判断の概要　49
　(3)　取得勧誘　50
　(4)　多数の者向け取得勧誘　51
3　第一項有価証券の売出し（金商法 2 条 3 項）　51
　(1)　概要　51
　(2)　「売出し」の該当性の判断　52
　(3)　「売付け勧誘等」とこれに該当しない勧誘等　53
　(4)　適用除外取引　53
　(5)　「売出し」には該当しないと取り扱われるもの　54
　(6)　多数の者向け売付け勧誘等　55
4　第二項有価証券の募集・売出し　55

III　募集と売出しに該当する場合の効果 ……………………………… 56
1　概要　56
2　有価証券の募集・売出しに該当することに伴う規制　59
　(1)　届出前勧誘規制　59
　(2)　届出後取引規制　59
3　有価証券届出書　59
　(1)　有価証券届出書の提出義務と免除　59
　(2)　届出手続　63
　(3)　有価証券届出書の記載内容　64
　(4)　届出の訂正　66
　(5)　届出の効力発生　68

Ⅳ 目論見書の作成および交付義務 …………………………………… 71

1 概要 71
2 目論見書の作成義務 71
3 目論見書の交付義務 72
　(1) 交付目論見書（金商法15条2項） 72
　(2) 訂正目論見書（金商法15条4項・5項） 73
4 交付手続 73
　(1) 交付義務者と交付方法 73
　(2) 目論見書の交付時期 73
5 目論見書の記載事項 74
　(1) 交付目論見書（金商法15条2項） 74
　(2) 訂正目論見書（金商法15条4項） 75

Ⅴ 発行登録制度 ……………………………………………………… 76

1 概要 76
2 発行登録書 76
　(1) 発行登録書 76
　(2) 発行登録書の記載内容 77
　(3) 発行登録追補書類 77
　(4) 発行登録の訂正 78
　(5) 発行登録の効力発生 78
　(6) 発行登録制度における目論見書 79

Ⅵ 有価証券の私募・私売出し ……………………………………… 80

1 有価証券の私募 80
　(1) 概要 80
　(2) 私募要件と転売制限・告知義務 81
　(3) 適格機関投資家私募要件 81
　(4) 少人数私募要件 81
　(5) 特定投資家私募要件 84
2 第二項有価証券の私募 84
3 私売出し 84

Ⅶ 有価証券通知書および発行登録通知書 ………………………… 85

1 概要 85

    2　有価証券通知書　86
　　⑴　提出義務　86
　　⑵　提出手続　86
　　⑶　記載内容　86
　　3　発行登録通知書　87

第4章　継続開示

I　総論　88

II　定期開示　89

　1　提出義務　89
　　⑴　有価証券報告書の提出義務　89
　　⑵　四半期報告書の提出義務　91
　2　提出期限とその延長　92
　　⑴　有価証券報告書の提出期限とその延長　92
　　⑵　四半期報告書の提出期限とその延長　93
　3　開示内容　93
　　⑴　有価証券報告書における開示内容　93
　　⑵　四半期報告書における開示内容　99
　4　有価証券報告書の総会前提出　100

III　臨時報告書　100

　1　総論　100
　2　臨時報告書の提出事由　100
　3　臨時報告書の添付書類　105
　　⑴　有価証券の募集または売出しが海外において開始された場合（開示府令19条2項1号）　105
　　⑵　募集によらない有価証券の発行・外国における私募につき取締役会等の決議があった場合（開示府令19条2項2号）　106

IV　訂正報告書　106

　1　継続開示書類の訂正　106
　2　訂正報告書の自発的提出　107
　3　形式上の不備等があった場合の訂正報告書の提出命令　107

4　不実記載があった場合の訂正報告書の提出命令　107
　　　5　継続開示書類の不実記載に対する制裁　107
　　　6　有価証券報告書の訂正の公告　107

V　継続開示義務の消滅と中断 ……………………………………………… 108
　　　1　総論　108
　　　2　提出義務の消滅　110
　　　(1)　上場廃止の場合　110
　　　(2)　株券等につき届出等を行った後、5年連続で所有者が300名未満となった場合　110
　　　(3)　社債の全部が償還された場合　110
　　　3　提出義務の中断　111
　　　(1)　外形基準の場合（金商法24条1項4号に該当している場合）　111
　　　(2)　有価証券届出書または発行登録追補書類を提出した会社（上場を除く）、または外形基準に該当する会社が管轄財務局長の承認を受けた場合　111
　　　4　提出義務の中断期間中における有価証券の発行または交付　112
　　　(1)　私募の可否　112
　　　(2)　発行または交付により中断が終了するか　113
　　　(3)　有価証券の所有者が25名未満であるとして、有価証券報告書の提出義務の免除（中断）の承認を得ている会社が合併により消滅する場合　113
　　　(4)　全部取得条項付種類株式によるスクイーズ・アウトによる旧株式の消滅と有価証券報告書の提出義務　113

第5章　適時開示

I　適時開示の概要 ……………………………………………………………… 115
　　　1　適時開示の意義・目的　115
　　　2　臨時報告書との違い　115
　　　3　適時開示のスケジュール　116

II　適時開示の内容 ……………………………………………………………… 117
　　　1　適時開示の記載内容　117
　　　(1)　適時開示が求められる会社情報　117
　　　(2)　開示資料において記載すべき具体的内容（開示事項）　118
　　　(3)　開示資料を作成するにあたって遵守事項　118

2　適時開示の要否　119
　　⑴　個別の開示項目への該当性の検討　119
　　⑵　軽微基準への該当性の検討　119
　　⑶　バスケット条項への該当性の検討　120
　　⑷　任意開示の検討　121

Ⅲ　適時開示の時期 ………………………………………………………… 122
　1　決定事実の開示時期　122
　　⑴　概要　122
　　⑵　基本合意書等の締結を行う場合　123
　　⑶　行政上の許認可等の取得が必要な場合　123
　　⑷　相手方の取締役会決議が未了の場合　123
　2　発生事実の開示時期　124
　3　業績予想の修正等の開示時期　124
　　⑴　業績予想の修正が必要となる基準　124
　　⑵　適切な修正に向けた留意点　126
　4　スクープ報道がなされた場合の開示　126
　　⑴　スクープ報道に対する実務上の留意点　126
　　⑵　相場操縦および風説の流布との関係　127
　　⑶　届出前勧誘規制との関係　128

Ⅳ　適時開示の方法 ………………………………………………………… 128
　1　TDnetを利用した情報開示　128
　2　TDnet以外の方法による情報開示　129

Ⅴ　企業行動規範 …………………………………………………………… 129

Ⅵ　第三者割当 ……………………………………………………………… 131
　1　総論　131
　2　企業行動規範上の遵守事項　131
　3　上場廃止基準　133
　4　適時開示の内容および注意点　134
　　⑴　開示事項　134
　　⑵　第三者割当における適時開示の具体的な記載　135

Ⅶ MSCB 等の発行 ……………………………………………………… 138
1 総論　138
2 企業行動規範上の遵守事項　139
3 発行にあたっての留意事項および記載事項　140
  (1) 留意事項　140
  (2) 記載事項　140
4 MSCB 等の転換または行使の状況に関する記載事項および留意点　141

Ⅷ 支配株主との取引 ……………………………………………………… 141
1 総論　142
2 規制の対象となる重要な取引等　142
  (1) 重要な取引等を行うことについて決定する場合　142
  (2) 支配株主その他施行規則で定める者　143
  (3) 「関連する場合」とは　144
3 企業行動規範に定める手続の内容　145
  (1) 手続の概要　145
  (2) 少数株主にとって不利益なものでないことに関する意見の入手　146

Ⅸ コーポレート・ガバナンス報告書の固有の開示 …………………… 148
1 総論　148
2 記載要領　148

第 6 章　公開買付け

Ⅰ 発行者以外の者による公開買付け …………………………………… 150
1 公開買付規制の概要　150
2 公開買付けが強制される場面　151
  (1) 総論　151
  (2) 5％ルールの場合（金商法27条の2第1項1号）　152
  (3) 市場外3分の1ルールの場合（金商法27条の2第1項2号）　156
  (4) 立会外取引3分の1ルールの場合（金商法27条の2第1項3号）　157
  (5) 急速買付けの場合（金商法27条の2第1項4号）　158
  (6) 他者による公開買付期間中に、株券等所有割合が3分の1を超える株主が5％超の買付け等をする場合（金商法27条の2第1項5号）　160

(7)　上記(2)ないし(6)に準ずる取引（金商法27条の2第1項6号、金商法施行令7条7項1号・2号）　161
3　公開買付けが不要となる場面　162
　(1)　総論　162
　(2)　権利行使等に伴う買付け等　162
　(3)　グループ会社内での買付け等　162
　(4)　25名未満の総株主の同意がある場合の特定買付け等　163
　(5)　その他の類型　164
4　公開買付けを実施する場合の流れ　164
　(1)　公開買付けの準備　164
　(2)　公開買付けに必要となる書類およびスケジュール　164
5　公開買付けを実施する場合の留意点　165
　(1)　別途買付けの禁止　165
　(2)　買付条件等の変更　165
　(3)　公開買付けの撤回等　166
　(4)　買付け等を行う株券等の数の上限・下限と全部買付義務　169

Ⅱ　発行者による自己株式の取得（公開買付けを含む） 170

第7章　大量保有報告制度

Ⅰ　大量保有報告制度の概略 172
1　概要　172
2　違反時の効果　172

Ⅱ　大量保有報告書 173
1　大量保有報告書の提出の要否　173
　(1)　上場会社等　173
　(2)　株券等　174
　(3)　保有割合　175
　(4)　保有者　178
　(5)　共同保有者　182
2　大量保有報告書の提出　190
　(1)　提出方法　190
　(2)　提出期限　191

(3)　提出先　191
　　　(4)　写しの送付　191
　　　(5)　公衆縦覧　192
　　　(6)　大量保有報告書の提出が不要となる場合　192
　　　(7)　大量保有報告書の様式等　192

Ⅲ　変更報告書 ……………………………………………………………… 195
　　1　変更報告書の提出の要否　196
　　　(1)　概要　196
　　　(2)　①株券等保有割合の1％以上の増減　196
　　　(3)　②大量保有報告書に記載すべき重要な事項の変更　198
　　　(4)　変更報告書の提出が不要になる場合　199
　　2　変更報告書の提出方法　199
　　　(1)　提出方法および提出先　199
　　　(2)　提出期限　200
　　　(3)　写しの送付および公衆縦覧　200
　　　(4)　様式および短期大量譲渡報告制度　200
　　　(5)　記載事項および添付書類　201

Ⅳ　訂正報告書 ……………………………………………………………… 201
　　1　訂正報告書の提出の要否　201
　　2　訂正報告書の提出方法　202
　　　(1)　提出方法および提出先　202
　　　(2)　提出期限　202
　　　(3)　縦覧期間　202
　　　(4)　内容・様式　202

Ⅴ　特例報告制度 …………………………………………………………… 203
　　1　概略　203
　　2　特例対象株券等　204
　　3　金融商品取引業者等　204
　　4　重要提案行為等　204
　　　(1)　提案内容　205
　　　(2)　提案の相手方　205
　　　(3)　「重要提案行為等」の判断要素　206

(4) 重要提案行為等を行う場合の特例　207
　5　特例報告制度の利用が認められない場合　208
　6　特例報告制度による大量保有報告書の提出　208
　7　特例報告制度による変更報告書の提出　209
　8　特例報告制度による訂正報告書の提出　209

第8章　インサイダー取引規制

I　インサイダー取引 …………………………………………………………210
　1　概要　210
　2　会社関係者等によるインサイダー取引規制　211
　　(1) 総論　211
　　(2) 各要件の検討　211
　　(3) 適用除外　240
　3　公開買付者等関係者等によるインサイダー取引規制　240
　　(1) 総論　240
　　(2) 各要件の検討　241
　　(3) 適用除外　243

II　情報伝達・取引推奨の禁止 ……………………………………………244
　1　総論　245
　2　規制の要件　245
　3　効果　245

III　フェア・ディスクロージャー・ルール ………………………………246
　1　総論　246
　2　対象となる重要情報と公表　246
　3　対象となる取引関係者　247
　4　適用除外　248

第9章　売買報告と短期売買差益の提供

I　売買報告 …………………………………………………………………249
　1　総論　249
　2　報告義務を負う者　249

3　適用除外　250

II　短期売買差益の返還 ……………………………………………………251
　　1　総論　251
　　2　短期売買利益の発生　251
　　3　短期売買利益の算定方法　252
　　(1)　6か月以内に買付け等および売付け等が1回ずつ行われた場合　252
　　(2)　6か月以内に買付け等および売付け等が複数回行われた場合　252

第10章　風説の流布／相場操縦／空売規制

I　有価証券の取引等に関する規制 …………………………………………253

II　風説の流布等 ………………………………………………………………253
　　1　概要　253
　　2　規制行為　254
　　(1)　目的　254
　　(2)　行為　254
　　3　責任　255
　　(1)　刑罰　255
　　(2)　課徴金　255
　　4　裁判例　255

III　相場操縦 ……………………………………………………………………256
　　1　概要　256
　　2　相場操縦取引類型　256
　　3　相場操縦等の不公正取引例　257
　　(1)　株価を引き上げる対当売買　257
　　(2)　売買を活発に見せる対当売買　258
　　(3)　売り買い不均衡な対当売買　258
　　(4)　見せ玉　258
　　(5)　寄付き前の見せ玉　258
　　(6)　特殊見せ玉　259
　　4　仮装取引・馴合取引　259
　　5　変動操作取引　259

6　違法な安定操作取引　260
　　7　自己株取得に係る規制　261
　　　(1)　規制の意味合い（相場操縦規制の適用除外ではないこと）　261
　　　(2)　自己株式の取得方法　261
　　8　責任　262
　　　(1)　刑罰　262
　　　(2)　課徴金　262
　　　(3)　民事責任　263
　　9　裁判例　263

Ⅳ　空売規制等 ……………………………………………………………… 263

第11章　金融ビジネス

Ⅰ　新規参入 ………………………………………………………………… 264
　1　概要　264
　2　金融商品取引業者　265
　　(1)　第一種金融商品取引業　265
　　(2)　第二種金融商品取引業　265
　　(3)　投資助言・代理業　265
　　(4)　投資運用業　266
　3　規制の内容　266
　　(1)　参入規制　266
　　(2)　業務範囲規制　269
　　(3)　行為規制　271
　　(4)　経理規制　276
　4　金商法が関連する近時のビジネス　276
　　(1)　クラウドファンディング　276
　　(2)　ソーシャルトレーディング　278
　　(3)　おつり投資　278
　　(4)　ロボアドバイザー　279

Ⅱ　ファンド規制（集団投資スキーム規制）…………………………… 280
　1　概要　280
　2　ファンドの類型　280

3　有価証券該当性　281
　　　(1)　出資者の全員が出資対象事業に関与する場合　282
　　　(2)　役職員等による持株組合　282
　　　(3)　コンテンツファンド　283
　　　(4)　不動産特定共同事業契約に基づく権利等、その他法令により規律される場合　284
　　4　ファンド持分の勧誘　284
　　5　ファンド勧誘後の運用　284
　　6　適格機関投資家等特例業務の届出　285
　　　(1)　届出対象となるファンドの要件　285
　　　(2)　届出者の要件と届出後のファンド運営者の義務　287
　　7　事業型ファンド　289

Ⅲ　犯収法　…………………………………………………………………………………290
　　1　概要　290
　　2　取引時確認　292
　　3　記録の作成・保存　299
　　4　疑わしい取引の届出　300
　　5　体制整備　300

第12章　違反の効力

Ⅰ　概要　……………………………………………………………………………………302

Ⅱ　民事責任　………………………………………………………………………………302
　　1　概要　302
　　　(1)　顧客に対する責務と契約上の責任　302
　　　(2)　不法行為責任　302
　　2　情報開示等に係る金商法上の賠償責任の規定　303
　　　(1)　概要　303
　　　(2)　募集売出によって有価証券を取得した者に対する虚偽記載等のある書類に係る賠償責任　303
　　　(3)　募集売出によらないで有価証券を取得または処分した者に対する賠償責任　305
　　　(4)　届出の効力発生前の取引禁止等違反に関する賠償責任　309
　　　(5)　虚偽の記載等がある目録見書等の使用に関する賠償責任　309

3　公開買付けに係る金商法上の賠償責任の規定　309
　　　(1)　公開買付届出書不提出等に関する賠償責任　309
　　　(2)　公開買付けによらない買付け等の禁止違反に関する賠償責任　309
　　　(3)　決済義務違反に関する賠償責任　310
　　　(4)　虚偽記載等のある公開買付説明書の使用者の賠償責任　310
　　　(5)　虚偽記載等のある公開買付開始公告を行った者等の賠償責任　310
　　4　相場操縦行為等に関する賠償責任　311

Ⅲ　課徴金　311
　　1　概要　312
　　2　減算制度　314
　　3　加算措置　315
　　4　調査勧告　315
　　5　審判手続　315
　　6　金融庁長官の決定と不服申立て　316

Ⅳ　刑事罰　316

第13章　監視体制と行政当局対応

Ⅰ　監視体制　317
　　1　概要　317
　　2　金融商品取引業協会　317
　　(1)　概要　317
　　(2)　自主規制機関による規制　318
　　3　金融庁・管轄財務局長等・証券取引等監視委員会の権限分配　319

Ⅱ　行政当局対応　319
　　1　概要　319
　　2　財務会計面での不祥事が発覚した場合　320
　　3　証券取引等監視委員会による開示検査・取引調査　321
　　4　管轄財務局長等による金融商品取引業者に対する監督・検査　321

事項索引　323
編著者・著者略歴　329

凡　例

1　法令、ガイドラインの略称

金商法	金融商品取引法
改正金商法	情報通信技術の進展に伴う金融取引の多様化に対応するための資金決済に関する法律等の一部を改正する法律（令和元年6月7日法律第28号）による改正後の金商法
金商法施行令	金融商品取引法施行令
定義府令	金融商品取引法第二条に規定する定義に関する内閣府令
開示府令	企業内容等の開示に関する内閣府令
開示ガイドライン	金融庁企画市場局「企業内容等の開示に関する留意事項について（企業内容等開示ガイドライン）」（令和元年6月）
特定開示府令	特定有価証券の内容等の開示に関する内閣府令
電子開示府令	開示用電子情報処理組織による手続の特例等に関する内閣府令
重要情報府令	金融商品取引法第二章の六の規定による重要情報の公表に関する内閣府令
FDRガイドライン	金融庁総務企画局「金融商品取引法第27条の36の規定に関する留意事項について（フェア・ディスクロージャー・ルールガイドライン）」（平成30年2月6日）
他社株公開買付府令	発行者以外の者による株券等の公開買付けの開示に関する内閣府令
自社株公開買付府令	発行者による上場株券等の公開買付けの開示に関する内閣府令
大量保有府令	株券等の大量保有の状況の開示に関する内閣府令
金商業等府令	金融商品取引業等に関する内閣府令
金商法等ガイドライン	金融庁総務企画局「金融商品取引法等に関する留意事項について（金融商品取引法等ガイドライン）」（平成27年9月）
取引規制府令	有価証券の取引等の規制に関する内閣府令
財務諸表等規則	財務諸表等の用語、様式及び作成方法に関する規則
上場規程	東京証券取引所の定める有価証券上場規程
上場規程施行規則	東京証券取引所の定める有価証券上場規程施行規則
自己株式取得ガイドライン	日本取引所自主規制法人「自己株式取得に関するガイドライン」（平成26年4月1日）
振替法	社債、株式等の振替に関する法律

外為法　　　　　　　　　　外国為替及び外国貿易法
対内直投政令　　　　　　　対内直接投資等に関する政令
報告省令　　　　　　　　　外国為替の取引等の報告に関する省令
独占禁止法　　　　　　　　私的独占の禁止及び公正取引の確保に関する法律
犯収法　　　　　　　　　　犯罪による収益の移転防止に関する法律
犯収法施行令　　　　　　　犯罪による収益の移転防止に関する法律施行令
犯収法施行規則　　　　　　犯罪による収益の移転防止に関する法律施行規則
資金決済法　　　　　　　　資金決済に関する法律
投信法　　　　　　　　　　投資信託及び投資法人に関する法律
投資事業有限責任組合法　　投資事業有限責任組合契約に関する法律
有限責任事業組合法　　　　有限責任事業組合契約に関する法律

2　文献の略称
(1)　単行本
横畠　　　　　　　　　　　横畠裕介『逐条解説　インサイダー取引規制と罰則』（商事法務研究会、1989年）44頁

5％ルール実務研究会　　　5％ルール実務研究会編『5％ルールの実務とQ&A』（大蔵財務協会、1991年）44頁

池田＝大来＝町田　　　　　池田唯一＝大来志郎＝町田行人編著『新しい公開買付制度と大量保有報告制度』（商事法務、2007年）

神田＝黒沼＝松尾　　　　　神田秀樹＝黒沼悦郎＝松尾直彦編著『金融商品取引法コンメンタール4――不公正取引規制・課徴金・罰則』（商事法務、2011年）

根本　　　　　　　　　　　根本敏光『大量保有報告制度の理論と実務』（商事法務、2017年）

松尾　　　　　　　　　　　松尾直彦『金融商品取引法〔第5版〕』（商事法務、2018年）

適時開示ガイドブック　　　東京証券取引所上場部編『会社情報適時開示ガイドブック〔2018年8月版〕』（東京証券取引所、2018年）

(2)　判例誌
民集　　　　　　　　　　　最高裁判所民事判例集
刑集　　　　　　　　　　　最高裁判所刑事判例集
判時　　　　　　　　　　　判例時報
判タ　　　　　　　　　　　判例タイムズ

(3)　官公庁の公表資料
公開買付けQ&A　　　　　　金融庁総務企画局「株券等の公開買付けに関するQ&A」（平成21年7月3日（最終更新：平成24年8月3日））

大量保有Q&A　　　　　　　金融庁総務企画局「株券等の大量保有報告に関するQ&A」（平成22年3月31日（最終更新：平成24年1月

	23日))
平成18年12月13日パブコメ回答	金融庁「『証券取引法等の一部改正に伴う証券取引法施行令等の改正（案）』に対するパブリックコメントの結果について」における「提出されたコメントの概要とコメントに対する金融庁の考え方」（平成18年12月13日）
平成19年7月31日パブコメ回答	金融庁「『金融商品取引法制に関する政令案・内閣府令案等』に対するパブリックコメントの結果等について」における「コメントの概要及びコメントに対する金融庁の考え方」（平成19年7月31日）
平成22年6月4日パブコメ回答	金融庁「『企業内容等の開示に関する留意事項について（企業内容等開示ガイドライン）の一部改正（案）』に対するパブリックコメントの結果等について」における「『企業内容等の開示に関する留意事項について（企業内容等開示ガイドライン）の一部改正（案）』等に対するパブリックコメントの概要及びそれに対する金融庁の考え方」（平成22年6月4日）

第1章　金商法の構造と読み方のポイント

I　金商法の全体像

1　規制対象となる行為と商品

　金商法は、金融商品に関する行為に適用される法律であるところ、その適用範囲はきわめて広い。

　第1に、行為の面から見た場合、①上場会社や上場をめざす会社にとっては投資家への情報開示やインサイダー取引等の不公正取引を規制する法律として、②M&Aに携わる人々には公開買付け（TOB）やアドバイザリー業務を規制する法律として、③ファンドの組成や販売に携わる人々にはファンドを規制する法律として、④証券会社等の金融機関やFintech等の金融業務に携わる人々には金融業務を規制する法律として、幅広く適用される。

図表1-1：規制の概略

	発行市場	流通市場
投資に関する情報開示規制	発行開示	継続開示 （証券取引所規則）
M&Aに関する情報開示規制		公開買付規制 大量保有報告制度
不公正取引規制	インサイダー取引規制	
	風説の流布・相場操縦規制・自己株式取得規制	
	不公正取引を防止するための諸制度	
金融商品取引業者への規制	参入規制（態勢整備、財務基盤）	
	業務範囲規制	
	行為規制	

　第2に、対象となる商品から見た場合、①株式・社債・投資信託等の典型的な有価証券に関する取引、②組合持分等のファンドや信託受益権といった投資に関する権利、③オプション取引をはじめとするデリバティブ取引がある。

第3に、改正金商法[1]で、実質的には投資商品化していた暗号資産（ビットコイン等の仮想通貨）について、幅広く金商法を適用することとした。具体的には、外国為替証拠金取引（FX取引）と同様に、証拠金取引について販売・勧誘規制を整備するほか、その交換業者等を金融商品取引法の対象業者とするとともに、Initial Coin Offeringに関し、株式等と同様に情報開示規制や不公正取引に関する規制を適用することとした。

図表1-2：対象となる金融商品

法令での名称	具体例
第一項有価証券	株式、新株予約権、新株予約権付社債、社債、投資信託
第二項有価証券	組合持分等の集団投資スキーム、信託受益権
デリバティブ取引	外国為替証拠金取引（市場または店頭FX）、株価指数先物取引、証券CFD（差金決済）取引、オプション取引、スワップ取引、クレジット・デリバティブ取引、天候デリバティブ取引、外国市場デリバティブ取引等
暗号資産	ビットコイン等の仮想通貨

図表1-3：暗号資産への金商法の適用

改正内容	改正の効果
金融商品の定義に「暗号資産」を追加（改正金商法2条24項）	暗号資産を用いたデリバティブ取引が規制される。
暗号資産を用いたデリバティブ取引に関する業務の規制	顧客への説明義務（改正金商法43条の6）
流通性の高い暗号資産（電子記録移転権利）を株式等と同様に取り扱う（改正金商法2条3項・8項）	・ 株式等の募集・売出しと同様の開示規制 ・ 第一項有価証券として、その業としての取扱いについては、第一種金融商品取引業の対象となり、販売・勧誘規制が適用される。 ・ 第一項有価証券に適用される不公正取引に関する規制等も適用される。

---

1) 令和元年6月7日に公布された「情報通信技術の進展に伴う金融取引の多様化に対応するための資金決済に関する法律等の一部を改正する法律」2条による金商法の改正となる。施行日は、改正法の公布日から1年以内の政令で定める日とされており、本書脱稿時において施行日は未定である。

ファンド等の分配を受ける権利を有する者が出資した暗号資産は金銭とみなして金商法の規定を適用する（改正金商法2条の2）。	・ファンドに対し暗号資産で出資が行われる場合、当該ファンド持分の勧誘については第二種金融商品取引業となり、ファンド資産のうち過半数を有価証券に投資する場合には投資運用業となる。 ・上記より、現行法のファンド規制と同様の規律となる。
暗号資産の売買等に関する不公正取引についての規定を新設（改正金商法185条の22～185条の24）	・不正行為の禁止 ・風説の流布等の禁止 ・相場操縦行為等の禁止

　このように、金商法の適用される行為と金融商品は、きわめて幅広いものの、金融取引の発展に応じて順次改正されているため、規制の構造は複雑となっている。一方、規制に違反した場合の制裁は重い。たとえば、上場会社が有価証券報告書の虚偽記載等を行った場合には、役員と会社は投資家に対して反証を行う必要のある損害賠償責任を負い、行政上の制裁金である課徴金や刑事罰の対象となっている。また、M&Aの場面はもちろん、M&Aとは関係ない親族間の事業承継に際して上場株式を移転する場合でも、公開買付規制やインサイダー取引規制等の適用があり、これらに違反した場合も課徴金や刑事罰の対象となっている。さらに、金融業務に関する規制に違反した場合には、違反の態様によっては金融庁のホームページで公表され、金融庁から行政処分を受けるなどして業務を行えなくなる可能性があるほか、日本証券業協会等の自主規制機関による処分等もある。

2　金商法の目的と全体像
(1)　金商法の目的

　金商法の上記1で示した規制は、その目的を実現するために定められていることから、法の目的を理解することは金商法の全体構造を理解するうえで重要である。金商法の目的は、究極的には国民経済の健全な発展と投資者の保護であり、そのための制度と具体的な目的は、以下のとおりとされている（金商法1条）。

具体的な制度
① 企業内容等の開示制度の整備
② 金融商品取引業を行う者に関し必要な事項を定めること
③ 金融商品取引所の適切な運営を図ること

制度整備による具体的な目的
① 有価証券の発行および金融商品等の取引等の公正

② 有価証券の円滑な流通
③ 資本市場の機能の十分な発揮による金融商品等の公正な価格形成等を図る

これらの制度と目的に従い、金商法は、各種規制を設けているのである。

(2) **金商法の全体構造**

金商法のうち、一般に、法務において特に利用する部分は、下記**図表1-4**のとおりである。

金商法の全体は複雑な構造となっているが、法務において特に利用する部分に絞ると、それほど複雑ではなく、基本的には、定義規定と関係する章に関する規定を読めばよいこととなる。

図表1-4：法務に必要な金商法の構造

金商法の章	項目	具体的な内容
第1章	目的・定義	金融商品取引業の概念、情報開示規制の発動要件、プロの概念
第2章	企業内容等の開示	有価証券届出書、有価証券報告書、四半期報告書、内部統制報告書、臨時報告書等
第2章の2	公開買付け	公開買付けの要件、公開買付けを行う場合の手続
第2章の3	大量保有	大量保有報告書や変更報告書の提出要件とその内容
第3章	金融商品取引業者等	参入要件、業務範囲、業者の行為規制、ファンド規制
第3章の2	金融商品仲介業者	参入規制、業者の行為規制
第6章	有価証券の取引に関する規制	風説の流布、相場操縦規制、自己株式の取得、インサイダー取引規制
第6章の2	課徴金	課徴金の対象行為と計算方法
第6章の3	暗号資産の取引等に関する規制	暗号資産の売買等に関し、不正行為、風説の流布等、相場操縦行為等の禁止
第7章	監査・委任状勧誘	委任状勧誘規制
第8章	罰則	罰則の内容
第9章	犯則事件の調査等	証券取引等監視委員会による調査等

(3) 金商法の周辺領域

　金商法は、あくまで金融商品に関する行為を規制する法律であるため、その金融商品に関する内容については、その発行根拠法を見る必要がある。たとえば、株式・新株予約権等であれば会社法である。

　また、上場会社であれば、金商法のほかに、上場する証券取引所の規則やガイドライン等を検討する必要がある。

　金融商品取引業を行う場合には、日本証券業協会等の自主規制機関の規則を確認する必要がある。自主規制機関による規制は、法令で定める行為規制よりも幅広い規制を行っている場合があることから、特に注意が必要である。

　また、金融商品取引業者やファンド業務を行う適格機関投資家等特例業務を行う者には、マネーローンダリングの防止のため、取引時における本人確認の義務等が課されていることから、この態勢整備等も行う必要があり、個人情報の保護については「金融分野における個人情報保護に関するガイドライン」等もある。

Ⅱ　金商法の階層構造

　金商法は、「金融商品取引法」という法律の下に、政令、内閣府令および告示があり、政令・内閣府令に関するパブリックコメント回答、ガイドライン、Q&A、監督指針・検査マニュアルやこれらに関するパブリックコメント、ノーアクションレターの回答がある。関連する部分に関する業務を行う場合には、これらを確認する必要があるが、階層構造を理解すれば、さほど難解ではない。階層構造を表にすると下記**図表1-5**のとおりとなる。

図表1-5：金商法の階層構造

項目	法律・政令	内閣府令	その他
定義	○	定義府令	金商法等ガイドライン
企業内容開示	○	開示府令	開示ガイドライン FDRガイドライン 東京証券取引所「エクイティ・ファイナンスのプリンシプル」、事例と解説等
他社株公開買付	○	他社株公開買付府令	公開買付Q&A
自社株公開買付	○	自社株公開買付府令	―
大量保有	○	大量保有府令	大量保有Q&A

金融商品取引業	○	金商業等府令	監督指針・検査マニュアル 自主規制機関の定める規則
自己株式の取得	○	取引規制府令	東京証券取引所「東証市場を利用した自己株式取得に関するQA集」、自己株式取得ガイドライン
インサイダー取引規制	○	取引規制府令	証券取引等監視委員会「インサイダー取引規制に関するQ&A」 金商法等ガイドライン 東京証券取引所の「ファイナンス銘柄の売買に関するガイドライン」、「決算期末の売買に関するガイドライン」
課徴金	○	課徴金府令（金融商品取引法第六章の二の規定による課徴金に関する内閣府令）	

Ⅲ 定義の重要性

　金商法は、金融商品に関する行為を規制する法律であることから、その適用範囲を画するものとして、用語の定義が重要となる。

　金商法において、用語の定義は、金商法の2条で定める構造にはなっているものの、頻繁に改正が繰り返されてきたことから、「定義」は、2条に限らず、各章のなかでも設けられている。また、同じ用語（たとえば、「株券」）であっても、規定により概念が拡張されている（金商法施行令1条の4第1号における「株券」は文字どおりの「株券」のみならず、外国会社の発行するものも含まれているなど）場合や、逆に、概念が限定されている場合（「金融商品取引業者」は、個別に限定がされていることが多い）もあるため、注意が必要である。

　加えて、法令の用語が、施行令や内閣府令において、概念が拡張され、または、限定されている場合もあることから、用語の「定義」については、特に慎重に確認する必要がある。

Ⅳ 業務に携わる者の心得

　金商法は、複雑な構造の法規制であることから、その適用要件は難解であり、

また適用がある場合における開示書類等の書類の作成を適切に行うことは難しいものではあるものの、関連する部分に絞ってシンプルに考えた場合には規制の趣旨はわかりやすい法律ともいえる。そのため、業務に関して金商法に携わる者は、金商法の規定の詳細を把握するというよりは、関連する業務分野において、どのような規制（規制の趣旨・目的と簡単な要件、例外があること）があって、どのような状況で問題となりうるのかということを把握し、もしかしたら問題になるかもしれない、あるいは規制を活用したビジネスを行えるかもしれないという感度を高めることが重要である。

このような感度があれば、金融商品に関する何らかの行為を行おうとする際の詳細な検討については、金商法に関する業務分野に詳しい専門家に相談することが可能である。また、相談することができれば、「うっかり」規制違反を避けることができるであろうし、規制があることを前提とした業務プロセス（たとえば、インサイダー情報の管理態勢を構築し、インサイダー情報をなるべく発生させない）を構築したり、Fintech 等、新たなビジネスに参入することも可能であろう。

金商法は、規制法である以上、規制の抵触を避けるということに目を向けがちであるが、規制をよく知ることにより規制をふまえた新たなビジネス・スキームを構築する機会も広げられるのである。

第2章　取引の類型と法規制

I　株式報酬

ポイント
- 報酬制度は、金銭のみならず、株式・新株予約権もあわせて検討する。
- 上場会社（完全子・孫会社を含む）の役職員に対し、株式・新株予約権を交付する場合、譲渡制限等の一定の要件のもとで、適時開示と臨時報告書の提出が必要となる。
- 上記の者以外（完全子・孫以外の連結子会社等の役職員）にも付与する場合には、適時開示のほか、総額1億円以上となる場合には有価証券届出書の提出が必要となり、開示予定日の2週間前までに事前相談を開始する必要がある。
- 持株会については、法令の要件を満たす必要があり、満たさない場合には原則として、集団投資スキームに関する規制（金商業の登録）の対象となる。
- 株式や新株予約権を交付せず、株価の変動により報酬金が増減する場合には、金商法の規制対象外となる。

1　報酬制度の柔軟性

役員報酬においては、月額の固定報酬に加えて、インセンティブ報酬を導入する場合、どのような形態の報酬をミックスするかということを考える必要があるところ、報酬の性質・内容はさまざまであり、各社の目的に応じ、柔軟に設計することができる。

報酬の機能や目的が同じような場合であっても、金銭・株式・新株予約権等の報酬の内容によりその付与手続は異なり、税務上・会計上の扱い等は異なりうることから注意する必要がある。本書では、主に、株式や新株予約権等のエクイティを報酬とする場合の手続について概説する。

2　株式を利用する場合の規制と手続

(1)　株式を発行する場合の手続

上場会社が、募集価額の総額1億円以上となる株式を発行する場合、原則として、有価証券届出書の提出が必要となる。もっとも、普通株式の株式交付型のインセンティブ報酬を導入する場合、発行者、その完全子会社、完全孫会社[1]の役

職員（「発行者等役職員」）を相手方として上場株式を発行するものであって、発行者等役職員が交付を受けることとなる日の属する事業年度経過後3か月を超える期間の譲渡が禁止される旨の制限が付されているものについては、総額が1億円以上となる場合でも、有価証券届出書を提出する必要はなく、臨時報告書の提出で足りる（金商法施行令2条の12第1号、開示府令19条2項2号の2イ）。たとえば、一般的な譲渡制限付株式報酬では臨時報告書の提出で足りることになる。

臨時報告書の記載例

> (1) 株式の銘柄
> A株式会社普通株式
> (2) ①発行数
> 　　○株
> 　　②発行価格及び資本組入額
> 　　○円
> 　　③発行価額の総額及び資本組入額の総額
> 　　○円
> ※臨時報告書は、株式の時価発行の場合における会社法201条3項の公告も兼ねるものとなることから（同条4項、会社法施行規則40条6号）、「発行価額の総額は、本新株式発行に係る会社法上の払込金額の総額であり、資本組入額の総額は、本新株式発行に係る会社法上の増加する資本金の額の総額であります。また、増加する資本準備金の額の総額は○円です。」などと注記を記載することとなる。
> 　　④株式の内容
> ※通常は上場普通株式を対象とすることから、「完全議決権株式であり、権利内容に何ら限定のない当社における標準となる株式です。なお、単元株式数は100株です。」などと記載することになる。
> (3) 勧誘の相手方の人数及びその内訳
> 　　当社取締役　　　○名
> 　　当社従業員　　　○名
> 　　当社子会社の取締役　○名
> 　　当社子会社の従業員　○名
> 　　当社孫会社の取締役　○名
> 　　当社孫会社の従業員　○名
> (4) 勧誘の相手方が完全子会社・完全孫会社の役職員である場合には、当該会社と提出会社との関係
> ※たとえば、「当社子会社は当社の完全子会社であり、当社孫会社は、その発行済株式総数のうち当社が20％、当社完全子会社が80％を保有する会社です。」などと記載する。
> (5) 勧誘の相手方と提出会社との間の取り決め内容

1) 発行者およびその完全子会社、または完全子会社が発行済株式総数のすべてを所有する会社をいう（開示府令2条1項2号）。

※譲渡制限期間、譲渡制限の解除の条件、提出会社による無償取得等の取決めがある場合の当該取決めをいう（開示ガイドラインＢ24の5-14-2）とされていることから、開示例にある有価証券届出書に記載されている譲渡制限契約の内容を記載することになる。
(6)　株式が譲渡についての制限がされていない他の株券と分別して管理される方法
※株式を管理する第一種金融商品取引業者における具体的な管理の内容について記載すること（開示ガイドラインＢ24の5-14-3）とされていることから、開示例にある適時開示に記載されている証券会社における管理方法について記載することになる。

(2)　自己株式を処分する場合の手続と留意事項

　自己株式の処分により株式報酬を付与する場合についても、開示規制については上記(1)と同様であるが、インサイダー取引規制の適用がある点が異なる。したがって、付与対象者となる役職員と割当契約を締結する時点において未公表の重要事実や公開買付け等事実が存在する場合には、原則として、自己株式を付与することできない（金商法166条1項、167条1項）。

　もっとも、付与対象者が、上場会社の取締役等の経営幹部のみに限られる場合には、付与する上場会社と付与を受ける経営幹部は、いずれも同じ未公表の重要事実を知る者であり、このような者同士の市場外で相対取引についてはインサイダー取引規制の適用しない（いわゆるクロクロ取引による除外規定）ため、この規定を活用することも考えられる[2]。

(3)　持株会を組成する場合の留意事項

　株式会社において、民法上の組合型の持株会については、以下の要件を満たす必要がある（金商法2条2項5号、金商法施行令1条の3の3第5号・6号、定義府令6条、7条1項1号～2号の2・2項）。これを満たさない場合、持株会の組合持分が、「集団投資スキーム持分」に該当し、持株会への資金拠出の勧誘と持株会による株式取得・売却が金融商品取引業に該当して、登録が必要となってしまう。

①　出資者は、発行者、その子会社、孫会社またはひ孫会社の役員または従業員、または発行者の関係会社の従業員、発行者の指定取引先（役員を含む）のみ
②　投資対象は、株式のみ
③　1回の拠出金額が100万円未満であること
④　一定の計画に従い、個別の投資判断に基づかず、継続的に買付けを行うものであること

---

[2]　上場会社の役員が、上場会社に対し役務の提供をする場合において、その提供の対価として当該役員に生ずる債権の給付と引換えに取得することとなる上場会社の株式の買付けについては、役員による上場株式の売買に関する売買報告書の提出は免除され（取引規制府令30条1項13号）、売買利益の返還の規定も適用されない（取引規制府令33条）。

⑤　指定取引先が出資者となるものについては買付けが、金融商品取引業者に委託して行われるものであること

　なお、公開買付規制との関係においては、「買付け」から除外される要件を満たすためには、発行者の役職員のみが出資者であって、上記②～⑤の要件を満たすものに限られている（他社株公開買付府令2条の6第1号）。また、上場株式の買付けは、インサイダー取引規制の対象となるが、上記①から④に加え、買付けを金融商品取引業者に委託して行われるものである場合に、インサイダー取引規制の対象外となる（取引規制府令59条1項4号・6号・8号・2項・3項、63条1項4号・6号・8号・2項・3項）。

3　新株予約権を発行する場合の手続

　上場会社が、上場株式を目的とする新株予約権であって、その発行と行使に要する額の合計額の総額が1億円以上となる新株予約権を発行する場合、原則として、有価証券届出書の提出が必要となる。

　もっとも、発行者、その完全子会社、完全孫会社[3]の役職員（「発行者等役職員」）を相手方として上場株式を目的とする新株予約権を発行するものであって、発行する新株予約権に会社法236条1項6号に規定する譲渡制限が付されているものについては、有価証券届出書の提出を提出する必要はなく、総額が1億円以上となる場合に限り臨時報告書の提出で足りる（金商法施行令2条の12第2号、開示府令19条2項2号の2ロ）。

4　ファントム・ストック（株式または新株予約権を発行・処分しない場合）

　ファントム・ストックとは、業績連動報酬として株価等の指標に連動させて金銭を交付するものの、株式または新株予約権を発行または処分しない報酬設計をいう。そのため、ストック・オプション等と異なり、有価証券の募集や売出しといった行為がないことになる。したがって、この場合には、有価証券届出書や臨時報告書の提出は不要となり、適時開示を要するものではない。

　ファントム・ストックは、有価証券を保有するものではないため、その付与等に対して開示書類は不要であり、業績連動報酬の付与時に株式の売却等も伴わないため、インサイダー取引規制もないといったメリットも挙げられる。

---

[3]　発行者およびその完全子会社、または完全子会社が発行済株式総数のすべてを所有する会社をいう（開示府令2条3項2号）。

Ⅱ 株式等の発行・自己株式の処分

ポイント
- 上場会社が、日本国内において、上場株式やこれを目的とする新株予約権（新株予約権付社債）を総額1億円以上発行する場合、適時開示・有価証券届出書の提出が必要となり、公表予定日の2週間前に取引所・管轄財務局長等に相談が必要となる。また、原則として、目論見書の作成と交付も必要となる。
- 上場会社が、海外において1億円以上の発行を行う場合には、適時開示と臨時報告書の提出が必要となる。
- 上場会社が、日本国内において、発行からおおむね6か月経過以後に上場株式に転換可能な種類株式を1億円以上発行する場合、適時開示・臨時報告書の提出が必要となり、公表予定日の2週間前に取引所に相談が必要となる。

図表2-1：株式・新株予約権発行の届出義務

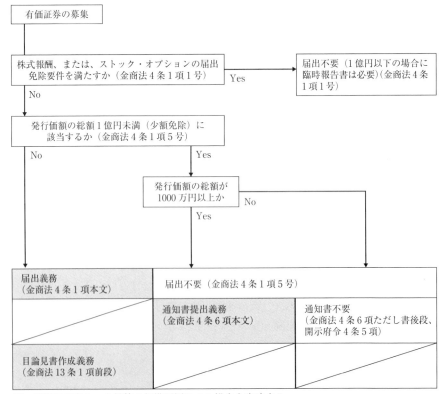

※ 説明の便宜上、合併等の組織再編による場合を省略する。

1 上場会社の場合における手続と留意事項
(1) 上場普通株式を発行し、またはこれを目的とする新株予約権（新株予約権付社債）を発行する場合
　(ⅰ) 国内募集における有価証券届出書の提出義務

　上場会社が、日本国内において、普通株式を発行もしくは処分し、または普通株式を目的とする新株予約権（新株予約権付社債を含む。以下同じ）を行おうとする場合、相手方が1名であろうと、原則として、有価証券届出書の提出が必要となる（金商法4条1項）。

　届出を行った場合、原則として、届出日の翌日から起算して16日目（組込方式・参照方式の有価証券届出書であって、希薄化規模が25％以上となるなどの大規模増資に該当しない場合であって割当予定先が有価証券報告書を提出している会社に該当する場合には、8日目）に届出の効力が発生し、申込みの受付けが可能となる（金商法8条1項）。

　ただ、時価での株式、新株予約権、新株予約権付社債の発行や自己株式の処分については、払込期日の2週間前までに株主に対し公告をしなければならないため（会社法201条3項等、振替法161条2項）、届出効力発生期間（待機期間）が短縮されても、払込期日自体を大幅に前倒しすることはできない。

　なお、この公告は、公告記載事項が記載された有価証券届出書を提出する場合に省略が可能である（会社法201条5項等）。

　有価証券届出書を提出する場合における第三者割当による株式発行のスケジュールのイメージは、下記図表2-2のとおりとなる。

図表2-2：第三者割当の場合における国内株式発行のスケジュールイメージ（時価発行で、支配株主等の異動が生じず、届出書を提出する場合）

日程	To do 等
X-2週間前	管轄財務局長等・証券取引所の事前相談開始
X（公表日）	・取締役会決議 ・有価証券届出書の提出 ・適時開示
（X+8日目） ※25％以上の希薄化となる大規模増資や割当予定先が有価証券報告書を提出していない者である場合等は、X+16日目となる	（届出の効力発生）

（X＋15日目）	（届出の効力発生がX＋8日目の場合における）払込み・株式発行
X＋16日目	・　届出の効力発生 ・　目論見書の交付 ・　払込み・株式発行
払込みから2週間以内	変更登記

　ただし、以下に掲げるいずれかに該当する場合、上場会社は、有価証券届出書を提出する必要はない。

① 　上場会社、その完全子会社または完全孫会社[4]の役職員[5]に対する譲渡制限のある新株予約権の発行（ストック・オプション特例による届出免除）
② 　上場会社が合併等の組織再編成に際して行う発行または処分であり、当該上場会社が、合併存続会社または株式交換完全親会社となる場合[6]
③ 　上場会社が過去に発行に際して有価証券届出書を提出した新株予約権に関して売出しを行う場合
④ 　その発行価額が1億円未満となる場合

　上記④における、1億円の計算方法については、募集の開始時において合理的に見込まれる価格を基礎とした発行価額の総額による。また、上場会社が、普通株式または新株予約権を発行する場合の発行価額の総額が1億円未満であっても、以下に掲げるものは、届出義務が課される（開示府令2条5項）。

① 　新株予約権の払込金額の総額に行使価額の合計額を合算した金額が1億円以上となる場合（開示府令2条5項1号）
② 　1年間通算して1億円以上となる募集または売出しの場合（開示府令2条5項2号）
③ 　同一の種類の有価証券の募集または売出しの並行（開示府令2条5項4号・5号）

4) 　上場会社の完全子会社に発行済株式のすべてを保有される会社または上場会社とその完全子会社にあわせて発行済株式のすべてを保有される会社をいう（開示府令2条3項2号）。
5) 　取締役、会計参与、監査役、執行役または使用人をいう（金商法施行令2条の12）。なお、これらの者以外を含めて同時に募集を行う場合、この除外には該当せず（開示ガイドラインB 4-2)、他の提出免除要件を満たさない限り、有価証券届出書の提出が必要となる。
6) 　株式移転の場合には発行者は株式移転完全親会社となるため、有価証券届出書の提出が必要となる。なお、上場会社が分割会社となる新設分割や吸収分割を行う場合には、分割計画または分割契約において当該上場会社が分割対価として割当てを受ける新設分割設立会社または吸収分割承継会社の株式を当該上場会社の株主に対して剰余金の配当として分配する定めがあるときに限り、有価証券届出書の提出義務が生じる（金商法施行令2条の2)。

図表２-３：国内株式発行スケジュールイメージ（時価発行で、支配株主等の異動が生じず、届出書を提出しない場合）

日程	To do 等
Ｘ－２週間前	証券取引所の事前相談開始
Ｘ－３営業日まで	電子公告調査機関への調査依頼
Ｘ（公表日）	・　取締役会決議 ・　有価証券通知書の提出 ・　適時開示 ・　電子公告開始
Ｘ＋15日目	・　届出の効力発生 ・　払込み・株式発行
払込みから２週間以内	変更登記

　なお、時価での株式等の発行であったとしても、第三者割当により支配株主が異動することとなる場合には、その旨の公告を行わなければならない（会社法206条の２第１項等、振替法161条２項）ところ、公告記載事項が記載された有価証券届出書を提出する場合においては、その提出をもって代替することができるため、公告を行わない（会社法206条の２第３項等）。

　(ii)　国内募集において有価証券届出書を提出しない場合
　(a)　ストックオプション特例による届出免除の場合
　上場会社は、新株予約権の行使価額を含めて１億円以上となる場合には、ストックオプションの発行に関する臨時報告書を管轄財務局長等に対し提出する（開示府令19条２項２号の２）。
　この場合、臨時報告書が公告の代わりとなるため、別途、公告を行う必要はない（会社法240条４項）。一方、新株予約権の行使価額を含めて１億円未満となる場合には、臨時報告書の提出をする必要はないため、公告を行う必要がある（同条３項）。
　(b)　発行価額が１億円未満（新株予約権については行使価額を含む）の場合
　上場会社は、発行価額が1000万円以上（新株予約権については行使価額を含む）となる場合には、有価証券通知書を管轄財務局長等に対し提出する（金商法４条１項５号・６項、開示府令４条６項）。
　この場合、定款の規定に従い、時価での株式、新株予約権、新株予約権付社債の発行や自己株式の処分については、払込期日の２週間前までに株主に対し公告をしなければならない（会社法201条３項、240条２項、振替法161条２項）。

(iii) 国内募集における目論見書の要否

　有価証券届出書の提出義務が生じる場合、上場会社は、目論見書の作成義務を負う（金商法13条1項前段）。また、有価証券届出書の提出が免除される場合でも、上場会社の役員等の発行者関係者による売出しや発行者関係者以外の者による1億円以上株式の売出しについては、目論見書の作成義務が生じる（同項後段）。

　もっとも、目論見書の作成義務が生じる場合であっても、相手方が①適格機関投資家または②同一銘柄を保有する者である場合であって目論見書の交付省略に同意した場合には、目論見書の交付義務はなく（金商法15条2項各号）、この場合には目論見書を作成する必要はない。

(iv) 海外における募集

　届出規制は、国内における募集・売出しに係る規制であることから、海外における募集・売出しを行う場合には、日本国内での有価証券届出書や有価証券通知書の提出義務は課されない[7]。

　ただ、海外における募集・売出しを行う場合であって総額が1億円以上となる場合で、同種の有価証券につき、国内において並行して行う募集・売出しに係る有価証券届出書に海外募集・売出しの内容が記載されているときを除き、管轄財務局長等に対し臨時報告書の提出が必要となる（開示府令19条2項1号）。

　また、海外において50名未満に対し総額が1億円以上となる場合にも、管轄財務局長等に対し臨時報告書の提出が必要となる（開示府令19条2項2号）。

(2) 国内において優先株式を発行する場合

　上場会社が国内において50名未満の割当先に対し、優先株式等、普通株式と配当や残余財産の順位が異なる株式を発行する場合には、少人数向け勧誘（少人数私募）となり、発行総額が1億円以上となる場合にのみ、管轄財務局長等に対し臨時報告書の提出が必要となる（開示府令19条2項2号）。

　もっとも、上場会社が発行する優先株式等、普通株式と配当や残余財産の順位が異なる株式であっても、その内容として上場する普通株式の取得請求権が付されている場合、その取得請求権の行使により普通株式の発行が短期間に相当程度見込まれているものについては、少人数私募の要件を満たさず、有価証券届出書の提出が必要とされている（開示ガイドラインCⅡ(1)④）。この「短期間」については明示的な解釈は示されていないものの、おおむね6か月を目安として判断さ

---

[7] 勧誘が国内外のいずれかで行われるかについては実態で判断され、たとえば、海外の相手方に勧誘を行ったが、その相手方の代理等を行う金融商品取引業者に対する勧誘が国内で行われるなど実態にかんがみ、海外での募集・売出しとはみなされない場合には届出義務違反となる（開示ガイドラインB4-23ロ）。

れているようであるが、6か月より短い場合でもただちに問題となるわけではなく、発行条件、種類株式の内容・特質、発行者・割当者の状況、発行等の目的、転換条件の内容、転換期間等に照らし個別に判断されている[8]。また、種類株式の普通株式への転換制限については、普通株式の取得請求権の内容として「発行日から〇か月経過後」から取得請求権の行使が可能とする場合と、取得請求権の内容としては発行日以後にただちに取得請求権の行使が可能としたうえで投資契約等の合意により一定期間取得請求権の行使を制限する場合があるが、上記「短期間」の要件との関係ではいずれの場合でも問題ない。

2 非上場会社等の有価証券報告書の提出義務を負わない会社（「非開示会社」）の場合

非開示会社は、50名未満に対し、株式等を発行し、または、自己株式を処分することの勧誘を行う場合には、有価証券届出書を提出する義務を負わない。もっとも、50名以上に勧誘を行う場合でも、有価証券届出書が提出不要な場合がある。非開示会社が、株式または新株予約権を発行する場合の届出要件の検討の概要については下記**図表 2 - 4** のとおりである。

図表 2 - 4：非開示会社の株式発行等の届出要件フローチャート

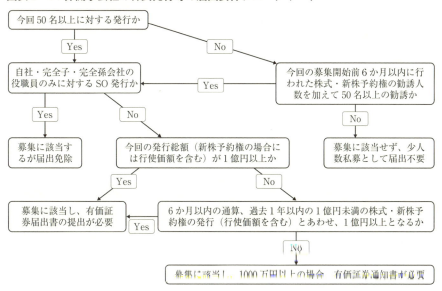

8) 平成22年6月4日パブコメ回答16頁83番。

Ⅲ　社債の発行

ポイント
- 振替社債を発行しようとする場合、実務上、発行登録書と発行登録追補書類を提出して発行する場合が多い。
- 非振替社債を発行しようとする場合、会社法上の社債管理会社設置義務と金商法上の開示義務のいずれについても免除要件を満たす形で発行する場合が多い。

1　振替社債の場合における手続

　上場会社が社債を発行する場合、一般的には、多数の投資家向けに振替法に基づく振替社債を発行する。この場合、1億円以上の社債の募集となることから、原則として、有価証券届出書の提出が必要となるため、上場会社が社債を発行する場合には、一般的には、発行登録制度を利用する。発行登録制度とは、将来有価証券の発行を予定している者が、一定期間内における発行予定額または発行残高の上限、発行予定証券の種類等を記載した発行登録書を提出しておくことにより、実際の発行時において、有価証券届出書を提出することなく、発行条件等の証券情報を記載した発行登録追補書類を提出することで募集を行うことを可能とする制度である。
　発行登録制度は、大要、

① 1年間継続して有価証券報告書を提出していること
② 売買金額100億円以上かつ時価総額100億円以上（または上場株式について3年平均時価総額が250億円以上）

という要件（有価証券届出書における参照方式の利用適格要件と同様）を満たす会社のみ利用が認められている。

　発行登録制度を利用できる場合、①継続的に有価証券の募集・売出しの勧誘が可能であること、②有価証券届出書と比べ簡易な発行登録追補書類を提出するのみで有価証券の発行が可能であること、③投資家に交付する目論見書は参照方式による簡易な方式を利用可能であることといったメリットがある。

2　非振替社債の場合における手続
(1)　私募による社債発行
　上記1以外で社債を発行する場合、一般的には、有価証券届出書の提出義務

を負わない形で発行する事案が多数であろう。なぜなら、(特に非上場会社においては)監査を要する有価証券届出書の作成負担、その後の有価証券報告書の提出義務等の継続開示義務の負担が大きいからである。

　有価証券届出書の提出義務を負わない場合として、①「募集」に該当しない「私募」の場合と、②「募集」には該当するが発行総額が1億円未満である場合との2つの場合が考えられるものの、社債の金額単位が1億円未満または社債権者の数が50名以上となる場合には社債管理者を設置する義務が生じ(会社法702条、会社法施行規則169条)、費用と手間がかかることから、一般的には、非振替社債は、「私募」の要件を満たす形で発行される。

　「私募」は、50名未満に対する勧誘で有価証券の転売制限が付されている少人数私募、人数制限はないものの適格機関投資家(プロの投資家)を相手方とする勧誘で有価証券に転売制限が付されている適格機関投資家私募、プロ向け市場に関する特定投資家私募の3種類が存在するが、本書では、よく利用される少人数私募と適格機関投資家私募について概説する。

(2) 少人数私募の要件

　少人数私募は、以下に掲げる要件を満たす必要がある。

> ①　取得勧誘の相手方が50名(適格機関投資家私募の要件を満たした有価証券の取得勧誘の相手方となるプロを除く)未満であること(金商法施行令1条の5)[9]
> ②　少人数向け勧誘の転売制限を満たすこと(金商法施行令1条の7)[10]
> ③　今回の発行日以前6か月以内に発行された同種の新規発行証券(開示を行ったもの、株式報酬ストック・オプションの免除要件を満たしたものを除く)の勧誘相手とあわせて取得勧誘の相手方が50名未満であること(金商法施行令1条の6)

　少人数私募となるためには、上記3要件を満たす必要がある。たとえば、その有価証券の取得勧誘の相手方が20名である場合でも、当該有価証券の発行される日6か月以内に、当該有価証券と同一種類の有価証券が発行されており、当該有価証券の取得勧誘を行う相手方の人数と当該6か月以内に発行された同種の新規発行証券の取得勧誘を行った相手方の人数との合計が50名以上となる場合には、少人数向け勧誘に該当しないこととなる(上記③の要件)。

　したがって、少人数私募を行う場合には、そのときの取得勧誘の人数のみならず、他の取得勧誘の人数と通算されることがないかどうかにも注意する必要がある。

---

9)　50名の計算方法は、延べ人数により計算する(開示ガイドラインB2-2)。
10)　株券等は転売制限には服しないものの、便宜上、まとめて転売制限と述べる。少人数私募に関し、以下同じ。

(3) 適格機関投資家私募の要件

適格機関投資家私募の場合、転売制限は、主に、株券、新株予約権証券等の株券等を取得できる権利が付与されている有価証券、このような権利が付されていない社債券等に分けて規定されている（金商法施行令1条の4、定義府令11条）。

なお、適格機関投資家に対して有価証券の取得勧誘を行う場合において、当該取得勧誘の相手方の人数から当該適格機関投資家の人数を除くことが可能であるところ、当該有価証券にプロ向け勧誘の転売制限が付されている必要がある。

この場合、その有価証券の取得勧誘において、適格機関投資家私募の転売制限と少人数私募の転売制限の要件が有価証券の内容としてどのように表示されるかが問題となるが、それぞれの転売制限は、相互に排斥するものではないことから、たとえば、適格機関投資家を取得勧誘の相手方としつつ、少人数私募を行う場合においては、適格機関投資家向け社債については適格機関投資家私募の、適格機関投資家以外のものについて少人数私募の要件を満たすようにすればよい。

Ⅳ M&Aと金商法

ポイント
- 上場会社が業務資本提携において総額1億円以上の株式を発行する場合には有価証券届出書の提出と公表予定日の2週間前までに管轄財務局・証券取引所への事前相談が必要となる。
- 上場会社の株式を買い付ける場合には、その特別関係者とあわせて、買付け後の議決権割合が3分の1超となる場合には、公開買付けを行う必要があり、買付け公表予定日の2週間前までに管轄財務局への事前相談が必要となる。
- 株式移転による経営統合等では、有価証券届出書の提出が必要となる場合があり、統合会社が提出義務者となり、新規上場を行う場合は、提出予定日の1か月前までに管轄財務局への事前相談が必要となる。
- 金商法の規制は、情報開示に関する規制であるものの、M&Aのプロセスの透明性を高めるために、会社法等に規定のない事項についての開示も求められていることに注意が必要である。

1 上場会社におけるM&Aと金商法

上場会社がM&Aを行う場合には、上場会社の売上等の規模とM&Aの対象となる会社の売上等の規模の比較にもよるが、上場会社がM&Aに関する決定をした場合には、情報開示義務が生じる場合がある。

この情報開示義務は、M&Aの態様により異なるものであり、たとえば、業務資本提携により相手方に対して第三者割当増資を行いまたは相手方から第三者割

当増資を受ける場合、公開買付けを行った後に完全子会社化をするといった二段階買収を行う場合、合併等の会社法に基づく組織再編成の手続を行う場合等が考えられる。それぞれにおいて、上場会社の行う手続は異なることから、以下、それぞれに分けて述べる。

2　業務資本提携の開示規制とスケジュール

　上場会社が、業務資本提携により相手方に対して第三者割当増資を行いまたは相手方から第三者割当増資を受ける場合には、主に下記**図表2-5**の流れに沿って、手続が進むことなる。

　下記**図表2-5**のなかでは、第三者割当増資に係る有価証券届出書においてM&Aに関する情報が投資家に対して開示されることとなるため、この有価証券届出書の提出までの準備が特に重要である。

図表2-5：業務資本提携および第三者割当における新株式発行のスケジュールイメージ（時価発行で、届出書を提出する場合）

日程	To do 等
	守秘義務契約・当事者間の協議開始
X+16日目−30日	（必要な場合）独占禁止法の事前届出※
X−2週間前	管轄財務局・証券取引所の事前相談開始
X（公表日）	・取締役会決議 ・有価証券届出書の提出 ・適時開示 　業務資本提携 　第三者割当による新株式発行 　（主要株主・その他の関係会社・親会社の異動等の予定があればその旨も）
（X+8日目） ※25％以上の希薄化となる大規模増資や割当先が有価証券報告書を提出していない者である場合等は、X+16日目となる	（届出の効力発生）
（X+15日目）	（届出の効力発生がX+8日目の場合における）払込み・株式発行
X+16日目	・届出の効力発生 ・目論見書の交付 ・払込み・株式発行 ・主要株主、親会社の異動があれば、その臨時報告書の提出

払込みから2週間以内	変更登記
払込期日の翌取引日から5営業日以内	（必要な場合）割当先につき大量保有報告書・変更報告書

※ 独占禁止法に基づく公正取引委員会の第2次審査が必要となるなど、競争法その他の法令に基づく手続に時間を要することが見込まれる場合、当該第2次審査等に要する期間を考慮してスケジュールを組む必要がある。

　なお、上場会社による株式の第三者割当において、割当先が外国法人等の外国投資家（外為法26条1項各号）に該当し、株式の発行により上場会社の発行済株式総数の10％以上の株式を取得する場合（同条2項3号、対内直投政令2条5項）には、対内直接投資等に該当し、外国投資家は、事前届出または事後報告を日本銀行経由で財務大臣に対し行う必要がある（外為法27条1項、55条の5第1項）。対内直接投資等に該当しない場合には、発行会社は、「証券の譲渡」として、1億円を超える証券の譲渡に該当する場合には、「証券の取得又は譲渡に関する報告書」を発行日から20日以内に日本銀行経由で財務大臣に対し提出する必要がある（外為法55条の3第1項5号、報告省令9条1項、13条1項・別紙様式13号）。

　また、非居住者から3000万円を超える支払いを受領した場合には、上場会社は、銀行を経由した払込みの場合には払込金額の受領日から10日以内（当日が休日の場合には翌日まで）、銀行を経由しない払込みの場合には払込金額の受領日の属する月の翌月20日まで（当日が休日の場合はその前営業日まで）に、「支払又は支払の受領に関する報告書」を日本銀行経由で財務大臣に提出する必要がある（外為法55条1項、外国為替令18条の4、報告省令2条、3条）。

3　公開買付けを利用した買収（二段階買収）

　買付者およびその特別関係者を含めて、上場会社の株式に係る議決権の3分の1超を取得しようとする場合には、原則として、公開買付けを行わなければならない。二段階買収を行う場合には、公開買付けの段階で、事後の方針等を開示する必要があることから、二段階買収を行う際には、当初から事後の手続をどのようにするかを検討したうえで開示を行う必要がある。

4　合併等における開示義務

(1)　合併等の組織再編成において有価証券届出書を提出する場合

　金商法において、合併等の会社法上の組織再編成により、新たに有価証券が発行または交付される場合において、一定の要件を満たす場合には、届出義務が生ずることとされている（金商法2条の2、4条）[11]。

この届出義務は、合併等によって発行される有価証券が金商法の既開示有価証券である場合、または合併によって消滅する会社の発行する有価証券が金商法の非開示有価証券である場合には、届出義務が免除されることとなっている（金商法4条1項2号）。会社法上の合併を例にすると、前者の場合、合併によって消滅する上場会社の株主が非開示会社の株主等になることはなく、有価証券報告書等の継続開示書類を引き続き閲覧することができ、後者の場合、合併によって消滅する会社の株主は金商法の情報開示の恩恵を受けていなかったものと整理することができる。

図表2-6：組織再編成に係る届出義務

	組織再編成対象会社の有価証券	組織再編成に係る有価証券を発行または交付する会社の有価証券		届出義務（×は免除、○は届出義務者を記載）[※1]	
①	開示有価証券	開示有価証券		×[※2]	
②	開示有価証券	非開示有価証券	吸収型組織再編成・自社株交付	○	吸収合併存続会社 株式交換完全親会社 吸収分割承継会社（分割型分割に限る）
			吸収型組織再編成・他社株交付	○	組織再編成に係る有価証券を発行または交付する会社（組織再編成の当事者とならない会社）
			新設型組織再編成	○	新設合併設立会社 株式移転完全親会社 新設分割設立会社
③	非開示有価証券	開示有価証券		×	
④	非開示有価証券	非開示有価証券		×	

※1　特定組織再編成発行手続または特定組織再編成交付手続に該当することを前提として、金商法4条1項2号の該当の有無のみを表にしている。したがって、○の場合においても、他の届出義務免除要件を満たすときは、届出が不要となりうる。
※2　①の場合で、上場会社たる発行者が非開示有価証券（優先株式に係る株券等）を発行または交付するときは、発行者たる吸収合併存続会社等に届出義務が発生するものと思われる。

11) 平成19年9月30日施行の金商法改正により導入された制度である。当該改正前は、合併等の会社法上の組織再編成により有価証券が発行される場合には、有価証券の募集に該当しない旨の取扱いがなされていた（平成19年9月30日改正前開示ガイドラインA2-4④・⑤）。

(2) 合併等の組織再編成において臨時報告書を提出する場合

上場会社が組織再編成を行うことを「業務執行を決定する機関により決定された場合」には、臨時報告書を提出する必要がある（開示府令19条2項6号の2～7号の4。連結会社に係る場合には同項14号の2～15号の4）。

たとえば、株式交換のとき、当該株式交換において割り当てられる有価証券が株式交換完全親会社の発行する株式等以外の有価証券である場合には、当該有価証券の発行者についてその商号、資本金の額、事業の内容等の情報を開示することが求められている。この臨時報告書の提出義務が発生する場合と組織再編成に係る届出義務が発生する場合との関係は開示府令では特に規定されていないが、おおむね以下のとおり整理できるものと考えられる。

> ① 有価証券報告書提出会社が、その発行する「開示されている場合」に該当する有価証券を組織再編成において発行または交付する場合、当該提出会社は臨時報告書の提出で足り、届出義務は免除される。
> ② 有価証券報告書提出会社が、その発行する「開示されている場合」に該当しない有価証券を組織再編成において発行または交付する場合、当該提出会社は臨時報告書の提出に加え、組織再編成に係る有価証券届出書の提出が必要となる。
> ③ 組織再編成当事会社以外の者の発行する有価証券（開示されている場合に該当する場合に限る）が組織再編成において発行または交付される場合、その発行者の届出義務は免除される。
> ④ 組織再編成当事会社以外の者の発行する有価証券（開示されている場合に該当しない場合に限る）が組織再編成において発行または交付される場合、その発行者は有価証券届出書の提出が必要となる。
> ⑤ 有価証券報告書提出会社が組織再編成対象会社である場合には、当該提出会社は、臨時報告書の提出が必要となる。

V 事業承継等において親族間で上場株式を譲渡等する場合

> **ポイント**
> ● 上場株式の有償での所有権の移転については、公開買付規制・売出し規制・インサイダー取引規制の検討が必要となる。
> ● 上記のほかに、大量保有報告書の提出、売買報告書の提出（短期売買利益の提供制度の適用の有無）、親会社等状況報告書の提出の要否の検討が必要となる。
> ● 上場会社側では、売出し・主要株主（筆頭株主）や親会社の異動の適時開示や臨時報告書の提出の要否、支配株主等に関する開示の要否といった確認が必要となる。

1　上場株式の譲渡と金商法

　事業承継とは、会社財産である株式と経営権の後継者へのバトンタッチととらえることができる。事業承継に際しては、「人」と「物」と「金銭」に関する問題を総合的に解決していく必要があるところ、この「物」の中心となるのが、自社の株式である。上場株式の売買等の有償での所有権の移転に際しては、金商法や証券取引所の規則により、さまざまな手続を行わなければならないが、主に、以下の3つの規制が問題となりうる。

> ①　公開買付規制
> 　買付者が上場会社の議決権の3分の1超を所有することとなる場合には買付けの目的や条件等を公開して公開買付けという手続を行わなければならないという規制
> ②　売出し規制
> 　売主においては売付け等の条件と上場会社の情報を記載した目論見書の交付をしなければならないという規制
> ③　インサイダー取引規制
> 　未公表の重要事実を知っている上場会社の役職員等は株式等の売買等をしてはならないという取引規制

　これら規制に違反すると、刑事罰や課徴金（行政庁の課す金銭的な制裁）といった制裁や証券取引所による規則違反である旨の公表措置等、さまざまな制裁の対象となる。そこで、事業承継資産の対象が上場株式の場合には、金商法や証券取引所の規則に気を配る必要がある。

2　公開買付規制が適用される場合とされない場合

　公開買付規制とは、大要、上場会社の株式（これに係る新株予約権・新株予約権付社債を含む）について、買付け後にその議決権割合（「株券等所有割合」）が3分の1超となる買付けを行おうとする場合には、買付けの目的や買付け条件等を金融庁に届け出たうえで行わなければならないという規制のことをいう（金商法27条の2第1項）。

　公開買付けを行う場合には、公開買付け関連の書類作成と管轄財務局長等への事前相談、公開買付けの決済を行う公開買付代理人（通常は証券会社）を置く必要があるなど、その準備に時間と費用が必要となる。事業承継の実務においては、上場株式の譲渡が行われる場合においても、基本的には、親族間の内部での所有権の移転となることから、公開買付規制の適用を受けない態様の取引として行うことが通常であるが、公開買付けにより移動させる場合もある。

　公開買付けが義務となるのは、原則的には、①上場株式等の移転が「買付け」

すなわち、有償での所有権の移転であること、②買付け後において買付者と一定の関係を有する者（「特別関係者」）との株券等所有割合が3分の1超となること、③①と②に該当する場合においても例外要件を満たさないこと、という3つの要件に該当する場合である。

　たとえば、①については、贈与や負担のない遺贈による取得は「買付け」には該当しない。②については、3か月以内に10％超の株式等の買付けを行い、そのうち5％超が市場外または立会外取引（たとえばToSTNeTによる取得）による買付けの場合であって、取得後の株券等所有割合が3分の1超となる場合には規制の対象となる。③については、規制を適用しないさまざまな場合が定められているところ、たとえば、配偶者や一親等の親族（両親、子、配偶者の両親）への譲渡や、自身が1年以上20％以上の議決権を有している資産管理会社との株式の売買や資産管理会社が上場会社の議決権の50％超を有する場合の状態から市場外で61日間で10名以下の者からの3分の2までの買増しについては、①と②の要件に該当している場合であっても、③の例外要件を満たすため、公開買付規制は適用されないとされている。

　公開買付規制は、上記のとおり、複雑なルールであり、その違反は課徴金と刑事罰の対象となるため[12]、公開買付けの要否については慎重な検討を要する。

3　売出し規制が適用される場合とされない場合

　上場会社の役員や主要株主（議決権の10％以上を有する株主をいう）が、発行者関係者等[13]以外の者に対し、上場株式を譲渡しようとする場合には、原則として、「有価証券の売出し」に該当し、譲渡金額が1億円以上となる場合、その株式を発行する上場会社は、管轄財務局等に対し有価証券通知書の提出[14]目論見書の作成を、譲渡人は、譲受人に対し、目論見書を交付しなければならない（金商法13条1項後段、15条2項）[15]。また、当該上場会社は、適時開示を行う必要がある。

---

12)　公開買付けを行う義務があるにもかかわらず、公開買付けに係る公告や公開買付届出書を提出しないで買付けを行った場合、課徴金については買付け総額の25％（金商法172条の5）、刑事罰については5年以下の懲役・500万円以下の罰金またはこれらの併科となる（金商法197条の2第4号・5号）。
13)　発行者関係者等とは、①発行者、②発行者の役員または発起人、③発行者の主要株主（総株主等の議決権の10％以上の議決権を保有している株主）、④発行者の子法人等、⑤金融商品取引業者または登録金融機関をいう（金商法施行令1条の7の3第7号）。
14)　有価証券通知書の提出義務違反については、6か月の懲役・50万円以下の罰金またはこれらの併科となる（金商法205条1号）となり、法人については50万円以下の罰金となる（金商法207条1項6号）。

これらの手続が必要となる場合には、書類の作成や提出について一定の時間を要する。

一方、譲渡の相手方が、発行者関係者等である場合等に該当する場合には、「有価証券の売出し」には該当せず、これらの手続は不要となる。

4 インサイダー取引規制が適用される場合とされない場合
(1) インサイダー取引の禁止と未公表の重要事実を知る者同士の取引の活用の可能性

上場会社の役職員は、その職務に関し、未公表の重要事実を知った場合には、原則として、当該重要事実が公表されるまで、その上場会社の株式（これに係る新株予約権・新株予約権付社債を含む）を売買することはできない（金商法166条に規定するインサイダー取引規制[16]）。違反した場合には、課徴金や刑事罰の対象となる[17]。したがって、上場会社の役員は、自らまたは自らが役員である資産管理会社が当事者となって、上場会社の株式を譲渡し、または譲り受ける場合、インサイダー情報を保有していない時期に取引を行う必要がある。ただし、未公表の同じ重要事実を知る者同士の市場外取引であって当該取引後にインサイダー取引規制に抵触した取引を行うものでなければインサイダー取引規制が適用されない（金商法166条6項7号、167条5項7号）との例外（いわゆる、クロクロ取引による除外規定）等の、未公表の重要事実がある場合でも取引を行うことができる場合が規定されている。上場会社の役員が、このクロクロ取引による除外規定を活用するためには、上場会社の役職員以外の者に未公表の重要事実を伝える必要があることから、情報を伝達する相手方に対し、当該情報について秘密を保持し、インサイダー取引を行わないことを誓約させる必要がある。さらに重要なのは、情報

---

15) 譲受人が、同一銘柄の保有者であって、書面等の記録に残る形式で目論見書の不交付について同意した場合には目論見書の作成と交付は不要となる（金商法15条2項2号）。目論見書の交付義務違反の課徴金については株式の売出価額の4.5％（金商法172条3項）、1年以下の懲役・100万円以下の罰金またはこれらの併科となる（金商法200条3号）。

16) 上場会社の役職員は、その職務に関し、当該上場会社の株式等につき公開買付者等から公開買付け等事実の伝達を受けた場合には、当該公開買付け等事実が公表されるまで、その上場会社の株式等の買付け等をしてはならない（金商法167条）。

17) 課徴金については、売付けの場合には、1株あたり売付け価格から重要事実公表後の2週間以内の最低価格を控除し、それに売付け株式数を乗じた金額（買付けの場合には、重要事実公表後の2週間以内の最高価格から1株あたりの買付け価格を控除し、それに買付け株式数を乗じた金額）が課徴金額となる（金商法175条1項1号・2号・2項1号・2号）。刑事罰については、5年以下の懲役・500万円以下の罰金またはこれらの併科となる（金商法197条の2第14号・15号）。

が漏えいした場合には、漏えいがなかったことにはできないことから、上記の誓約のみならず、取引の相手方が秘密を保持し、インサイダー取引を行わない者であると信頼するに足りる必要がある。そのため、クロクロ取引を行う場合には、かかる観点から、未公表の重要事実を取引の相手方に伝えても問題が起きないかについて慎重に検討する必要がある。

(2) 情報伝達・取引推奨の禁止とクロクロ取引の活用

上場会社の役職員は、他人に対し、その職務に関し知った未公表の重要事実や公開買付け等事実（重要事実とあわせて「重要事実等」という）を、それが公表される前に、他人に利益を得させまたは損失を回避させる目的をもって、当該重要事実等を伝達し、または売買等の推奨をしてはならない（金商法167条の2）。この規定に違反し、情報伝達や取引推奨の相手方がインサイダー取引を行った場合には、情報伝達または取引推奨を行った者も、インサイダー取引を行った者と同様に課徴金や刑事罰の対象となる[18]。

インサイダー取引規制の適用除外としてクロクロ取引を活用する場合、未公表の重要事実等を取引の相手方に伝達する必要がある。たとえば、取引契約において、「インサイダー取引規制の適用除外要件を満たすために伝達するものであること、当該情報について守秘義務を遵守し、インサイダー取引その他法令違反行為を行わないこと」を明示することで、基本的には、情報伝達・取引推奨規制の「他人に利益を得させ・損失を回避させる目的」が認められず、当該禁止規定にも抵触しないことになる。そのため、クロクロ取引を活用する場合には、契約内容について専門家の確認を経ることが重要となる。

(3) 上場会社におけるインサイダー取引防止規程

上場会社においては、内容に差はあるものの、インサイダー取引防止に関する社内規程が定められており、上場会社の役職員は、自社の株式の売買その他取引を行うに際し、一般的には、社内において届出等の手続が求められている。そのため、事業承継に関する取引に際しては、上場会社の役員等は、インサイダー取引防止に関する社内規程を確認し、その規程に従った社内手続を履践する必要がある。

---

18) 課徴金についてはインサイダー取引を行った者の2分の1（金商法175条の2第1項3号・2項3号）、刑事罰についてはインサイダー取引を行った者と同じく、5年以下の懲役・500万円以下の罰金またはこれらの併科となる（金商法197条の2第14号・15号）。

5 事業承継の当事者である株主側でのその他手続

(1) 大量保有報告

　大量保有報告制度とは、上場会社の発行済株式総数に対し、5％超の株式（これに係る新株予約権・新株予約権付社債を含む）を保有することとなった場合、取得日（報告義務発生日）の翌営業日から5営業日以内に、保有数や保有する株式に関する契約（たとえば、株式貸借契約や質権設定契約）等を記載した大量保有報告書を提出しなければならないという制度である（金商法27条の23第1項）。また、大量保有報告書の提出後、上場株式の売買や贈与等の取引により保有株券の割合が1％以上増減した場合や保有株券の1％以上について株式貸借契約や質権設定契約の締結等を行った場合には、その日の翌営業日から5営業日以内に、変更報告書を提出しなければならない（金商法27条の25）。

　大量保有報告書の提出や変更報告書の提出は、金商法の定める電子開示システム（EDINET）により提出を行わなければならないところ、その利用に際しては、電子開示システムの利用届を、住民票の抄本（法人の場合には定款と登記事項証明書）を提出義務者の管轄財務局長等（個人は住所地、法人は本店所在地）に郵送し、EDINETコードという提出者ID番号を取得する必要がある（おおむね1週間程度の期間が必要）。そのため、大量保有報告書の提出義務が発生した後に、EDINETコードの取得手続を開始したのでは、大量保有報告書の提出期限までにEDINETコードを取得できず、その提出期限を徒過してしまうおそれがある。したがって、大量保有報告書の提出義務が発生する取引をしようとする場合には、事前にEDINETコードの取得手続を行う必要がある。

(2) 売買報告書、短期売買利益の提供

　上場会社の役員や主要株主は、金銭を対価として、上場株式（これに係る新株予約権・新株予約権付社債を含む）を売買した場合には、売買した日の属する月の翌月15日（同日が土日祝祭日の場合には翌営業日）までに、売買報告書を提出義務者の管轄財務局長等（個人は住所地、法人は本店所在地）に提出しなければならない（金商法163条1項、取引規制府令29条・様式第3号）[19]。これは、あくまで、「金銭を対価」とする場合のみに適用される規制であることから、たとえば、交換・現物出資等の金銭以外を対価とする場合には適用されず、また、贈与や相続等についても適用されないこととなる。なお、主要株主については、その取引により主要株主となった場合における当該取引は含まれず、応じて、主要株主となった後の金銭を対価とする取引に適用されることとなる。

---

19) 報告書の不提出・虚偽記載については、6か月以下の懲役・50万円以下の罰金またはこれらの併科となる（金商法205条19号）。

また、上場会社の役員や主要株主は、売買報告書の提出に係る売買から 6 か月以内の売買報告書の提出対象となる反対売買により利益を得た場合において、当該利益の取得日から 2 年間、上場会社は、当該利益の提供請求を行うことができ、上場会社の株主が上場会社に当該請求を行うように要求した日の後60日以内に上場会社が当該請求を行わない場合には当該株主が当該利益の提供を請求できる（金商法164条）。この利益とは、売買報告書における記載に基づき、売付け等の価額から買付け等の価額を控除（株式数量はいずれか大きくない数量（以下「売買合致数量」という）に限る）した額から、売買合致数量に係る手数料相当額を超える部分を利益の額とする（取引規制府令34条）。この利益は管轄財務局長等により公表されるが、公表までのプロセスは以下のとおりである。

① 管轄財務局長等に対し反対売買による売買報告書の提出（管轄財務局にて公衆縦覧）
② 管轄財務局長等が利益計算書類の写しを役員または主要株主に送付
③ 管轄財務局長等は、役員または主要株主が②の書類の受領日から起算して20日以内に不服申立てがなく、役員または主要株主から上場会社に対し利益提供をしたことを確認できなかった場合には、上場会社に対し利益関係書類の写しを送付する。
④ 上記③の送付から起算して30日以内に、役員または主要株主から上場会社に対し利益提供をしたことを確認できなかった場合には、利益関係書類の写しを利益の取得日から 2 年間、公衆の縦覧に供する。

(3) 親会社等状況報告書

上場会社の総株主等の議決権の50％超を有することとなった会社（有価証券報告書提出義務のある会社等を除く（開示府令19条の 5 第 1 項。以下「親会社等」という）は、その親会社等の事業年度ごとに、親会社等状況報告書を、その事業年度経過後 3 か月以内に管轄財務局長等に提出しなければならない（金商法24条の 7 第 1 項）。

親会社等とは、法令上、下記**図表 2 - 7** のとおりとなっている（金商法24条の 7 第 1 項、金商法施行令 4 条の 4 第 1 項・ 2 項）。

図表 2-7：親会社等

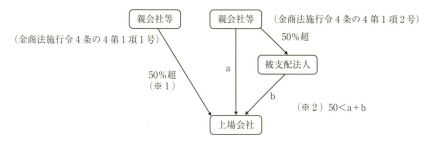

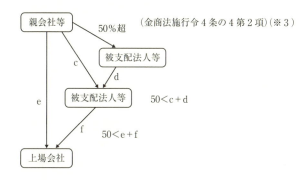

※ 1　直接保有50％超（金商法施行令 4 条の 4 第 1 項 1 号）
※ 2　被支配法人とあわせて50％超（金商法施行令 4 条の 4 第 1 項 2 号）
※ 3　被支配法人とあわせて他社の議決権の50％超を有する場合には、当該他社を被支配法人とみなして、被支配法人を支配する者を親会社等とみなす（金商法施行令 4 条の 4 第 2 項）。

　親会社等状況報告書の提出に際しては、親会社等の概要のほか、計算書類を添付して提出する必要があることから、その提出義務の有無については慎重に判断しなければならない。

6　上場会社における手続
(1)　売出しに係る適時開示
　東京証券取引所においては、「上場会社の業務執行を決定する機関による決定を伴わない有価証券の売出しについては、上場会社が有価証券通知書又は臨時報告書を提出するものであって、当該売出しに関して金融商品取引業者が元引受契約を締結するものについて、売出人から通知を受けた時点で速やかに開示してください」とされている[20]。この点、上場会社の役員や主要株主（議決権の10％以上を有する株主をいう）が、発行者関係者等[21]以外の者に対し、上場株式を譲渡し

ようとする場合は、これに該当せず、上場会社は適時開示を行う義務がないようにも思えるが、実務上は、適時開示が行われている。

(2) 親会社・主要株主の異動に係る臨時報告書

　事業承継による上場会社の株式の譲渡により、親会社や主要株主が異動する場合がある。この場合には、遅滞なく臨時報告書を作成し、管轄財務局長等に提出しなければならない（開示府令19条2項3号・4号）。

　「親会社」とは、財務諸表等規則8条3項に規定する親会社[22]をいう（開示府令1条26号）。

　「主要株主」とは、総株主等の議決権の10％以上を保有する株主[23]をいう。

　「異動」とは、親会社・主要株主であった者が親会社・主要株主でなくなる場合または親会社・主要株主でなかった者が親会社・主要株主となる場合をいう。

　したがって、たとえば、15％の議決権を有する株主が株券の買増しにより55％の議決権を有する株主になったとしても、主要株主であることに変わりはないので、主要株主の「異動」には該当しない。ただし、この場合、親会社の異動には該当する。

(3) 親会社、支配株主、その他の関係会社、主要株主の異動に係る適時開示

　事業承継による上場会社の株式の譲渡により、親会社、支配株主、その他の関係会社、主要株主や主要株主である筆頭株主が異動する場合（これらに該当していた者が該当しなくなる場合またはこれらに該当していなかった者がこれらに該当することとなる場合）がある。この場合、上場会社は、適時開示を行わなければならない（上場規程402条2号b・g）。

　なお、「支配株主」とは、次の①または②のいずれかに該当する者をいう（上場規程2条42号の2、上場規程施行規則3条の2）。

---

20) 適時開示ガイドブック68頁。
21) 発行者関係者等とは、①発行者、②発行者の役員または発起人、③発行者の主要株主（総株主等の議決権の10％以上の議決権を保有している株主）、④発行者の子法人等、⑤金融商品取引業者または登録金融機関をいう（金商法施行令1条の7の3第7号）。
22) 提出会社の財務および営業または事業の方針を決定する機関を支配している会社をいう。
23) 金商法163条1項に定義される「主要株主」を意味する。「総株主等の議決権」とは、株式会社にあっては、株主総会において決議をすることができる事項の全部につき議決権を行使することができない株式についての議決権を除き、会社法879条3項の規定により議決権を有するものとみなされる株式についての議決権を含む（金商法29条の4第2項）。

① 親会社
② 主要株主で、当該主要株主が自己の計算において所有している議決権と、次に掲げる者が所有している議決権とあわせて、上場会社の議決権の過半数を占めている者（①を除く）
　(ア) 主要株主の近親者（二親等内の親族をいう。以下同じ）
　(イ) 当該主要株主および(ア)が、議決権の過半数を自己の計算において所有している会社等および当該会社等の子会社

(4) 支配株主等に関する事項の開示

　上記(3)①～②またはその他の関係会社のいずれかに該当する者を有する上場会社は、事業年度経過後3か月以内に、支配株主等に関する事項を開示しなければならない（上場規程411条1項、上場規程施行規則412条）。具体的には、親会社等の概要、親会社等が複数ある場合には最も影響があると認められる会社の商号とその理由、親会社等との関係、支配株主等との取引に関する事項等を開示しなければならない。

(5) 非上場の親会社等の決算情報

　上場会社の非上場の親会社、その他の関係会社またはその親会社は、決算の内容が確定した場合は、ただちに、その内容を開示しなければならない（上場規程411条2項・3項・4項）。

VI　上場会社株式を信託財産とする場合における金商法の適用

> **ポイント**
> ● 信託譲渡は、有償での譲渡といえるか。
> 　上場株式の有償での所有権の譲渡または譲受けは、公開買付規制における「買付け等」に該当し、インサイダー取引規制における「売買等」に該当し、売出し規制における「売付け勧誘等」に該当することになるが、委託者兼当初受益者となる自益信託において有償であるとし、金商法の規制を適用する必要があるかなどが論点となる。
> ● 信託財産である株式について、「株主」として誰を開示するのか。

1　信託による株式の保有者と株式に係る権利の受益者の分離

　株式の信託は、株式の内容である権利を複数の者に分けたい場合や、株式の所有権と経済的価値を分けたい場合等のさまざまな場面で活用されている。「信託」というハコを利用することにより、株式の信託譲渡後は、形式的には受託者が株式を保有しているが、実質的には、受益者が株式に係る権利を有している場合や、委託者が議決権の行使に関する指図権を留保して株式に係る権利を有して

いるといえる場合があることから、金商法の適用関係が複雑となる。具体的には、上場株式を信託にする場合、下記**図表2-8**の3つの場面で金商法の適用関係を考える必要がある。

図表2-8：上場株式の信託と金商法の適用

	信託との関係	議論のポイント	検討が必要な規制
①	上場株式を信託譲渡するとき	譲渡が「有償の所有権の移転」か	・公開買付規制 ・インサイダー取引規制 ・売出し規制
②	受益権の保有	開示の主体・客体は誰か	・大量保有報告 ・有価証券報告書における「大株主の状況」
③	受益権の譲渡	上場株式の譲渡と評価されるか	・公開買付規制 ・インサイダー取引規制 ・売出し規制

なお、本書では、詳細は触れないが、株式の信託に関しては、信託業法や投信法による規制にも留意する必要がある。

2 信託を行う場合の公開買付規制の適用関係

(1) 信託譲渡と「買付け等」

公開買付規制における「買付け等」とは、「買付けその他の有償の譲受け」（これに類する法文で指定されている行為を含む）とされている（金商法27条の2第1項）。

自益信託の場合、委託者兼当初受益者が、信託の受益権を有する限り、上場株式を信託という「ハコ」で保管しているのみと考えることができ、「買付け等」に該当すると考える必要はないように思える。一方、株式会社における現物出資による株式等の取得は、株式の発行に際して株式等を譲り受ける行為であることから、「有償の譲受け」に該当すると解されている[24]。また、金商法の規定は、信託譲渡を「買付け等」に該当すると考えているようにも読める（他社株公開買付府令7条1項1号）。そうすると、株式の信託譲渡については「買付け等」に該当する可能性を前提として行動する必要があろう。

上記V2の「株券等所有割合」の除外基準を満たさず、信託譲渡により受託

---

24) 金融庁「証券取引法等の一部を改正する法律の一部の施行に伴う関係政令の整備等に関する政令案に対するパブリックコメントに対する金融庁の考え方」（平成16年11月12日）の証券取引法施行令7条5項6号の改正についてのコメントに対する考え方。

者が株券等所有割合の3分の1超を有することとなる場合には、公開買付規制の適用除外を満たす必要があり、このような信託譲渡については慎重な検討が必要となる。

(2) 受益権の譲渡

「買付け等」は、有償での所有権移転行為を前提とする概念である。したがって、贈与等の無償での所有権の移転については、「買付け等」には該当しない。

一方、株式を信託したうえでその信託受益権を有償で譲渡するような場合において当該信託が終了した際にその信託受益権の譲受人が株式を譲り受けるのであれば、その信託受益権の譲渡契約には、信託受益権の譲渡のみならず、株式の譲渡まで実質的に含まれているとして、その信託受益権の譲受けは、「株券等の買付け等」に該当するとの見解が示されている[25]。このような趣旨の信託受益権を有償で譲り受ける場合には、「株券等の買付け等」に該当することを前提に、譲受け後においても、当該信託受益権に係る株式を含めた株券等所有割合が3分の1超とならないか、3分の1超となる場合には公開買付規制の適用除外事由に該当するか等を検討する必要がある。

(3) 信託期間中や信託終了時における株式の受益者への給付

信託期間中や信託終了時に受託者から受益者に対し上場株式が交付される場合、この交付を受けることは、交付を受ける時点においては対価を拠出していないことから、株式の「買付け等」に該当するかが問題となる。

委託者の意思で締結された信託契約の内容として受益者が信託期間中に株式等を取得することおよび信託終了時に上場株式が交付されることが規定され、当該規定に基づき信託期間中や信託終了時に受託者から受益者に対し上場株式が交付される場合には、その時点では対価の拠出がないとしても、基本的には、株式の「買付け等」に該当する可能性があるとして対応を検討する必要があろう[26]。

3 信託を行う場合における大量保有報告制度の適用関係

信託銀行等が信託契約に基づき、信託財産として株券等を保有する場合、信託契約上、議決権行使権限または指図権限の持つ者、投資をするのに必要な権限を持つ者によって、委託者、受託者または受益者のいずれかが義務を負う（**第7章 II 1 (4)**も参照のこと）。

---

25) 池田＝大来＝町田 50 頁。
26) 公開買付け Q&A 問 16（答）を参考。また、松尾 236 頁は、特に理由を明示せず、「信託契約終了に伴い当該契約に基づき信託の受益者に株券等が現物交付される場合は、「譲受け」に該当すると解される」としている。

4 信託が行われた場合の有価証券報告書の大株主の状況の記載

　有価証券報告書においては、「大株主の状況」欄には、所有株式数の多い順に10名程度について記載するものとされており、かつ所有株式数は、他人名義で所有している株式数を含めた実質所有により記載する（開示府令第3号様式・記載上の注意(25)）。

　信託譲渡した後の株式の実質所有の判断基準については明確な解釈基準があるわけではないものの、株式の所有とは、株式に対する経済的支配権と議決権の行使権限にあると考えた場合には、たとえば、少なくとも、上場株式を信託譲渡した後であっても、信託契約に基づく信託の終了後に委託者兼受益者に株式が給付され、かつ、信託期間中も受託者に対して委託者兼受益者が信託財産たる株式についての議決権指図権を有するような場合には、委託者兼受益者は、信託財産たる株式を含めて大株主の該当性を判断した方がよいのではないかと思われる。

5 信託を行う場合のインサイダー取引規制の適用関係

(1) 信託譲渡と有償での所有権の移転

　インサイダー取引規制は、上場株式等の売買その他有償の譲渡・譲受けを対象としている（金商法166条1項）ところ、信託譲渡が、これに該当するかが問題となる。

　信託譲渡に際しては上場株式の所有権が受託者に移転するため、「譲受け」に該当することから、信託譲渡がインサイダー取引規制の対象になるか否かは、信託譲渡に有償性が認められるかという問題となる。

　この点、株式会社における現物出資は、株式を対価に株式を譲り受ける行為であるため、「売買等」にあたると解されている[27]。このため、自益信託についても、新たに発行される有価証券を取得させる代わりに上場株式を譲り受ける行為であるとして、形式的には、上場株式等の信託譲渡が「有償の譲渡若しくは譲受け」にあたると解される可能性は否定できない。したがって、実務的な対応としては、信託譲渡の当事者における未公表の重要事実の認識の有無を確認し、インサイダー取引規制の適用除外のクロクロ取引（上記Ⅴ4(1)を参照のこと）の活用について検討することが考えられる。

(2) 受益権の譲渡

　信託受益権の売買やその他有償での取引については有償性が認められるところ、それが、インサイダー取引規制の対象となる「特定有価証券等」に該当すると解

27）横畠44頁。

されるかが問題となる。

株式を信託財産にすることでインサイダー取引規制を潜脱することができるとするのは適切ではなく、また、上場株式のみを信託財産とする信託受益権の売買等は、信託財産に含まれる株式の売買等と同視することができることから、上場株式のみを信託財産とする受益権はインサイダー取引規制が適用されると判断されうるものと考えられる[28]。

実務上の対応としては、上記(1)と同様にクロクロ取引の活用が考えられる。

(3) 信託期間中や信託終了時における株式の受益者への給付

信託期間中に受託者から受益者に上場株式が給付される場合や信託終了に伴う残余財産の給付として上場株式が給付される場合、給付を受けることが「売買等」に該当し、インサイダー取引規制の対象となるのかが問題となる。

上場株式の給付に伴い、上記(1)のとおり、信託法上は株式の所有権が移転することから、譲渡または譲受けが生じていることは否定しえず、当該給付が有償といえるか否かが検討の分かれ目となる。

仮に受託者から受益者に対する上場株式の給付に有償性が認められ、一般論としてインサイダー取引規制に服するとしても、法令の規定その他法令上の義務に基づく場合にはインサイダー取引規制が適用除外とされている（金商法166条6項3号、167条5項3号）。これをふまえると、上場株式の給付が受益者自らの意思に基づいて行われる場合に限り、インサイダー取引規制の対象とされるものと考えるのが合理的と考えられる。このように考えた場合、受益者が信託期間中の給付や残余財産の給付に関しての指図権を有する場合その他裁量を有する場合には、原則として受益者においてのみインサイダー取引規制が適用されることになるものと考えられる。

VII 組合型ファンドを組成する場合における規制

ポイント
- ファンド持分については、有価証券とみなされるものについては、その出資の勧誘については第二種金融商品取引業、出資を受けた財産のうち50%超を有価証券に投資することについては投資運用業としての登録が必要となる。

---

[28] かつて立案担当者は、対象有価証券を預託財産とする預託証券の売買について、預託される対象有価証券の売買と同視できることから、インサイダー取引規制の対象になるとする見解を示していた（横畠34頁）。なお、現在では、上場株式を預託財産とする預託証券は明示的に「特定有価証券等」の定義に包含されている（金商法施行令27条の4第4号）。

- ファンド持分であっても、出資者が全員運営に関与する・役職員の持株会で一定の要件を満たすもの・コンテンツファンド等の要件を満たすものについては、有価証券とはみなされず、金融商品取引業としての規制の対象とはならない。
- ファンド持分が有価証券とみなされた場合であっても、プロ（適格機関投資家の出資）が出資し、資本金5000万円以上の法人等一定の要件を満たすアマ投資家49名以内でファンド持分に法令で定める譲渡制限が付されている場合には、出資勧誘や運用についても、登録ではなく、届出を行うことで足りる。ただ、ファンド運営者には、投資家に対する書面交付義務等の一定の義務が課されるため、登録不要ではあっても、実務対応上は、一定の知識と経験が必要となる。

1 ファンド持分が有価証券に該当した場合の効果

(1) ファンド持分の有価証券性

日本法に準拠して有価証券に投資する組合型の投資ファンドを組成する場合、以下の①〜④のいずれかの形態が考えられる。

① 民法の組合契約に基づく任意組合
② 商法の匿名組合契約に基づく匿名組合
③ 投資事業有限責任組合法の投資事業有限責任組合契約に基づく投資事業有限責任組合
④ 有限責任事業組合法の有限責任事業組合契約に基づく有限責任組合

これらの組合持分は、出資額を超えて、ファンドの収益の配当・分配を受けることができる場合には、集団投資スキーム持分（金商法2条2項5号）として、金商法の規制対象となる。通常、有価証券に投資する投資ファンドは、これに該当することとなる。

この場合、原則として、ファンド持分に対する出資を募る行為は第二種金融商品取引業の登録が必要となる（金商法2条8項7号へ、28条2項1号）。また、出資を募った後にファンド財産の過半数を有価証券に投資すること等の運用行為は投資運用業の登録が必要となる（金商法2条8項15号ハ、28条4項3号）。そこで、ファンド持分が有価証券に該当するか否かは、金融商品取引業の登録を要するか否かに直結する重要な問題となる。

なお、外国の法令に基づく権利についても、国内の組合持分で有価証券に該当するとされるものに類するものは、同様に規制対象となる（金商法2条2項6号）。

(2) ファンド持分の有価証券該当性の例外

上記(1)に該当するファンド持分であっても、以下に掲げるいずれかの要件を満たす場合には、金商法は適用されない。

① 出資者の全員が出資対象事業に関与する場合

　出資者の全員が出資対象事業に関与し、業務執行がすべての出資者の同意を得て行われる場合、金商法の規制対象とはならない（金商法2条2項5号イ、金商法施行令1条の3の2）。

② 役職員等による持株組合

　発行者等の役職員等の持株会で、株式のみに投資し、1回の拠出金額が100万円未満であって一定の計画に従い、個別の投資判断に基づかず、継続的に買付けを行うものであること等の要件を満たす場合には、金商法の規制対象とはならない（金商法2条2項5号ニ、金商法施行令1条の3の3第5号・6号、定義府令6条、7条1項1号～2号の2・2項）。

③ コンテンツファンド

　製作委員会方式によって、映画製作のために出資を募ること等が行われているが、民法の任意組合に対する出資として、ある映画の製作委員会に出資している企業がその映画とのコラボレーション事業の一部に従事すること（商品の販売、タイアップCMの放送、映画フェアの開催等）等の一定の要件を満たすものは、金商法の規制対象とはならない（定義府令7条1項3号）。

④ 不動産特定共同事業契約に基づく権利等、その他法令により規律される場合

　他の法令による規律があるため、金商法の適用対象とはならない。

2　ファンド持分の勧誘には原則として第二種金融商品取引業の登録が必要

　上記1のとおり、ファンド持分に対する出資を募る行為は、以下に掲げる場合を除き、第二種金融商品取引業の登録が必要である（金商法2条8項7号ヘ、28条2項1号）。

> ① 海外で非居住者のみを相手方として勧誘が行われる場合[29]
> ② 出資者の勧誘を第二種金融商品取引業に委託する場合には、ファンド運営者は「募集又は私募」に該当する行為がなく、第二種金融商品取引業に該当しない[30]。
> ③ 適格機関投資家等特例業務の届出を提出した場合（下記4を参照のこと）

---

29) 平成19年7月31日パブコメ回答63頁132番。
30) 平成19年7月31日パブコメ回答60頁113番。

3 財産の過半を有価証券に投資するファンドの運用には原則として投資運用業の登録が必要

上記**1**のとおり、ファンド財産の過半数を有価証券に投資する場合には、以下に掲げる場合を除き、投資運用業の登録が必要である（金商法2条8項15号ハ、28条4項3号）。

> ① 行為者が運用権限の全部を委託するため他の金融商品取引業者等との間で投資一任契約を締結するものであって、一定の要件を満たし、当該金融商品取引業者等が事前に行為者に関する所要の事項を届け出ているもの（定義府令16条1項10号）
> ② 行為者が一の相手方と締結した匿名組合契約に基づき出資を受けた金銭等を不動産信託受益権に対して投資運用するものであって、一定の要件を満たし、当該相手方が事前に行為者に関する所要の事項を届け出ているもの（定義府令16条1項11号）
> ③ 匿名組合の営業者が出資を受けた金銭等の全部を充てて取得する競走用馬を他の匿名組合契約に基づき現物出資するもの（定義府令16条1項12号）
> ④ 外国集団投資スキーム持分に係る自己運用のうち、出資者のうち本邦居住者が10人未満の適格機関投資家または適格機関投資家等特例業務の届出を行った者であり、かつ、本邦居住者による直接出資額が総出資額の3分の1以下であるもの（定義府令16条1項13号）
> ⑤ 適格機関投資家等特例業務の届出を提出した場合（下記**4**を参照のこと）

4 ファンドの募集と運用について登録が不要な場合（適格機関投資家等特例業務の届出を行った場合）

(1) 届出対象となるファンドの要件

ファンドを運営しようとする者が有価証券とみなされるファンド持分を勧誘すること、その後、財産の過半数を有価証券で運用する行為は、いずれも、原則として、金融商品取引業の登録が必要となる。一方、上記**2**または**3**に記載のとおり、以下の要件を満たし、その届出（これを適格機関投資家等特例業務の届出という）を行った場合には、金融商品取引業の登録は不要となる（金商法63条)[31]。

> ① 届出対象ファンドの投資家に適格機関投資家を1名以上含むものであって、適格機関投資家は適格機関投資家以外の者に対する譲渡が禁止されていること（金商法施行令17条の12第4項1号）

---

31) 投資家に非居住者が含まれる場合であっても、国内において勧誘が行われるのであれば、当該非居住者を人数の計算には含めることになる。一方、国外において非居住者である外国投資家に勧誘を行う場合には、適格機関投資家等特例業務の適用要件の該当性を判断するにあたり考慮する必要はない（平成19年7月31日パブコメ回答541頁17番、18番）。

② 届出対象ファンドの投資家のうち、上場会社・資本金または純資産額が5000万円以上、保有資産の合計額が１億円以上と見込まれ、かつ、金融商品取引業者等（外国の法令上これに相当する者を含む）に有価証券の取引またはデリバティブ取引を行うための口座を開設した日から起算して１年を経過している個人等の、一定の要件を満たす適格機関投資家以外の者（「特例業務対象投資家」）が49名以下であって、特例業務対象投資家は、一の適格機関投資家または特例業務対象投資家に対して一括して譲渡する場合以外の譲渡が禁止されていること（金商法施行令17条の12第４項２号）
③ 届出対象ファンドの投資家に、適格機関投資家でない者を投資家とする匿名組合の営業者等の不適格投資家が存在しないこと

(2) 届出者の要件と届出後のファンド運営者の義務

金商法では、適格機関投資家等特例業務の届出者（特例業務届出者）に対し、以下のような規制が課されている。そのため、金融商品取引業の登録は不要であっても、金融商品取引業者に近い義務を負うものといえる。

(a) 欠格事由

金融商品取引業の登録の取消しを受けた者等に該当する者（金融商品取引業者等を除く）は適格機関投資家等特例業務を行うことができない（金商法63条７項）。

(b) 行為規制

適格機関投資家等特例業務の届出者には、原則として、金融商品取引業者と同等の規制が課せられており、違反については、金融商品取引業者等と同様に罰則の対象となるほか（金商法63条11項）、業務改善・停止・廃止命令といった行政処分（金商法63条の５）や、管轄財務局長等の要請による報告命令等の対象となる（金商法63条の６）。

Ⅷ Fintech

ポイント
● 金融商品取引業に該当する場合には、登録が必要となり、登録のためには人的体制の整備等を行ったうえで登録のための事前審査が必要となり、それに伴う費用と登録までに一定の時間を要することとなる。
● 金融商品取引業に該当する行為は、媒介等の抽象的な概念が多く、当該行為に該当するか否かは慎重な判断が必要。
● 金融商品取引業の登録を行う場合には、あわせて金融商品取引業協会にも加入することが一般的であり、それに対する対応も必要となる。

1 「金融商品取引業」への該当性
(1) 「金融商品取引業」に該当することの効果

　有価証券を含む金融商品について、その販売・勧誘、資産運用・助言、資産管理のいずれかを行うことは、原則として、金融商品取引業に該当し、金融商品取引業の登録をする必要がある（金商法29条）。

　金融商品取引業者に対しては、投資家保護の観点から、その行う業務にもよるが、登録を行うに際して、法令上の義務を遵守するために必要な人的要件、投資家の財産保護のための財産上の要件等の体制を整備する必要があり、登録のための準備開始から業務の開始まで6か月～1年程度を要する。この準備期間は、行おうとする金融商品取引業の種別および対象とする顧客層等により異なる。たとえば、株式・社債の売買の媒介等、業務に際して金融商品取引業者の自己資産を使わず、顧客資産の預かりを行わず、対象とする顧客も金融機関等のプロの投資家に限る場合には業務の範囲が限定的であって体制整備についても限定的となることから、一般投資家から顧客資産を預かる場合と比べると、登録までの準備期間は短くなる。また、金融商品取引業の登録後も、登録時の体制を維持し、必要に応じて改善等を行う必要があり、金融庁や管轄財務局長等の監督を受けることとなる。また、金融商品取引業者は、マネーローンダリングの防止のため、犯収法に基づく取引時確認等の義務を負うことから、これに関する体制整備が必要となる。さらに、個人情報保護体制についても金融分野特有のガイドラインの適用を受ける。

　このように、金融商品取引業の登録を取得と登録の維持のためには、法令遵守および顧客保護の体制の観点から規制について日々対応する必要があり、登録を認められた業者のみが行うことができる業務により営業活動を行うことができる一方、規制対応のための人材確保や支出が生じることとなる。

　そのため、有価証券を含む金融商品に関する行為について、当該行為が「金融商品取引業」に該当するか否かはきわめて重要な意味を有するが、ある行為が「金融商品取引業」に該当するか判断することは個別に見た場合には難しい判断を要することになる。たとえば、「甲社の株式の募集についてA社が甲社のために乙に対して投資勧誘を行う」行為は、「募集の取扱い」として金融商品取引業に該当することとなる。一方、「甲社が資本業務提携の相手の探索のため、A社と契約を行い、A社が甲社との提携について乙社と交渉を行い資本業務提携が成立し、甲社が乙社に対し第三者割当増資を行う」場合は、どうか。A社は純粋に甲社と乙社との引き合わせと提携のための交渉に尽力しているだけであれば「募集の取扱い」行為はないと整理できそうであるが、第三者割当増資の取扱いにも関与しているのであれば「募集の取扱い」に該当する。

このように、ある行為が「金融商品取引業」に該当する行為か否かの判断は容易ではない。

(2) 登録を「金融商品取引業」に該当するか否かの判断

「金融商品取引業」に該当する行為を行う場合には、原則として、金融商品取引業の登録を行わなければならないが、「業として」行うものではない場合や除外規定に該当する場合には、登録を要しない。そこで、行おうとする行為が、登録を要する「金融商品取引業」に該当するか否かは、以下の順に判断する。

① 行為が、「金融商品取引業」に該当するか否か
② ①で該当する場合には、「業として」行うものか否か
③ ②で「業として」行う場合には、除外規定に該当するか否か

上記の3段階のテストにより、③で除外規定に該当しない場合には、金融商品取引業の登録をしなければ、業務として行うことができない。

金融商品取引業に該当する行為が、「業として」行われる場合には、登録を要する。この「業として」とは、「対公衆性」のある行為で反復継続して行われるものであると解されている。

「対公衆性」の要件は、実務的には、「業として」とらえることが適当でないと考えられる行為を例外的に除外する機能を有するにとどまる。たとえば、完全子会社と完全親会社のみが当事者の場合には、原則として「対公衆性」がないととらえて、「業として」に該当しないとすることができ、有価証券の売買については、「単に自己のポートフォリオの改善のために行う投資目的での頻繁な売買」については、「対公衆性」がないとして、登録を有する「有価証券の売買」には該当しないと解されている。もっとも、「業として」に該当するか否かの解釈において、「対公衆性」が必要ではないという見解もあることから、「対公衆性」を要件とする通説的な考え方を前提とする場合であっても、「対公衆性」が認められないことを理由として「業として」に該当しないと判断することについては、慎重な検討が必要である。

2 該当する場合における登録手続

金融商品取引業の登録に際しては、①管轄財務局長等に対する事前の申請、②

図表 2-9：参入規制・行為規制の概要

	第一種金融商品取引業（証券会社）	第二種金融商品取引業(ファンド販売業者)	電子募集取扱業務（クラウドファンディング）
参入規制	登録制		
	拒否要件（登録取消し後5年間、刑事罰後5年間、人的構成要件の不備等）		
	最低資本金5000万円（業務内容が元引受業務以外の場合）	最低資本金1000万円	最低資本金 少額一種1000万円 少額二種 500万円
	兼業規制		
行為規制	広告規制		
	書面交付義務・説明義務		左記に加え、ウェブサイト上の情報提供義務
	虚偽説明・断定的判断の提供・利益相反行為等の禁止		
	損失補填の禁止		
	適合性の原則		
	不招請勧誘・再勧誘の禁止 （店頭デリバティブのみ）	再勧誘の禁止 （市場デリバティブのみ）	電話・訪問販売の禁止

　①の事前審査に先立ち、体制の構築、事業計画の策定、概要書の作成、社内規則等の策定、その他書類の作成が必要となる。これらの書類は、金融商品取引法令に基づき、金融商品取引業者に対する業務規制・行為規制をふまえて作成する必要があり、それをふまえて事前審査に臨む必要がある。行おうとする業務の内容により審査期間は異なるものの、第二種金融商品取引業や投資助言・代理業では、2か月〜4か月、投資運用業や第一種金融商品取引業では3〜4か月から1年近くかかるものまでさまざまである。事前審査は、最初に面談が行われるものの、基本的には、書類審査であることから、書類の内容から金融商品取引法令についての基本的な理解が欠けているなどと判断されると、管轄財務局から信頼されず、その後、まったく審査が進まないこともある。準備があまり整っていない段階において相談に行き、かえって時間を要した事例や詳しい専門家なしに自前で相談をして管轄財務局からの指摘等の詳細を理解できず、または、金融商品取引業者に対し法令上求められていることを理解できず、相談期間が長期化することもある。要は、最初が肝心であり、入念な準備を行ったうえで相談に行くことが登録への近道であり、このためには、金商法に詳しく、かつ、登録実務にも精

通している専門家に相談することが重要となる。

②の法律上の申請書の受理から登録までの標準処理期間は2か月（金商業等府令350条）と定められている。ただし、申請書の補正、内容の変更、資料の追加等を行った場合には、これより長くなることもある。

③については、登録後に金融ADR[32]の措置を講じた後に業務開始が可能となるところ、日本証券業協会・投資顧問業協会・第二種金融商品取引業協会といった認可または認定金融商品取引業協会（以下「協会」という）に加入する場合には、協会への加入により金融ADR措置を講じることとなる。これら協会は月1回の理事会で承認された後に協会への加入が認められることから、業務開始は登録後1か月程度を要する。なお、協会への加入は、法律上は任意となっているものの、第一種金融商品取引業・第二種金融商品取引業・投資運用業を行おうとする者は、協会に加入しない場合には、登録審査の過程において、協会加入予定者と同等の体制を整備することが登録要件となり（金商法29条の4第1項4号ニ）、協会非加入予定者に対する審査は、一般的には、協会加入予定者に対する審査よりも厳しく、登録までに時間を要する傾向にある。そのため、早期に登録を得て事業を開始したい場合には、費用はかかるものの、投資助言・代理業を行う者も含めて協会に加入するのが望ましく、一般的でもある。

---

32) 金融ADRとは、①金融機関と利用者とのトラブル（紛争等）を、②業界ごとに設立された金融ADR機関において、③中立・公正な専門家（弁護士等の紛争解決委員）が和解案を提示するなどして、④裁判以外の方法で解決を図る制度である。

第3章 発行開示

I　発行開示規制の概説

ポイント
- 発行開示規制は、管轄財務局長等に届出を行い、公衆縦覧に供することによって投資情報を開示する有価証券届出書（間接開示）と投資家に直接情報提供を行う目論見書制度（直接開示）が中心となる。
- 有価証券の発行または交付が転売制限なく50名以上の者に対して行われる場合（「募集」または「売出し」）には、届出免除事由に該当しない限り有価証券届出書の提出が必要となる。
　一方、投資家が50名未満や、金融機関等のプロフェッショナルのみである場合であって転売制限が付されている場合（「募集」または「売出し」に該当しない）に、情報開示義務はない。
　また、「募集」または「売出し」に該当しても、会社の役職員のみに対するストック・オプション（譲渡制限のある新株予約権）の付与や総額が1億円未満の場合には、有価証券届出書の提出が免除される。
- 有価証券届出書の提出は、目論見書の作成・交付義務のほか、有価証券届出書の提出以後は、継続的に有価証券報告書を提出しなければならなくなるなどさまざまな効果が伴う。

1　概要

　会社が有価証券を発行する場合に適用される規制として、発行開示規制があり、その主なものが、直接開示としての目論見書制度と間接開示としての届出制度である。

　目論見書制度は、投資家に対して直接に投資判断に資する情報を提供するものであるのに対し、届出制度は、管轄財務局長等に届出を行い、その書類を公衆縦覧に供することによって、投資家に対して間接的に投資情報を開示するものである。

　金商法は、投資家に適正な投資判断を行わせるべく、発行者に対し、情報の開示を義務づけている。開示された情報に虚偽等がある場合には、これを自発的に訂正しない場合には訂正届出書提出命令が行われ、課徴金および刑事罰による制裁や、投資家からの損害賠償の対象にもなる。

　もっとも、有価証券を会社が発行または交付する場合であっても、有価証券を

取得する投資家が少数（50名未満）で交渉力を有する場合や、投資家がプロフェッショナルとして投資判断を行うことができるような場合等、あえて法律で情報開示を強制する必要性が低い場合もある。このような場合には、発行開示規制が免除されることになる。

発行開示規制の中心となる有価証券届出書は、株式等の発行であれば会社法の公告に代替することとなり、また、届出の効力発生前の申込みが制限されるなど、ファイナンスのスケジュールにも大きな影響を及ぼしうるという意味で、実務上はこの要否が大変重要な意味を持つ。本書は、会社が発行者となることを前提としているため、株式・新株予約権・新株予約権付社債の募集または売出しに焦点を当てて、説明する。

2　有価証券の募集または売出しにおける発行開示規制

金商法の発行開示規制の適用を受ける有価証券について募集または売出し[1]を行う場合には、届出義務が免除される場合を除き、有価証券届出書の提出による届出が必要になる（金商法4条1項）。そこで、ある会社が有価証券を発行または交付する場合、それが「募集」または「売出し」に該当するか否かを判断することが重要となる。

「募集」または「売出し」に該当した場合には、下記図表3-2、図表3-3に従い、有価証券届出書の届出の要否を検討することになる。

届出が必要とされた場合、所定の様式の有価証券届出書の提出が必要となる（金商法5条）が、それに伴い、以下のような効果も生じることになる。

有価証券届出書の提出に伴う主な効果
① 有価証券届出書記載の財務諸表・連結財務諸表について、監査が必要（金商法193条の2）
② 届出の効力が発生するまでは約定することができない（金商法15条1項）
③ 原則として目論見書の作成・交付義務の発生（金商法13条、15条）
④ 届出書および目論見書について不実記載に係る損害賠償責任等の発生（金商法17条、18条）
⑤ 有価証券報告書の提出（金商法24条1項3号）等の継続開示義務の発生

---

1) 募集または売出しは金商法上は、金商法2条3項に規定する募集および売出しに加え、通常の募集・売出しとは異なり、合併、株式交換、株式移転または会社分割により50名以上の組織再編対象会社株主に対し有価証券が発行、または移転される特定組織再編成発行手続または特定組織再編成交付手続も含む概念である（金商法4条1項）が、説明の簡略化の観点から、本書においては特定組織再編成発行手続または特定組織再編成交付手続に伴う届出については対象としない。

有価証券届出書の提出以後は、継続的に有価証券報告書を提出しなければならなくなるなど、当該募集または売出し以後においても事務的・経済的な負担が生じることになる。

Ⅱ 募集および売出し

ポイント
- 50名以上の者を相手方として新たに発行される有価証券の取得勧誘が行われる場合には、「募集」に該当する。
- 勧誘の相手方が1名であっても、「募集」に該当する場合がある。
- 「募集」の該当性については、実務上、勧誘の相手方が50人以上か、継続開示義務があるかが重要な判断要素となる。
- 「売出し」の該当性の判断も「募集」の場合と同様に、勧誘の相手方が50名以上かどうか、継続開示義務があるかという点が重要である。
- ただし、「売出し」の場合は、開示規制が「募集」と比べてゆるやかであり、「売出し」特有の「適用除外規定」があるほか、「売出し」に該当しても有価証券届出書の提出が不要な場合が多い。

1 概要

有価証券届出書の届出の要否を分ける「募集」または「売出し」の定義は、発行または交付の対象となる有価証券の対象が第一項有価証券であるか、第二項有価証券であるかにより異なる。

このうち、第一項有価証券とは、株券や社債券等の金商法2条1項に掲げる証券およびこれら同項に掲げる有価証券に表示されるべき権利であって、その権利を表示する証券・証書が発行されていないものを意味する有価証券表示権利をいう[2]。

これに対して、第二項有価証券とは、信託受益権や集団投資スキーム持分等金商法2条2項各号に掲げる有価証券をいうが、有価証券投資事業権利等を除いて

---

2) ICOトークン（発行者が将来的な事業収益等を分配する債務を負っているとされるもの）については、集団投資スキーム（金商法2条2項5号）として第二項有価証券と扱われる可能性があるとされていた。もっとも、同号の「金銭（これに類するものとして政令を定めるものを含む。）」という文言との関係で購入の対価が暗号資産の場合には集団投資スキームにあたらないのではないかという問題があったが、資金決済法の改正とともに行われた令和元年6月金商法改正により、暗号資産が金銭とみなされ、購入の対価が暗号資産の場合であってもICOトークンが有価証券に該当することが明確化された。また、ICOトークンは「電子記録移転権利」として原則、第一項有価証券に該当し、例外的に流通性の低いものに限り、第二項有価証券とされる。

発行開示規制の適用が除外されているため、有価証券届出書との関係では、有価証券投資事業権利等のみが問題となる。

2　第一項有価証券の募集
(1)　概要
　第一項有価証券の募集とは、新たに発行される株式（自己株式の処分を含む）や新株予約権等の第一項有価証券の取得の申込みの勧誘（取得勧誘）のうち市場取引等の一定の取引に該当するものを除き、①50名以上の者（適格機関投資家私募の要件を満たした有価証券を取得する適格機関投資家を除く）を相手方として行う場合、または②いずれの私募の要件も満たさない場合をいう（金商法2条3項1号・2号）。

(2)　募集の該当性の判断の概要
　第一項有価証券の募集とは、新たに発行される有価証券の取得勧誘のうち、以下の場合をいう（金商法2条3項）。

---
①　50名以上の者（いわゆる適格機関投資家私募の要件を満たした有価証券を取得する適格機関投資家を除く）を相手方として取得勧誘を行う場合[3]（金商法2条3項1号、金商法施行令1条の4、1条の5）
② 　①に掲げる場合のほか、適格機関投資家私募（金商法2条3項2号イ、金商法施行令1条の4）、特定投資家私募（金商法2条3項2号ロ、金商法施行令1条の5の2）および少人数私募（金商法2条3項2号ハ、金商法施行令1条の6、1条の7）のいずれにも該当しない場合

　すなわち、50名以上の者を相手方として新たに発行される有価証券の取得勧誘が行われる場合には、ただちに「募集」に該当する。また、勧誘の相手方が50名に満たない場合であっても、適格機関投資家私募、特定投資家私募、少人数私募に該当しない限り、「募集」に該当することになる。これは、継続開示義務のある会社、典型的には上場会社が新たに有価証券を発行しようとする場合は、基本的に「募集」に該当することを意味する。これは、継続開示義務の発生原因となった有価証券を発行しようとする場合には、私募要件を満たしえないためである。したがって、上場会社が新たに有価証券を発行しようとする場合、発行する有価証券が優先株式の種類株式等別の有価証券である場合を除いては、仮に勧誘の相手方が1名であったとしても「募集」に該当する。
　これらの点をふまえると、「募集」の該当性を判断するにあたって、実務上は、

---
3)　適格機関投資家のみを相手方とする場合を除く。

勧誘の相手方が50名以上であるかどうか、継続開示義務があるかどうかという2点が重要な要素となる。

なお、「募集」は、新規発行を前提とするもので、1度発行された有価証券を譲渡するのは、下記3(2)のとおり、原則として「売出し」に該当するが、発行会社による自己株の処分は、会社法上、自己株の処分が新株発行と同様に扱われるのと同様に、金商法上も「募集」として扱われることに留意しなければならない。

(3) 取得勧誘

勧誘行為がなければ、「募集」に該当しない[4]。そこで、取得勧誘の定義が重要となるが、金商法においては、「取得勧誘」とは、新たに発行される有価証券の取得の申込みの勧誘およびこれに類するもの（金商法2条3項柱書）と規定されているのみで、詳細な定義は存在しない[5]。

一般的には、取得勧誘とは、特定の有価証券についての投資家の関心を高め、その取得または買付けを促進することとなる行為と説明されており、有価証券の発行・売出価格等の取引条件を表示しない場合（金商法5条1項ただし書）や、「募集」に言及しない場合でも取得勧誘にあたりうる。勧誘対象者に対して直接文書を交付するほか、口頭または広告の方法による場合であっても、有価証券の募集に該当する取得勧誘にあたりうる。

ある行為が、取得勧誘、すなわち、「特定の有価証券について投資家の関心を高め、その取得または買付けを促進する行為」に該当するかどうかは、一義的に判断しうるものではなく、その目的、内容、情報発信の主体、相手方、方法、時期、従来の開示実務との関係等を総合的に勘案して判定されることになる。

この点、第三者割当を行う場合、発行会社が潜在的な投資家である割当先と事前に交渉することは不可欠である。これに関し、開示ガイドラインにおいて、発行会社が「第三者割当を行う場合であって、割当予定先が限定され、当該割当予定先から当該第三者割当に係る有価証券が直ちに転売されるおそれが少ない場合（たとえば、資本提携を行う場合、親会社が子会社株式を引き受ける場合等）に該当す

---

[4] 取得勧誘を伴わない有価証券の発行の例として、会社法185条の規定による株式無償割当てにより株式を発行する場合や新株予約権証券または新株予約権付社債に付されている新株予約権の行使により株式を発行する場合等がある（開示ガイドラインB2-4）。

[5] なお、開示ガイドラインB4-1上、有価証券の募集または売出しに関する文書（新株割当通知書および株式申込証を含む）を頒布すること、株主等に対する増資説明会において口頭による説明をすること、および、新聞、雑誌、立看板、テレビ、ラジオ、インターネット等により有価証券の募集または売出しに係る広告をすることは「有価証券の募集又は売出し」に該当すると明記されているが、勧誘行為は、これらに限られるものではない。

るとき」は、基本的には、勧誘行為には該当しないとされている（開示ガイドラインＢ2-12）。そのほかにも、有価証券届出書または発行登録書の提出日の１か月前の応当日以前における発行者情報の発信、法令または取引所規則に基づく開示、定期的な発行者情報の発信、新製品または新サービスの発表、自発的な問合せに対する回答、およびアナリスト・レポートの配布または公表は、開示ガイドライン上、有価証券の取得勧誘には該当しないとされている[6]。

(4) 多数の者向け取得勧誘

新たに発行される有価証券の取得勧誘を50名以上の者に行う場合、多数の者向け取得勧誘として、「募集」に該当する（金商法２条３項１号、金商法施行令１条の５）。

この「50名」の人数基準のカウントにあたり、特定投資家のみを相手方とする場合は除かれ、また、適格機関投資家については適格機関投資家以外の者への譲渡を禁止する旨の制限を付した場合には、当該適格機関投資家を「50名」の人数基準から除外することができる[7]。

この「50名」の人数基準のカウントは、勧誘の対象となった人数であり、勧誘に応じて実際に有価証券を取得した人数ではない。したがって、仮に有価証券を取得する至った人数が10名に満たなかったとしても、勧誘を50人以上に対して行う場合には、「募集」に該当することになる。

3 第一項有価証券の売出し（金商法２条３項）

(1) 概要

第一項有価証券の「売出し」とは、新株予約権や新株予約権付社債等の、すでに発行された第一項有価証券の売付けの申込みまたはその買付けの申込みの勧誘（以下「売付け勧誘等」という）のうち一定の取引等に該当するものを除き、①50名以上の者（プロ向け勧誘の要件を満たした有価証券を取得する適格機関投資家を除く）を相手方として行う場合（金商法２条４項１号、金商法施行令１条の８）、または②いずれの私売出しの要件も満たさない場合（金商法２条４項２号）をいう。

すでに発行された有価証券については、有価証券やその発行者に関する情報が十分に提供されていない場合やその有価証券の流通市場が不十分であることにより、販売勧誘側と投資家側に情報格差がある場合には、発行開示規制の対象（すなわち「売出し」に該当する）となり、そうでなければ発行開示規制の対象になら

---

[6] これらの８類型は、あくまで有価証券の勧誘に該当しない行為の典型として示されているのであり、当該類型に該当しない場合にはただちに勧誘に該当するという意味ではない。

[7] 特定投資家は50名の人数基準から除外することはできない。

ない。

　また、仮に「売出し」には該当するとしても、たとえば、大株主による上場株式の売出し等、当該有価証券につき継続開示義務のある場合には、有価証券届出書の提出が免除されることから、有価証券届出書を提出しなければならない場合は限定的であって、実務的には有価証券通知書の提出の要否（詳細については、下記Ⅶを参照のこと）が重要となる。

(2) 「売出し」の該当性の判断

　有価証券の交付が「売出し」に該当するか否かは、第一項有価証券の場合、基本的には以下のフローチャートに従い検討することになる。

図表 3-1：有価証券の売出しの該当性判断フローチャート

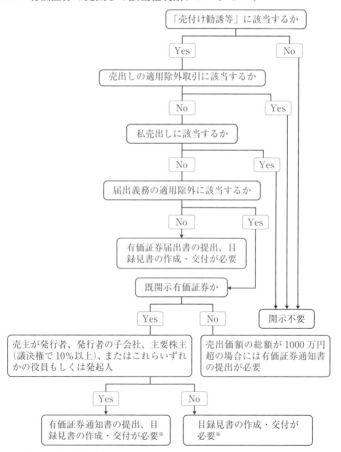

※　目録見書の作成、交付義務は売出価額の総額が1億円未満であること等の適用除外がある（金商法13条1項、開示府令11条の4）

上記**図表3-1**のフローチャートに従うと、まずは「売付け勧誘等」に該当するか否かを検討する。そもそも、有価証券に対する「売付け勧誘等」が行われなければ、そもそも「有価証券の売出し」には該当しないためである。

「売付け勧誘等」に該当する場合には、次に、「有価証券の売出し」から除外される要件（金商法施行令1条の7の3各号。以下本章において「適用除外取引」という）に該当するか否かを検討する。適用除外取引のいずれかに該当すれば、「有価証券の売出し」に該当しない。

適用除外取引のいずれにもあたらない場合には、売付け勧誘等の相手方の人数が50名以上かどうか、プロ私売出し、特定投資家私売出し、少人数私売出しのいずれかに該当するかどうかを検討する。すでに発行された有価証券について「売付け勧誘等」が行われる場合には、適用除外取引または私売出しのいずれかに該当しない限りは、「有価証券の売出し」に該当する。

たとえば、株主が上場株式やこれを目的とした新株予約権の処分を行おうとする場合、私売出しの要件を満たしえないため、仮に勧誘の相手方が1名であっても「売出し」に該当しうることになる。もっとも、「募集」の場合と異なり、「売出し」には特有の例外である「適用除外取引」がある。この「適用除外取引」に該当すれば、継続開示義務の発生原因となった有価証券を交付する場合でも「売出し」にはあたらないという結論になる。

したがって、「売出し」の該当性については、「募集」の場合と同様に勧誘の相手方が50名以上かどうか、私売出しの要件を満たすか（継続開示義務があるか）という2点に加えて、「売出し」特有の「適用除外取引」に該当するかという点から判断するのが実務上重要となる。

(3) 「売付け勧誘等」とこれに該当しない勧誘等

すでに発行された有価証券に対する「売付け勧誘等」が行われなければ、「売出し」に該当しないため、募集における取得勧誘と同様、「売付け勧誘等」における「勧誘」の意義が問題となるところ、基本的な考え方は、募集におけるものと同様である。

(4) 適用除外取引

「売出し」に特有な例外となる「適用除外取引」に該当する場合には、有価証券の売出し規制の適用がない（金商法施行令1条の7の3）[8]。これらに該当する取引は、取引当事者間の情報の非対称等がなく、投資家保護のために、情報開示を強制する必要性が低いからである。

株式会社に関連する主な適用除外取引としては、以下のものがあげられる。

主な適用除外取引
① 市場における譲渡[9]・PTSにおける取引
② 金融商品取引業者・特定投資家間におけるいわゆるブロックトレード
③ 上場株式の所有者が発行者関係者(発行者、その主要株主および発行者の子会社ならびにこれらの役員及び発起人等をいう)および金融商品取引業者に該当しない場合における、譲渡制限のない有価証券の譲渡
④ 発行者関係者・金融商品取引業者間で行われる、譲渡制限のない有価証券の売買
⑤ 自己株式の取得、社債の買入れ等の発行者に対する譲渡

　上記の適用除外取引を前提とすると、売主が発行者関係者または金融商品取引業者である場合の市場外での取引は、相手方もこれらに該当する者でない限りは、「売出し」に該当するということにある。したがって、上場会社の主要株主や役員が市場外で、相対で譲渡しようとする場合には、「売出し」に該当する可能性が高いということになる。

⑸　「売出し」には該当しないと取り扱われるもの
　以下に掲げるような場合には、「有価証券の売出し」には該当しないと取り扱われている(開示ガイドラインB2-11)。

有価証券の売出しには該当しないもの
① 取得請求権付株式について当該株主による取得請求により有価証券を発行する場合
② 取得条項付株式について取得事由が生じたことまたは全部取得条項付種類株式についてその全部を取得する旨の株主総会の決議があったことにより有価証券を発行する場合
③ 会社法185条の規定による株式無償割当てにより株式を発行する場合
④ 取得条項付新株予約権証券または新株予約権付社債券に付されている取得条項付新株予約権について取得事由が生じたことにより有価証券が発行される場合
⑤ 新株予約権証券または新株予約権付社債に付されている新株予約権の行使により株式を発行する場合

8)　たとえば、普通社債等の一定の債券に係る買戻しまたは売戻条件付き売買であって、買戻または売戻価格および買戻しの日または売戻しの日があらかじめ定められているもの、発行者または発行者に対する有価証券の売付けを行おうとする者に対する有価証券の売付け、金融商品取引業者等が顧客のために取引所金融商品市場または外国金融商品市場における有価証券の売買の取次ぎを行うことに伴う有価証券の売買の場合があげられる。
9)　ToSTNeTによる取引を含む(金商法施行令1条の7の3第1号)。

(6) 多数の者向け売付け勧誘等

適用除外取引に該当しない場合で、50名以上に対し勧誘を行うことは、売出しに該当する（金商法2条4項1号）。

売付け勧誘の相手方の人数は勧誘の対象となった人数であり、勧誘に応じて実際に有価証券を取得した人数ではないことは募集の場合と同様である。また、特定投資家のみを相手方とする場合は除かれること、「50名」の人数基準から適格機関投資家を除外できる場合があるのも、募集の場合と同様である。

売出しの場合の適格機関投資家を除外する要件は、適格機関投資家私売出しと同じ要件である（金商法施行令1条の7の4）。

4 第二項有価証券の募集・売出し

信託の受益権、合同会社等の社員権、集団投資スキーム持分等の有価証券とみなされる権利である第二項有価証券は、私法上の有価証券およびそれに表示される権利である第一項有価証券と異なり、有価証券の券面が発行されないことや契約において譲渡性が制限されていること等から、一般的に流動性に乏しく、その情報を広く開示する必要性は低いため、原則として、発行開示規制の適用除外とされている（金商法3条3号）。具体的には、第二項有価証券のうち、それぞれ、信託財産に属する資産の価額の総額、出資総額、集団投資スキーム持分に係る権利を有する者が出資または拠出した財産の価額の合計額等の50%を超える額を有価証券に対する投資に充てるもの（有価証券投資事業権利等）のみが、発行開示規制の適用を受ける有価証券となる（同号）。

発行開示規制の適用を受ける第二項有価証券については、その取得勧誘・売付け勧誘等に応じることにより、当該取得勧誘等に係る有価証券を500人以上の者が所有することとなるものが、「募集」「売出し」とされている。

すなわち、第一項有価証券の「募集」「売出し」の人数基準については、取得勧誘の相手方の人数をカウントするのに対し、第二項有価証券の場合は、取得勧誘の結果、所有することとなった人数をカウントする点が異なる。第二項有価証券について「募集」または「売出し」に該当しなければ（すなわち結果的に499人以下の者が所有することになる場合）、私募・私売出しとなる。なお、第二項有価証券においては適格機関投資家私募等の概念は存在しないのも第一項有価証券の場合と異なる。

Ⅲ 募集と売出しに該当する場合の効果

ポイント
- 有価証券の「募集」または「売出し」に該当すれば、原則、届出が必要となる。
- ただし、発行・売出総額が1億円未満の場合や役職員に対する株式報酬や新株予約権の交付の場合等、届出が免除される場合がある。
- 届出が必要な場合は、届出前勧誘規制（届出前に取得勧誘または売付け勧誘等を行ってはならない）と届出後規制（届出の効力が生じるまで契約締結はできない）が生じる。
- 有価証券届出書の様式として、すべての事項を記載する通常方式に加え、有価証券報告書等の継続開示情報の流用を認める組込方式、参照方式があり、継続開示義務を履行している会社であれば、組込方式または参照方式を利用することができる。
- 届出の効力発生は、届出日の翌日から起算して16日目を原則とするが、有価証券報告書提出会社は、一定の第三者割当を除き、8日目とすることができる。
- 実務上は、IPOの場合には届出書提出予定日の1か月前までの、それ以外の場合には届出書提出予定日の2週間前までの事前相談が必須である。

1 概要

　有価証券の募集・売出しに該当する場合には、原則として、有価証券届出書の提出が必要となる。この場合においては、下記3(1)の届出免除の要件（金商法4条1項各号）を満たすか否かが問題となるが、届出免除要件を満たさない場合は、有価証券届出書の提出に加えて、目論見書の作成・交付（金商法5条、13条1項、15条2項）も必要となる。そして、届出が必要とされた場合、有価証券の募集・売出しに該当する勧誘について、以下のような規制が生じることになる。

届出前規制
・　発行者が有価証券届出書を提出した後でなければ勧誘できない（金商法4条1項。届出前勧誘規制）。

届出後規制
・　届出後届出の効力が発生するまでは、有価証券を取得させまたは売り付けることができない（金商法15条1項）。
・　有価証券を取得させまたは売り付けるためには、目論見書を作成・交付しなければならない（金商法13条1項前段、15条2項）。
・　届出後は、仮目論見書や加入資料を用いて勧誘することはできるが、虚偽記載のある資料を用いてはならない（金商法13条4項・5項）。

なお、有価証券届出書の提出をする場合であって、会社法による株式や新株予約権の募集事項や当該発行により親会社等が異動するような場合における通知事項を有価証券届出書に記載した場合には、会社法に基づく通知・公告が不要になる（会社法201条5項、会社法施行規則40条、会社法206条3項、会社法施行規則42条の3、会社法240条4項、会社法施行規則53条、会社法244条の2第4項、会社法施行規則55条の4）。

図表3-2：募集と届出規制

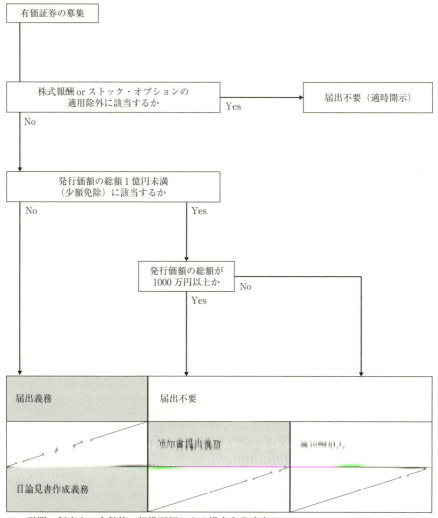

※　説明の便宜上、合併等の組織再編による場合を省略する。

図表 3-3：売出しと届出規制

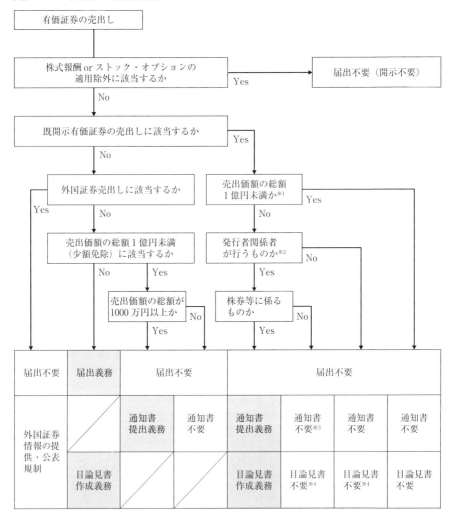

※1　既開示有価証券の売出しに係る金額基準（1億円）は、発行者関係者が行うものか否かを問わず適用される。
※2　発行者関係者とは、①発行者、②発行者の役員（発起人、これに準ずる者を含むが、設立後に役員、株主のいずれにも該当しない期間が連続して5年を超える場合の発起人、これに準ずる者を除く。以下同じ）、③発行者の主要株主（議決権の10%以上を有する者）またはその役員、④発行者の子会社等またはその役員、⑤金融商品取引業者・登録金融機関をいう。
※3　金融商品取引業者等が所有者として行う場合（開示府令4条4項3号〜5号）は、通知書提出義務（同項1号かっこ書参照）
※4　安定操作取引を行う場合は、目論見書作成義務（開示府令11条の4ただし書）
※5　説明の便宜上、特定組織再編成交付手続に係る場合を省略する。

2 有価証券の募集・売出しに該当することに伴う規制

(1) 届出前勧誘規制

　有価証券の募集・売出しに該当する場合、原則として、取得勧誘または売付け勧誘等を開始する前に、発行者は有価証券届出書を提出しなければならない（金商法4条1項）。届出の必要がない既開示有価証券の売出しについても、下記Ⅶ2のとおり、一定の場合には勧誘の開始前までに、有価証券通知書の提出が必要となる。事前届出義務に違反して勧誘をした者は、5年以下の懲役もしくは500万以下の罰金またはその併科に処せられる（金商法197条の2第1号）。また、届出前勧誘行為は課徴金納付命令の対象にもなっている（金商法172条1項）。

(2) 届出後取引規制

　有価証券の発行者、有価証券の売出しをする者、引受人、金融商品取引業者、登録金融機関・金融商品仲介業者は、届出の効力発生以後でなければ、届出を要する有価証券を取得させまたは売り付けてはならない（金商法15条1項）。届出をすれば、目論見書その他資料を用いてまたは口頭で投資家を勧誘することができるが、届出の効力が生じるまでは、当該取得・売付けに関し投資家から申込みを受け付けてはならない。また、発行登録制度（詳細については、下記Ⅴを参照のこと）を利用する場合には、発行登録書の効力が発生しており、かつ、発行登録追補書類が提出されていなければ、当該登録に係る有価証券を取得または売り付けることはできない（金商法23条の8第1項）。

　届出の効力については、下記3(5)(ii)のとおり、原則として、管轄財務局長等が有価証券届出書を受理した日から15日を経過した日に生じるが（金商法8条1項）、参照方式や組込方式による届出の場合、ブックビルディングによる募集または売出しに係る有価証券の発行条件の決定時に訂正届出書が提出される場合等には、待機期間の短縮の特例が認められ、15日に満たない期間で効力の発生が認められている（金商法8条3項、開示ガイドラインB 8-2、8-3）[10]。

3 有価証券届出書

(1) 有価証券届出書の提出義務と免除

　発行開示規制の適用のある有価証券の取得勧誘・売付け勧誘等が有価証券の「募集」または「売出し」に該当した場合は、原則として有価証券届出書の提出

---

[10] 募集または売出しが一昨の日において株主名簿に記載され、または記録されている株主に対し行われる場合には、その届出は、割当日の25日前までになされなければならないとされている（金商法4条4項）。具体的には、株主割当て等による新株発行がこれに該当する（開示ガイドラインB 4-18）。

義務が生じる（金商法4条1項）。上記原則にかかわらず、金商法4条1項に従い、以下に掲げる場合には届出義務が免除される[11]。

届出の要否についてのフローチャートは上記**図表3-2**、**図表3-3**のとおりである。

---
① ストック・オプション・株式報酬としての株券の発行・交付
② 開示が行われている有価証券の売出し
③ 発行価額または売出価額の総額が1億円未満の募集または売出し

　(i) ストック・オプション・株式報酬としての株券の発行・交付がなされる場合（金商法4条1項1号、金商法施行令2条の12、開示府令2条1項・2項）

ストック・オプションの発行・交付がなされる場合のうち、一定の場合には届出が免除される。具体的には①譲渡が禁止されていること、②割当対象者が発行会社・完全子会社・完全孫会社の役員[12]・使用人のみである、という2つの要件を満たす必要がある。これらの募集・売出しに際し、対象者以外の者、たとえば、連結子会社の役員等を含む場合には本規定の適用がないことから、原則として、届出義務の対象となる（開示ガイドラインB4-2）。

図表3-4：株式報酬・ストック・オプションについて届出義務が免除される役職員となる者が属する会社の範囲（グレーの会社はこれに含まれない）

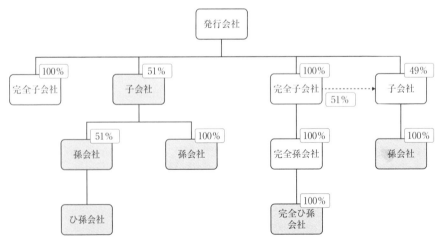

11) ただし、有価証券届出書の提出をしない場合には、会社法上の通知または公告は必要となる。
12) 取締役、会計参与、監査役または執行役をいう。

また、近年は経営陣等にインセンティブを付与するための連動報酬としての株式報酬の導入が広がっており、労務の対価として一定期間の譲渡を制限した株式（譲渡制限付株式）を交付する事業会社が増えているが、令和元年 7 月 1 日より、①交付対象者が発行会社等の役員等に限られていること、②発行する株式に譲渡の制限に係る期間が設けられていることの要件を満たした場合は、ストック・オプションと同様に届出が免除されることになった。株式報酬プランのなかには、譲渡制限期間の終期を確定日としない場合もありうるが、たとえば、終期を「取締役が交付を受けることとなる日の属する事業年度経過後 3 月を超えた日の退任日」とする、または「取締役が交付を受けることとなる日の属する事業年度経過後 3 月を超えた日の退任日」までに退任した場合は会社が当該譲渡制限付株式を無償取得するなどの条項を定めるなどプランの内容を工夫することにより、かかる要件を満たすことも可能になる。

　(ii)　**開示が行われている有価証券の売出し（金商法 4 条 1 項 3 号）**

　ある有価証券に関してすでに開示が行われている場合、当該有価証券の売出しについては、届出が免除される。「開示が行われている場合」とは、当該有価証券について行われた募集または売出しに関する届出がなされ、届出の効力が発生している場合等により、当該会社に係る情報が公衆縦覧に供されている場合である（金商法 4 条 7 項、開示府令 6 条）。

　たとえば、上場会社の大株主による上場株式の売出しは、この規定により届出が免除される。実務上は、「売出し」の場合、有価証券届出書を提出しなければならない場合は非常に限られることになる。ただし、届出義務が免除される場合でも、原則として、目論見書の作成および交付義務が課せられ（金商法13条 1 項、開示府令11条の 4、金商法15条 2 項）、有価証券届出書とほぼ同じ内容により目論見書を作成しなければならない（金商法13条 2 項 1 号ロ。目論見書について下記Ⅳを参照のこと）。

　(iii)　**少額免除**

　発行価額または売出価額の総額が 1 億円未満の有価証券の募集または売出し（金商法 4 条 1 項 5 号）については、届出が免除される。ただし、下記Ⅶ 2 のとおり、発行価額または売出価額の総額が1000万円超となる場合には有価証券通知書の提出が必要である。

　1 億円の計算方法については、届出前には発行価額や売出価額が決定していないのが通常であることから、当該有価証券の募集または売出しの開始時において合理的に見込まれる価格を基礎とした発行価額または売出価額の総額による。

　また、募集または売出しをする有価証券の発行価額または売出価額の総額が 1 億円未満であっても、以下に掲げる場合には、投資家保護の観点から、届出義務

が課されている（開示府令2条3項）。

① 新株予約権の払込金額の総額に行使金額の合計額を合算した金額が1億円以上となる場合（開示府令2条4項1号）
② 1年間通算して1億円以上となる募集または売出しの場合（開示府令2条4項2号）【1年通算】
③ 取得勧誘の相手方の期間通算により募集に該当することとなった場合（開示府令2条4項3号）【6か月通算募集】
④ 売付け勧誘等の相手方の期間通算により売出しに該当することとなった場合（開示府令2条4項3号の2）【1か月通算売出し】
⑤ 同一の種類の有価証券の募集または売出しが並行して行われる場合（開示府令2条4項4号・5号）【並行募集・売出し】
⑥ 届出等の効力の停止処分等を受けた者が行う募集または売出し（開示府令2条4項6号・7号）
⑦ 公開直前の株式の募集または売出し（開示府令2条4項8号）

　このうち、上記②の1年通算の場合とは、今回予定している発行価額または売出価額の総額に、今回の募集または売出しを開始する日前1年以内に行われた募集または売出しに係る当該有価証券と同一の種類[13]の有価証券（新株予約権付社債券は、新株予約権証券と同一の種類の有価証券とみなされる）の発行価額または売出価額の総額を合算した金額が1億円以上となる場合をいう。

　「同一の種類の有価証券」である場合には、「募集」と「売出し」のいずれの組合せでも、通算され、過去1年以内に払込期日または受渡期日が到来したものも含む（開示ガイドラインB4-6）。また、通算規定の対象とされる募集または売出しは、届出金額ではなく実際の発行価額または売出金額の総額により計算するものとされる（開示ガイドラインB4-8）。

　たとえば、以下のような場合には通算されることとなる。

図表3-5：1年通算

②＋③＋④＝1億1000万円→1億円以上
④の募集→届出必要

なお、有価証券届出書の提出日以後、当該有価証券届出書に係る有価証券の発行価額または売出価額の総額が1億円を下回ることとなった場合には、当該有価証券届出書の提出者は、遅滞なく、当該有価証券届出書を取り下げる旨を記載した「取下げ願い」を当該有価証券届出書の提出先に提出することとされている（開示ガイドラインB4-13）。この「取下げ願い」については、開示ガイドライン上の定めであるので、法令に様式は定められていない[14]。

一方、合理的に発行価額または売出価額の総額を見積もって1億円未満であるとして届出を行わなかった募集または売出しの発行価額または売出価額の総額が、1億円以上となった場合には、ただちに届出をしなければそれ以後募集または売出しをすることができないとされている（開示ガイドラインB4-15）。当初の発行価額または売出価額の総額の見積りが合理的である限り、過去に遡って、届出前の取得勧誘が違法になるわけではなく、その総額が1億円以上となったときから効力発生日が起算される。また、届出自体は後日なされるとしても、すでに取得勧誘を行った投資家に対しても取得させまたは売り付ける以前に目論見書の交付義務が課せられることになる。

(2) 届出手続

(i) 概要

届出義務が免除されない場合、EDINETを通じて、発行者が有価証券届出書を管轄財務局長等に提出する。

届出の効力は、原則として、管轄財務局長等が有価証券届出書を受理した日から15日を経過した日（受理日の翌日から16日目）[15]に生ずる（金商法8条1項）。

この届出が受理された日と効力発生日との間を待機期間といい、訂正届出書が提出された場合には、法令上は、当該訂正届出書を提出した日から改めて待機期間が開始する（金商法8条2項）こととなっている。

---

13) ここでいう「同一の種類」とは、金商法2条1項各号および2項各号に掲げる有価証券ごとに区分されたものが同じであることをいう（開示府令1条2号）ことから、少人数私募や少人数私売出しにおける有価証券の期間通算規定に用いられる「同一種類」や「同種」よりも広い概念である。すなわち、株券や社債券等という有価証券の区分が同じであれば、会社法上異なる種類の株式であることや償還期限等が別でも関係なく、同じ種類と扱われる。

14) この「取下げ願い」の提出がなされた場合には、提出があった日に有価証券通知書の提出があったものとみなされ、発行されまたは交付された有価証券に、金商法令府令1項10号に規定する有価証券には該当しないものとして取り扱われる（開示ガイドラインB4-14）。その結果、届出の効力の発生は無関係なものとなる。

15) 有価証券届出書を受理した日の翌日から起算して15日目の翌日、つまり、受理した日と効力発生日との間に15日空ける必要があるということになる。

もっとも、参照方式や組込方式による届出の場合、ブックビルディングによる募集または売出しに係る有価証券の発行条件の決定時に訂正届出書が提出される場合等には、15日に満たない期間で効力の発生が認められている（金商法8条3項、開示ガイドラインB 8-2、8-3）[16]。

なお、管轄財務局長等は、有価証券届出書等の受理前の手続として、有価証券届出書等の開示書類について事前に相談を行うことがなされている。これは、法令上要求されているものではないが、開示ガイドラインA 1-2-4において、「有価証券届出書等については、提出以後に記載内容に重要な事項の不備があることが発見され、訂正届出書が提出された場合、効力が予定どおり生じない等当初予定された日程の変更が避けられないことがあり得る」ため、担当課室は事前相談に応じることと明記されたこともあり、実務上は、事前相談を行うことが必須となっており、おおむね届出予定日の2週間前（新規上場案件等は1か月前）頃までに行われるものとされている。

　(ⅱ)　届出義務者

募集または売出しのいずれの場合においても、有価証券の発行者または発行しようとする者が届出義務者となる。売出しの場合には、発行者以外の者が売出しの主体になるのが通常であるが、この場合でも届出の義務を負うのは発行者である。これは、発行者が有価証券に関する情報や発行体に関する情報を保有しており、情報開示義務者として適切であるという観点から定められているからである。届出者は、不実記載のある有価証券届出書を提出した場合、民事責任、刑事責任、課徴金の納付義務を負うこととなる（金商法18条、172条の2、197条1項1号）。

(3)　有価証券届出書の記載内容

　(ⅰ)　概要

有価証券届出書には、原則として、①当該募集または売出しに関する情報（証券情報）、②企業情報（定性的な情報と財務情報）を記載する（金商法5条1項）。

このうち、証券情報については、各募集・売出しごとに特有の事項であるため、募集・売出しごとに有価証券届出書に直接記載する必要がある。これに対して、企業内容を記載する企業情報については、有価証券報告書の提出等の継続開示義務を1年以上適正に履行している場合、有価証券報告書等を組込みまたは参照する形式での作成が可能である。

---

16)　募集または売出しが一定の日において株主名簿に記載され、または記録されている株主に対し行われる場合には、その届出は、割当日の25日前までになされなければならないとされている（金商法4条4項）。具体的には、株主割当て等による新株発行がこれに該当する（開示ガイドラインB 4-18）。

有価証券届出書の記載内容および方法は、各様式の記載上の注意に記されているが、記載上の注意による内容を具体化したものおよび記載上の注意等からは明確には読み取ることのできない規範ならびに実務上の取扱い等が、開示ガイドラインにおいて明示されている。また、定性的な情報については各社で投資家にわかりやすく誤解を招かない記載が必要であるところ、平成31年３月19日に金融庁が公表した「記述情報の開示に関する原則」もふまえる必要がある。なお、有価証券届出書には、添付書類が必要となる（金商法５条13項、開示府令10条）。

　記載項目の主要な項目となる第一部の証券情報については、「募集」や「売出し」に関する情報を記載する。具体的には、①「募集要項」、②「売出要項」、③「第三者割当の場合の特記事項」、④「その他の記載事項」の各欄があり、募集または売出しの対象となる有価証券の内容、募集の方法や条件および手取金の使途等が記載される。たとえば、株式の募集の場合には、①「募集要項」として、「新規発行株式」「株式募集の方法及び条件」「株式の引受け」「新規発行による手取金」の各項目について様式に従い、記載上の注意および開示ガイドラインに沿って記載することとなる。

　第二部の企業情報については、有価証券を発行する会社自体に関する情報を記載する。具体的には、①「企業の概況」②「事業の状況」③「設備の状況」、④「提出会社の状況」、⑤「経理の状況」、⑥「提出会社の株式事務の概要」、⑦「提出会社の参考情報」の各欄があり、それぞれに記載すべき内容がさらに詳細に定められている。

　組込方式および参照方式では、企業情報は有価証券届出書に直接記載されないが、企業情報に相当するものとして、それぞれ追完情報および組込情報ならびに参照情報および添付書類における有価証券報告書提出以後の重要事実を記載した書類による開示がなされる。

(ii)　通常方式、組込方式および参照方式による有価証券届出書

　通常の事業会社における有価証券の募集または売出しに際しては、開示府令第２号様式ないし第２号の５の様式が利用される。

　原則的な通常方式（開示府令第２号様式）は、すべての届出者が利用できる方式で、一般的には組込方式・参照方式が利用できない場合、すなわち、１年以上継続して有価証券報告書を提出していない会社が利用する（金商法５条１項・３項・４項、開示府令９条の３、９条の４、特定開示府令11条の２、11条の３）。通常方式においては、証券情報に加え、企業情報についても有価証券届出書に直接すべて記載する（開示府令８条１項）。

　組込方式（開示府令第２号の２様式）は、１年以上継続して有価証券報告書を提出している者が利用できる（金商法５条３項、開示府令９条の３第１項）。組込方式

では、証券情報は、通常方式同様に直接すべて記載することが要求されるが、企業情報については、直近の有価証券報告書およびその提出以後に提出された四半期報告書または半期報告書等の写しをとじ込み、当該有価証券報告書の提出以後に生じた重要な事実を追完情報として記載する方法により作成する。参照方式（開示府令第2号の3様式）は、1年以上継続して有価証券報告書を提出し、かつ、基準時点の時価総額かつ年間売買代金が100億円以上や時価総額が250億円以上等、投資家に周知されていると評価される会社が利用できる（金商法5条4項、開示府令9条の4）。参照方式は、直近の有価証券報告書およびその提出以後に提出された四半期報告書（または半期報告書）および臨時報告書を参照すべき旨を記載することで企業情報を記載したこととみなされる（金商法5条4項）ため、組込方式よりさらに簡略化した様式となる。

(4) 届出の訂正

(ⅰ) 概要

有価証券届出書の訂正を行う場合、届出者が自ら訂正を行う場合（金商法7条）と管轄財務局長等の命令により訂正が行われる場合（金商法9条、10条）がある。前者は、自発的訂正と呼ばれるが、届出の効力発生前になされる訂正とその他の場合に分けられる。

(ⅱ) 自発的訂正

(a) 届出の効力発生前の自発的訂正

届出日以後、その効力発生日前までに、届出書類に記載すべき重要な事項の変更等があるときは、届出者は、訂正届出書を管轄財務局長等に提出しなければならない（金商法7条1項前段）。

訂正を必要とする具体的事情としては、たとえば、発行数や券面総額に変更があった場合、新規発行による手取金の使途について変更があった場合があげられる[17]。また、記載すべき重要な事実で、これらの書類を提出する時にはその内容を記載することができなかったものにつき記載できるようになった例として、最近連結会計年度の次の連結会計年度の連結財務諸表が作成され、当該連結財務諸表が公表された場合（決算短信の公表以後）等がある[18]。

---

17) その他、訂正を必要とする具体的事情として、事業等のリスク、経営者による財務状況、経営成績およびキャッシュフローの状況の分析等について投資判断に重要な影響を及ぼすような変更があった場合等がある（開示ガイドラインB7-1）。
18) そのほか、記載できるようになった例として、最近事業年度の次の事業年度の決算案が取締役会において承認された場合、最近事業年度の決算が確定し監査証明を受けた場合、係争中の重要な訴訟案件が解決した場合等がある（開示ガイドラインB7-3）。

(b) 届出の効力発生以後の自発的訂正

金商法 7 条 1 項前段による法定の訂正事項以外であっても、届出者が有価証券届出書のうちに訂正を必要とするものがあると認められるときは、有価証券届出書を訂正できるとされている（金商法 7 条 1 項後段）。たとえば、開示ガイドラインＢ 7-7 において、「事業等のリスク」「重要な設備の新設、拡充、改修、除去、売却等の計画」等について投資判断に重要な影響を及ぼす変更があった場合が示されているが、実際には、個別具体的な事情に応じて、訂正届出の要否を判断する必要がある。たとえば、有価証券届出書の提出以後に、決算短信・四半期決算短信の公表、臨時報告書の提出事由の発生等があれば、訂正届出書の提出が必要となる。

また、時価発行による増資等、有価証券届出書の提出時には、具体的な発行価額を記載せず、有価証券届出書を提出する場合があるが、この場合には価格が決定した場合には、訂正届出書をすみやかに提出することが必要である。

(c) 訂正命令

自発的な訂正に対し、一定の事由に該当する場合は、管轄財務局長等から訂正届出書の提出を命ぜられることがある。

---
① 形式上の不備があるとき（金商法 9 条 1 項）
② 記載すべき重要な事項の記載が不十分であると認めるとき（金商法 9 条 1 項）
③ 重要な事項について虚偽の記載があるとき（金商法 10 条 1 項）
④ 記載すべき重要な事項、誤解を生じさせないために必要な重要な事実の記載が欠けているとき（金商法 10 条 1 項）

届出の効力は、下記のとおり、有価証券届出書が提出された日から原則として 15 日（または 7 日）を経過した日に生じるが、届出の効力発生前に訂正命令が行われる場合には、管轄財務局長等が別に指定する期間を経過した日に届出の効力が生ずることとされている（金商法 9 条 3 項、10 条 3 項）。これに対して、届出の効力発生以後に訂正命令が行われる場合には、管轄財務局長等は届出の効力の停止を命ずることができる（金商法 10 条 1 項）とされており、当該命令を受けた場合には、効力発生前の状態に戻るため、募集または売出しによる有価証券の取引をただちに停止しなければならない。

実務上、訂正命令がなされることはまれであり、有価証券届出書の提出者による自発的訂正または管轄財務局長等の指導をふまえた任意の訂正が行われる。

(d) 訂正届出に関する実務上の留意点

訂正届出書が提出されると、訂正目論見書を投資家に交付することが必要となる。下記(5)(ⅲ)のとおり、訂正届出書の提出は、届出の効力発生時期を遅らせるこ

とになるため、ファイナンスのスケジューリングに重大な悪影響を及ぼす可能性もある。公募増資等を行う場合において、投資家に訂正目論見書を書面で交付することはきわめて煩雑である。時価発行増資等やむをえない場合は別として、予測されない訂正は極力避けるのが望ましい。届出以後に事実の変更が生じた場合の訂正届出書の自主的な提出の要否については、有価証券届出書の記載上の注意および訂正しない場合において投資家から民事責任を追及される可能性を考慮したうえで、投資判断にとって重要な事実として投資家に提供すべきか否かいう観点から、判断すべきこととなろう。

(5) 届出の効力発生
(i) 効力発生の意義

届出が必要な募集・売出しにおいては、有価証券届出書を提出すれば投資家に対して、取得勧誘・売付け勧誘等を行うことができるが（金商法4条1項）、届出が効力を生じた後でなければ有価証券を募集・売出しにより取得させ、または売り付けてはならない（金商法15条1項）。実務的にも新株発行等を行う場合には、この待機期間を考慮しながら、スケジューリング等を行う必要がある。

図表3-6：募集・売出しの手続の概要

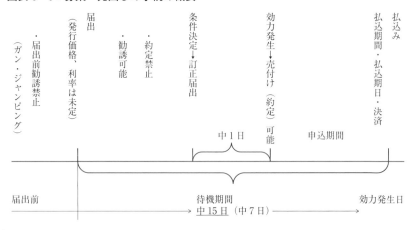

なお、上場株式の第三者割当（有利発行に該当しない場合）の実務的なスケジュールは、会社法上の手続もあわせると、下記**図表3-7**のように整理することができる。

図表 3-7：第三者割当の場合のタイムライン

日程	To do 等
X−14より前	各種ドラフトの準備・相手方との協議を開始
X−14	有価証券届出書・適時開示等の文案を持参のうえ、財務局・証券取引所への事前相談の開始
X	① 取締役会決議 ② 有価証券届出書提出 ③ 適時開示（有価証券届出書の提出後）
X+16日目	届出の効力発生
X+16日目以降	① 目論見書の交付 ② 払込期日（募集株式発行の効力発生） ③ 払込完了の適時開示（任意であるものの、行う場合も多い）
払込期日から2週間以内	変更登記

※ 第三者割当による新株式の発行について、届出の効力発生の期間短縮がなく、時価発行かつ大規模増資ではないことおよび種類株式発行会社ではないことを前提とする。

(ⅱ) 届出の効力発生時期

届出の効力は、管轄財務局長等が有価証券届出書を受理した日から原則として15日を経過した日に生ずる（金商法8条1項）。この「15日を経過した日」とは、中15日、すなわち、有価証券届出書を提出した日の翌日から起算して16日目となり、その日に効力が発生することとなる。もっとも、実務上は、開示ガイドラインに従い、待機期間の短縮が行われることも多い（金商法8条3項）。

① 組込方式および参照方式の場合（開示ガイドラインB8-2①～④）
② 参照方式の利用適格要件を満たす者のうち、特に周知性の高い者の場合（開示ガイドラインB8-3）

組込方式および参照方式の場合は、有価証券届出書を管轄財務局長等が受理した日からおおむね7日を経過した日（受理した日の翌日から8日目）に、その効力が発生するよう取り扱うことができる[19]。すなわち、有価証券報告書提出会社の場合、一定の第三者割当の場合[20]を除き、中7日で効力が発生することになる。ただし、その期間については、少なくとも、行政機関の休日を除いて4日間を確保するものとされている。

さらに、参照方式の利用適格要件を満たす者のうち、「特に周知性の高い企業」の場合、待機期間が撤廃されることがある。「特に周知性の高い企業」とは、1年間継続して有価証券報告書を提出している上場会社のうち、「売買代金の年間

合計額」と「時価総額」がともに1000億円以上である者をいうが、かかる上場会社においても、募集・売出しの対象となる有価証券が、普通株式や投資証券（REIT等）等、仕組みが単純かつ標準的であり、かつ、たとえば増資による希薄化率が20％以下である場合等、投資判断に与える影響が限定的な場合に限り、待機期間の撤廃が行われる（開示ガイドラインB8-3）[21]。

　(iii) 訂正届出書が提出された場合の効力発生時期（開示ガイドラインB8-4）

訂正届出書が提出された場合、訂正届出書の提出日から再度、15日（または7日）の待機期間が起算されるのが原則である（金商法8条1項・2項）が、以下の訂正事由に該当する場合には、それぞれに定める期間（行政機関の休日を除く）に待機期間が短縮される（開示ガイドラインB8-4）。

この結果、たとえば、当初の届出から16日目に届出の効力が発生する場合には、当初の届出から12日目に証券情報以外の訂正届出書を提出したとしても、13日～15日目が行政機関の休日でなければ、当初の予定どおり、当初の届出から16日目に届出の効力発生が認められる。

図表3-8：届出の訂正と効力発生日

訂正事項	効力発生日
証券情報の訂正	中1日で効力発生
発行価格等の訂正	提出日当日またはその翌日に効力発生
株式の発行数・社債の券面総額の変更	中3日で効力発生
証券情報以外の訂正	中3日で効力発生
証券情報以外の情報に関する事項に係る軽微な事項の訂正	中1日で効力発生

---

19) なお、組込方式および参照方式の利用適格者であれば、通常方式を使用する場合にも、効力発生日は短縮される。
20) 第三者割当に係る有価証券届出書が、大規模な第三者割当、割当予定先の属性について周知性が低いと考えられる第三者割当、過去6か月以内に第三者割当を行っている場合等、重点審査対象となる場合には、原則として効力発生期間の短縮は認められない（開示ガイドラインB8-2④）。
21) もっとも、株式等の時価発行の場合においては、会社法の規定により払込期日の2週間前までに通知または公告を行わなければならないことから、株式・新株予約権・新株予約権付社債の払込みまでの期間が短縮されるものではない。

Ⅳ 目論見書の作成および交付義務

> **ポイント**
> - 届出の義務がある場合は、原則として目論見書の作成義務もある。
> - 届出の義務はなくとも既開示有価証券の「売出し」を行う場合は、原則として、目論見書の作成義務がある。
> - 適格機関投資家や同一銘柄の保有者であって相手が同意した場合には交付しなくてもよい。
> - 交付時期は、有価証券の取得に係る契約締結以前であればよく、目論見書の交付前に取得勧誘等を行ってもよい。

1 概要

「目論見書」とは、有価証券の募集もしくは売出しのために当該有価証券の発行者の事業等に関する説明を記載する文書であって、相手方に交付し、または相手方からの交付の請求があった場合に交付するものをいう（金商法2条10項）。

有価証券の募集・売出しについて、有価証券届出書の提出義務が生じる場合には、目論見書の作成義務も生じることになる。また、既開示有価証券の売出し等、有価証券届出書の提出義務が免除される場合であっても、目論見書の作成義務は生じることがある。

有価証券届出書は、EDINETを通じて公衆縦覧に供されるのに対し、目論見書は、投資家に対して直接交付する点が異なる。また、目論見書は、取得勧誘する相手方ではなく、実際に有価証券を取得する相手方に交付することが求められている。

なお、実務上は、目論見書とは別に、ロードショーマテリアル、リーフレット等各種の販売勧誘資料が作成されることがある。目論見書以外の文書、図画、音声その他の表示は「資料」として、投資家に対し虚偽の表示または誤解を生じさせる表示とならない限り、自由に使用することができる（金商法13条5項、開示ガイドラインB 13-6）。

2 目論見書の作成義務

以下に掲げる募集もしくは売出しを行う場合、その有価証券の発行者は、目論見書の作成義務を負う[22]。

---

22) このほか、適格機関投資家取得有価証券一般勧誘を行う場合または特定投資家等取得有価証券一般勧誘を行う場合も目論見書の作成義務を負う。

① 有価証券届出書が提出される場合（金商法4条1項本文・2項本文または3項本文の適用がある場合。金商法13条1項前段）
② 既開示有価証券の「売出し」を行う場合（以下に掲げるいずれかに該当する場合を除く。金商法13条1項後段、開示府令11条の4）

ただし、上記②の既開示有価証券の「売出し」について、以下に該当する場合は、目論見書の作成をする必要がない（開示府令11条の4ただし書）。

(ア) 売出価額の総額が1億円未満である場合
(イ) 金商法2条4項に規定する有価証券の売出しに該当しないもの（安定操作取引を行う場合を除く）
(ウ) 以下に掲げる有価証券の売出しに該当しないもの（安定操作取引を行う場合を除く）
　(A) 株券等の所有者である発行者が行う有価証券の売出し
　(B) 発行者の子会社もしくは主要株主、発行者の役員もしくは発起人、発行者の子会社もしくは主要株主の役員もしくは発起人、または外国会社等の場合はこれらに類するものが所有者である株券等の売出し
　(C) 他者に取得させる目的として、上記(A)および(B)に掲げる者から、その者が保有する株券等を取得した金融商品取引業者等が行う当該株券等の売出し（いわゆるオーバーアロットメントによる売出し）
　(D) 売出しに係る引受人に該当する金融商品取引業者等が行う株券等の売出し
　(E) コミットメント型ライツ・オファリングにおいて引受契約に基づき取得した新株予約権または新株予約権を行使することにより取得した株式に係る売出しを行う金融商品取引業者等

3　目論見書の交付義務

目論見書には、交付目論見書（交付義務があるもの）、請求目論見書（請求があった場合にのみ交付すればよいもの）および訂正目論見書の3種類がある。ただし、請求目論見書は、投資信託の受益証券等に限定して利用が認められているため、本書では、交付目論見書と訂正目論見書（訂正事項分）についてのみ説明する。

(1)　交付目論見書（金商法15条2項）

有価証券を募集または売出しにより取得させ、または売り付ける場合には、原則としてあらかじめまたは同時に目論見書を交付しなければならない。ただし、以下に掲げる場合には目論見書交付義務が免除される（金商法15条2項ただし書）。

① 適格機関投資家に有価証券を取得させ、または売り付ける場合
② 目論見書の交付を受けないことについて同意した以下に掲げる者に有価証券を取得させ、または売り付ける場合

> (ｱ) 当該有価証券と同一の銘柄を所有する者
> (ｲ) その同居者がすでに当該目論見書の交付を受け、または確実に交付を受けると見込まれる者

　もっとも、上記に該当する場合においても、当該有価証券を募集または売出しにより取得させ、または売り付ける時までに当該適格機関投資家または当該同意した者から目論見書の交付請求があったときには、原則どおり目論見書の交付をしなければならない。
　また、上記に該当して目論見書を交付していない場合であっても、当該目論見書に係る有価証券の発行者が当該有価証券に係る新たに作成した目論見書の記載内容と交付しなかった目論見書の記載内容とを比較し、重要な事項に変更があると判断したときは、改めて、当該新たに作成した目論見書の交付を要する（開示ガイドラインB15-2）。

(2) 訂正目論見書（金商法15条4項・5項）

　有価証券を募集または売出しにより取得させ、または売り付ける場合において、当該有価証券に係る有価証券届出書の訂正届出書が提出されたときには、あらかじめまたは同時に訂正目論見書を交付しなければならない。ただし、上記(1)の交付目論見書と同様、適格機関投資家または交付を受けないことについて同意をした者に対しては、訂正目論見書交付義務が免除される。
　もっとも、かかる場合も、当該有価証券を募集または売出しにより取得させ、または売り付ける時までに当該適格機関投資家または同意した者から訂正目論見書の交付請求があったときには、訂正目論見書の交付をしなければならない。

4　交付手続

(1) 交付義務者と交付方法

　目論見書の作成義務者は有価証券の発行者であるが、交付義務者は発行者のみならず、有価証券の売出しをする者、引受人、金融商品取引業者、登録金融機関または金融商品仲介業者も投資家に有価証券を募集または売出しにより取得させ、または売り付ける場合には、あらかじめまたは同時に交付しなければならない。その方法は、基本的には紙媒体で投資家に直接交付されるが、投資家の承諾を得た場合には、電子交付の方法により目論見書記載事項を提供することも可能である（金商法27条の30の9第1項前段、開示府令23条の2第1項）。

(2) 目論見書の交付時期

　交付目論見書は、投資家に対し約定以前に交付するものとなっており、目論見書の交付以前に取得勧誘または売付け勧誘等を行うことも許される。また、目論

見書と販売勧誘資料の交付の先後関係についても金商法上は規定されておらず、販売勧誘資料を目論見書より先に交付してもよい。

また、訂正目論見書についても、投資家に対し遅滞なく交付する義務はなく、約定以前に交付すればよいこととされている。

5 目論見書の記載事項

(1) 交付目論見書（金商法15条2項）

(a) 募集または売出しに際して有価証券届出書が提出される場合

その募集または売出しに際して提出された有価証券届出書の内容の一部を除いた事項を記載し、特記事項を記載する（開示府令12条、13条1項1号）。

特記事項については、有価証券届出書の届出の効力発生以後に使用される届出目論見書の場合には、以下の事項を記載する（開示府令13条1項1号）。これらは、目論見書の表紙またはその他の見やすい箇所に記載しなければならない。

① 届出がその効力を生じている旨
② 有価証券が外国通貨をもって表示される場合には外国為替相場の変動を受ける旨
③ 参照方式による届出の場合には、参照方式の利用適格要件を満たす旨の書面等参照方式の届出に固有の添付書面に記載された事項

目論見書については、記載内容をすべて記載して作成したものを投資家に交付することが原則であるが、株券等を時価で発行する場合に発行価格等を記載しないで有価証券届出書を提出した場合には、当該事項を記載しないで目論見書を作成することができる（金商法13条2項ただし書、開示府令9条）。ただし、このような場合において、株券等の発行価格等が決定した場合には、訂正届出書を提出し、原則として訂正目論見書も作成・交付をしなければならない（金商法15条5項、開示府令14条の2）。

(b) 既開示有価証券の売出しを行う場合

その売出しに際して有価証券届出書の提出はされていないものの、有価証券届出書内容の一部を除いた事項を記載し、特記事項を記載する（開示府令14条1項）。目論見書の内容は、基本的に上記(a)の場合と異ならないが、特記事項は、以下のとおりである。

① 金商法4条1項ないし3項の規定による届出が行われていない旨
② 有価証券が外国通貨をもって表示される場合には外国為替相場の変動を受ける旨

③ 発行者が参照方式による有価証券届出書の提出者または参照方式の利用適格要件を満たす者である場合には、参照方式の利用適格要件を満たす旨の書面等参照方式の届出に固有の添付書面に記載された事項

(c) 届出仮目論見書

届出の効力発生日前に使用する目論見書を届出仮目論見書といい、届出仮目論見書の記載事項は基本的に届出目論見書と同様であるが、届出仮目論見書の場合には、以下の特記事項を記載することとなる（開示府令14条1項2号）。

① 届出をした日および当該届出の効力が生じていない旨
② 届出仮目論見書に記載された内容につき、訂正が行われることがある旨
③ 届出目論見書の上記②および③の事項

届出仮目論見書は、届出の効力が発生する前に投資家に勧誘を行うために使用されるものであるが、届出目論見書の特記事項（上記(a)を参照のこと）を記載したもの（紙片）を当該届出仮目論見書に挟み込むなどの方法により、届出目論見書として使用することができるものとされている（開示ガイドラインB 13-3）。

(2) 訂正目論見書（金商法15条4項）

訂正目論見書は、訂正届出書に記載した事実を記載するもので（金商法13条2項3号）、目論見書の訂正事項分ともいわれる。実務上は、訂正事項分という1頁から数頁の紙片を原目論見書と別途交付、あるいは原目論見書に挟み込んで交付する方法がとられている。

なお、募集または売出期間中に、四半期財務諸表等が公表された場合には、有価証券届出書の訂正届出書が提出され、それに伴い、訂正目論見書の作成・交付義務も生じることとなる。割当先の少ない第三者割当による株券等の発行である場合には、訂正目論見書を作成および交付することが可能であるが、投資家が多数となる募集を行う場合には訂正目論見書の作成および交付を行うのは現実的ではない。したがって、実務上は可能な限り訂正届出書の提出を避けるべく、四半期財務諸表等が公表されるなどの事象が会社において発生しないような期間において募集または売出しの日程を組むなどの工夫が必要である。

V 発行登録制度

ポイント
- 有価証券届出書の参照方式が利用できる会社は、発行登録制度を利用できる。
- 発行登録により、待機期間なく機動的な資金調達が可能になる。
- 発行登録は、有価証券の種類ごと、募集や売出しごとに必要になる。
- 発行予定期間は1年または2年で、それ以上の延長変更はできない。
- 枠組みとしての発行登録書に加え、証券情報として募集や売出しの内容に関する詳細を行う発行追補書類の提出が必要である。
- 発行登録で決めた枠組みを変更するような訂正（発行予定額または発行残高の増額、発行予定期間の変更、有価証券の種類の変更に関する訂正）はできない。

1 概要

有価証券の「募集」や「売出し」を行おうとする場合は、原則として有価証券届出書の提出が必要となる。しかし、参照方式の利用要件を満たす会社については、有価証券の発行を予定している者が一定期間内における発行予定額または発行残高の上限、発行予定有価証券の種類等を記載した発行登録書を提出することにより、届出をすることなく、発行登録をしておくことにより、待機期間なく有価証券を取得させまたは売付けを行うことができる。

発行登録の効力が生じていれば、発行登録の対象となっている有価証券の具体的な募集・売出しの条件等を記載した発行登録追補書類を提出することのみで、待機期間もなく、ただちに有価証券を取得させまたは売り付けることができるため、機動的な資金調達が可能になる。

発行登録の利用適格要件は、発行登録書の提出時に満たしている必要があり、発行登録追補書類提出時または実際の有価証券発行時において利用適格要件を満たしている必要はない（金商法23条の8第1項）。

2 発行登録書
(1) 発行登録書

発行登録をしようとする者は「募集」「売出し」ごとに発行登録書を作成し、EDINETを通じて管轄財務局長等に提出する（金商法23条の3第1項、開示府令14条の3第1項）。発行登録制度に係る書類は、開示府令に従い定められた各様式により作成される。

発行登録書は、有価証券の種類ごとに、かつ、募集または売出しごとに提出することとされている。したがって、有価証券の種類が異なれば、別個の発行登録

書の提出が必要である。

(2) 発行登録書の記載内容

発行登録書は、有価証券の種類ごとに定められる各様式に従って作成される（開示府令第11号様式）。

発行登録書の提出時においては、有価証券の内容が確定していないことが通常であり、多くの項目について未定として提出され、具体的な内容は発行登録追補書類の提出によって確定することになる。

発行登録書特有の記載内容として、発行登録制度による募集または売出しを予定している期間（以下「発行予定期間」という）があるが、発行予定期間は、発行者の選択により、その効力発生日から起算して1年または2年間とされる。また、発行予定額または発行残高の上限のいずれかを選択したうえで、「発行予定額の（総額）」または「（発行残高の）上限額」の金額を記載する。これは、機動的な資金調達を促進する観点から発行残高で管理する方法の選択も認めるものである。なお、発行残高については、発行済の有価証券が償還されたことにより発行残高が減少した場合には、発行可能額は当該償還分増加するのに対し、発行予定額の総額を記載する場合は、発行総額で管理することになるため、発行済みの有価証券が償還されたとしても、発行可能額が増加することはないことに留意が必要である。

(3) 発行登録追補書類

発行登録書の提出が行われれば、有価証券の取得勧誘または売付けを行うことが可能になるが、実際に有価証券を取得させまたは売り付けるためには、当該発行登録書の効力が生じているほか、発行価額または売出価額の総額が1億円以上の場合には、発行登録追補書類の提出を行うことが必要である（金商法23条の8第1項）。

(i) 提出手続

発行登録追補書類の提出先は、発行登録者が内国会社である場合には、本店または主たる事務所の所在地の管轄財務局長等とされている（開示府令20条1項）。

(ii) 記載内容

発行登録追補書類の記載事項は、社債券、株券、新株予約権証券等については開示府令第12号様式に定められている（開示府令14条の8）。

発行登録追補書類は、発行登録に係る個々の募集・売出しに関して情報を開示するものであり、証券情報として募集・売出しの詳細な内容等を記載すべきものとされている（金商法23条の8第1項、開示府令14条の8）。具体的な記載内容は参照方式による有価証券届出書の場合とほぼ同様になっている。

(4) 発行登録の訂正

発行登録をした者は、発行登録を行った日以後、その効力を失うこととなる日までに、以下の事由が生じたときは、訂正発行登録書を提出する必要がある（金商法23条の4、開示府令14条の5第1項）。

① 発行登録書において参照すべき旨記載されている参照書類と同種の書類が新たに提出された場合（ただし、発行登録書において、有価証券報告書と四半期報告書の提出予定日が記載されており、当該予定どおり、これらの書類が提出される場合には訂正発行登録書の提出は不要である）
② 発行予定額のうち未発行分の一部を発行予定期間内に発行する見込みがなくなった場合または発行残高の上限を減額しなければならない事情が生じた場合
③ 引受けを予定する金融商品取引業者等のうち主たるものに異動があった場合
④ 効力発生予定日に変更があった場合
⑤ その他発行登録者が訂正を必要とするものがあると認めた場合

一方、発行予定額または発行残高の増額、発行予定期間の変更、有価証券の種類の変更に関する訂正は行うことができない（金商法23条の4、開示府令14条の5第3項）[23]。

(5) 発行登録の効力発生

発行登録制度を利用して有価証券の有価証券を取得させまたは売り付ける場合には、発行登録が効力を生じているなかで発行登録追補書類を提出すればよく、有価証券届出書を提出する場合のような待機期間はないが、その枠となる発行登録の効力発生については、有価証券届出書の効力発生に関する規定が準用されている（金商法23条の5第1項）。したがって、発行登録の効力発生についても、原則として発行登録書を管轄財務局長等が受理した日から15日を経過した日に効力を生じる（金商法8条1項・2項、23条の5第1項）。

もっとも、発行登録を利用できる発行会社には、参照方式の利用適格があるため、継続開示要件および周知性の要件が満たされており、発行登録者が申し出た場合には、待機期間が短縮され、おおむね中7日で効力が生じる（開示ガイドラインB8-1、B23の5-1）。

効力発生日までに訂正発行登録書が提出された場合は、原則として管轄財務局長等が訂正発行登録書を受理した日から中7日で効力が生ずる（金商法8条2項、23条の5第1項）。一方、発行登録の効力が生ずる日以後に訂正発行登録書が提出

---

[23] 発行予定額または発行残高の上限の増額が必要となった場合には、訂正発行登録書によってこれを変更することはできないため、いったん当初の発行登録を取り下げたうえで、新たに増額した発行登録書を提出すること等が考えられる。

された場合には、下記**図表3-9**のとおり、それぞれに定める期間（行政機関の休日を除く）に待機期間が短縮される（金商法23条の5第2項、開示ガイドラインB 23の5-3）。訂正から効力発生日までの期間は、土日祝祭日および12月29日～1月3日を除く。

図表3-9：訂正発行登録書と効力停止期間

EDINETによる提出書類	効力停止期間
有価証券報告書の提出	提出日を含めおおむね2日
四半期報告書の提出	提出日を含めおおむね1日
臨時報告書の提出	提出日を含めおおむね1日
訂正報告書の提出	提出日を含めおおむね1日
発行予定の有価証券に係る仮条件を記載した訂正発行登録書の提出	提出日を含め1日
上記以外の事由による訂正発行登録書の提出	提出日を含めおおむね1日

(6) 発行登録制度における目論見書

発行登録を行った有価証券の発行者も届出制度における場合と同様、募集または売出しに際し、目論見書の作成義務を負う（金商法13条1項、23条の12第2項）。

発行登録制度における目論見書には、発行登録目論見書、発行登録仮目論見書、発行登録追補目論見書がある。

発行登録目論見書は、発行登録の効力発生以後、発行登録追補書類が提出されるまでの間に、発行登録仮目論見書は、発行登録が効力を生じる日までの間に、発行登録書に基づく勧誘行為について使用される目論見書である。投資勧誘にあたって、発行登録目論見書または発行登録仮目論見書を使用するかは会社の任意であり、発行登録仮目論見書については実務上ほとんど使用されていない。

一方、発行登録追補目論見書は、発行登録追補書類提出以後に有価証券を取得させまたは売り付ける際に使用される目論見書であり、取得または売付けにあたり、投資家にあらかじめまたは同時に交付することが義務づけられている（金商法15条2項、23条の12第3項）。発行登録追補目論見書においては、発行登録のもとでの従前の募集・売出しの実績および出訴募集・売出しの詳細な内容が記載されることになる。具体的な記載内容については、目論見書の区分に応じて定められる（開示府令14条の13第1項1号～3号）。

VI 有価証券の私募・私売出し

ポイント
- 第一項有価証券の私募には、①適格機関投資家私募、②特定投資家私募、③少人数私募の3つの類型がある。
- いずれの私募においても、それぞれ転売制限と告知義務がある。
- 発行者が上場会社である場合には、原則として私募要件を満たすことはできない。
- 第二項有価証券の場合は、人数要件のみで募集か私募かが判断される。

1 有価証券の私募

(1) 概要

有価証券の私募は、「取得勧誘であって有価証券の募集に該当しないもの」と定義されている（金商法2条3項柱書）。

第一項有価証券の私募には、①適格機関投資家私募、②特定投資家私募、③少人数私募の3つの類型がある（金商法2条3項2号イ～ハ）。第二種有価証券の私募は、499名以下の者が取得勧誘に係る有価証券を所有することになる場合をいう（金商法2条3項3号）。第二種有価証券の私募については、人数要件のみであり、転売制限要件は設けられていない。

(2) 私募要件と転売制限・告知義務

私募においては、有価証券の発行後に当該有価証券を譲渡する場合には転売制限が求められる。また、私募により発行される有価証券は、情報開示が制限的で流通性も乏しいことから、転売により有価証券を取得しようとする者の保護のため、取得勧誘の相手方に対し、原則として、あらかじめまたは同時にその相手方に対し、当該有価証券に関して届出が行われていないことおよび転売制限が付されていること等を告知しなければならない（金商法23条の13第1項・3項・4項）。ただし、適格機関投資家向け勧誘または少人数向け勧誘に関して開示が行われている場合および発行価額または譲渡価額の総額が1億円未満である場合には、告知義務が免除される（同条1項ただし書・4項ただし書、開示府令14条の14第2項、14条の15第2項）。また、特定投資家向け勧誘に関して開示が行われている場合にも、告知義務が免除される（金商法23条の13第3項ただし書）。

また、告知義務がある場合の取得勧誘に際しては、投資家に取得させ、または売り付ける場合には、あらかじめまたは同時に、当該告知事項を記載した書面を交付しなければならないものとされている（金商法23条の13第2項・5項）。告知書は約定以前に交付すればよいが、告知義務自体は勧誘を行う場合に適用される

ことに留意しなければならない。なお、特定投資家向け勧誘については、告知事項を記載した書面の交付は定められていない。

(3) 適格機関投資家私募要件

適格機関投資家とは「有価証券に対する投資に係る専門的知識及び経験を有する者」として内閣府令で定められている者である（金商法2条3項1号、定義府令10条）[24]。取得勧誘の相手方が適格機関投資家のみの場合で、当該有価証券が適格機関投資家以外の者に譲渡されるおそれが少ない場合として政令で定める場合には、募集に該当せず（金商法2条3項2号イ）、有価証券届出書の提出が不要である。

適格機関投資家私募の要件については、株券、新株予約権証券等の株券等を取得できる権利が付与されている有価証券、このような権利が付されていない社債券等、その他有価証券（DR等）に分けて規定されている（金商法施行令1条の4、定義府令11条）。たとえば、株券については、①発行者が有価証券報告書の提出要件のいずれかに該当する同一の内容の株券等を発行している者でないこと、②当該株券等と「同一の種類の有価証券」が特定投資家向け有価証券でないこと、および③当該株券を取得した者が当該株券等を適格機関投資家以外の者に譲渡を行わない旨を定めた譲渡契約を締結することを取得の条件として取得勧誘が行われることである（金商法施行令1条の4第1号、定義府令10条の2第1項、開示ガイドラインB2-6）。この①の要件は、有価証券報告書の提出要件に該当する発行者、典型的には、上場会社は、基本的に適格機関投資家私募を行うことができないことを意味する。

適格機関投資家私募の転売制限に違反して適格機関投資家以外の者に転売される場合には、適格機関投資家取得有価証券一般勧誘に該当し、発行者に有価証券届出書の提出義務が課される（金商法4条2項本文）。

(4) 少人数私募要件

少人数を相手方として行う取得勧誘についても、投資家が発行者から必要な情報を直接入手しうる立場にあるため、一定の場合に募集に該当せず、有価証券届出書の提出が不要である（金商法2条3項2号ハ、金商法施行令1条の7）。少人数私募は、以下に掲げる要件を満たす必要がある。

---

24) 適格機関投資家については2つの類型があり、第一にはその属性から当然に適格機関投資家にあたるもの（たとえば、金融商品取引業者や銀行、保険会社）、第二には、その属性を有する者のうち金融庁長官に届出をした者である（たとえば、運用型の信託会社、直近の有価証券残高10億円以上の法人等である）。

> ① 取得勧誘の相手方が50名（適格機関投資家私募の要件を満たした有価証券の取得勧誘の相手方となるプロを除く）未満であること（金商法施行令1条の7第1号）
> ② 少人数向け勧誘の転売制限を満たすこと（金商法施行令1条の7第2号）
> ③ 少人数向け勧誘に該当しないための要件を満たすこと（金商法施行令1条の6）

　少人数私募の場合、取得勧誘の相手方の人数の算定に関しては、特に留意が必要である。6か月以内に発行された同種の新規発行証券の取得勧誘を行った相手方の人数は通算されるため、当該有価証券の取得勧誘の相手方の人数が49名以下でも少人数向け勧誘に該当しないことがありうる。したがって、少人数私募を行う場合には、そのときの取得勧誘の人数のみならず、他の取得勧誘の人数と通算されることがないかについても注意する必要がある。

(i) 少人数私募における転売制限

　少人数私募の転売制限も有価証券の種類に応じて規定されており（金商法施行令1条の7、定義府令13条）、基本的には、適格機関投資家私募の転売制限要件と同様である。すなわち、①同一種類の有価証券が有価証券報告書の提出要件に該当しないこと、②同一種類の有価証券が特定投資家向け有価証券でないことが要件とされている。この①の要件により、有価証券報告書提出要件に該当する株券等の発行会社（典型的には上場会社）が行う第三者割当増資は、たとえ取得勧誘の相手方が1名であったとしても、少額免除が認められる場合以外は、届出を要する。これはすでに一般の資本市場で取引されている同種の有価証券との区別がつきにくく、転売制限を設けても多数の者へと譲渡されることを防止しがたいことによる。

(ii) 勧誘の相手方の人数の期間通算

　少人数私募の場合、今回の取得勧誘の相手方が50名未満であっても、以下に掲げる要件を満たす場合には、少人数向け勧誘に該当しない（金商法施行令1条の6）こととなり、少人数私募を行うことはできない。

> ① 有価証券の発行される日以前6か月以内に、当該有価証券と同一種類のものとして内閣府令で定める他の有価証券（同種の新規発行証券）が発行されていること
> ② 有価証券の取得勧誘を行う相手方の人数と当該6か月以内に発行された同種の新規発行証券の取得勧誘を行った相手方の人数との合計が50名以上となること

Ⅵ 有価証券の私募・私売出し 83

この場合、上記①の要件について、同種の新規発行証券には、以下に掲げるものは含まれない。

(ア) 発行の際にその取得勧誘が適格機関投資家私募に該当するものであった有価証券
(イ) 発行の際にその取得勧誘が株式報酬またはストック・オプションの届出免除要件に該当するものであった株式または新株予約権
(ウ) 発行の際にその取得勧誘が募集に該当し、かつ、当該募集に関し届出または発行登録追補書類の提出が行われた有価証券

また、上記②の要件について、それぞれの相手方の人数には、適格機関投資家私募の要件を満たす有価証券の取得勧誘を行うまたは新規発行証券の取得勧誘を行った適格機関投資家は含まれない。

以上の少人数向け勧誘に該当しないこととなる事由の該当性、すなわち、勧誘の相手方人数の期間通算については、概要、下記**図表3-10**のフローチャートで判断することができる。

図表3-10：勧誘の相手方の人数の期間通算の概要

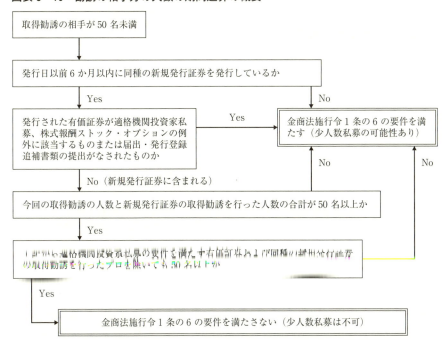

(5) 特定投資家私募要件

　特定投資家とは、適格機関投資家、国、日本銀行および上場会社、資本金の額が5億円以上の株式会社、金融商品取引業者等の内閣府令で定められる法人をいう（金商法2条31項、定義府令23条）。

　特定投資家私募の場合、その要件は、①特定投資家のみを相手方として行う場合であること、②取得勧誘の相手方が日本国、日本銀行および適格機関投資家以外の者である場合には金融商品取引業者等が顧客からの委託によりまたは自己のために取得勧誘を行うこと、③当該有価証券がその取得者から特定投資家等以外に譲渡されるおそれが少ないものとして有価証券ごとに定められている譲渡制限を満たす場合となっている。

　特定投資家私募については、新興企業等の資金調達機会の拡大、プロ投資家の運用先の拡大、金融イノベーションの促進および一般投資家の収益機会の拡大といった政策的な目的のもと、適格機関投資家私募とは別に、金商法上の知識・経験・財産の状況等から金融取引に係る適切なリスク管理を行うことが可能な投資家のみを対象としたプロ向け市場を創設し、情報開示規制を免除したものである。したがって、特定投資家私募についても、適格機関投資家私募等と同様に、プロ向け市場以外で譲渡することについて転売制限が付されており、転売制限の告知や書面の交付義務の要件を満たす必要がある。

2　第二項有価証券の私募

　第二項有価証券については、「その取得勧誘に係る有価証券の所有者が500名」未満である場合には、有価証券の私募となる。

> ①　適格機関投資家私募の概念が存在しないこと（したがって、適格機関投資家も含めて有価証券の所有者として計算されること）
> ②　同種の新規発行証券に関する6か月の期間通算（金商法施行令1条の6）に相当する規定がないこと
> ③　私募とする場合に法律上は転売制限の要件が要求されないこと

という点が第二項有価証券の私募の特徴である。この500名の数え方については、1回の取得勧誘により有価証券の所有者が500名以上となる場合をいう。

3　私売出し

　私売出しとは、法令上、定義されていないものの、募集に対する私募に相当する概念であり、適格機関投資家向けの転売制限の付された有価証券の売付け勧誘等に該当するものを、適格機関投資家私売出し（適格機関投資家私募に相当するも

の)、特定投資家向けの転売制限の付された有価証券の売付け勧誘等に該当するものを特定投資家私売出し（特定投資家私募に相当するもの）、少人数向けの転売制限の付された有価証券の売付け勧誘等に該当するもの（少人数私募に相当するもの）を少人数私売出しと一般的に呼んでいる。

なお、私売出しについても、私募と同様、告知義務と告知に関する書面交付義務がある。ただ、私売出しについては、私募（あるいは私売出し）の要件に転売制限が定められていても、私売出し（あるいはその後の私売出し）の要件を遵守していれば、私募（あるいは私売出し）の要件である転売制限にかかわらず、譲渡可能である。

Ⅶ 有価証券通知書および発行登録通知書

ポイント
- 「募集」の場合は、発行価額が1000万円超であるか否かにより、有価証券通知書の提出の要否が判断される。
- 「売出し」の場合は、既開示有価証券の場合、売出価額が1億円以上か、未開示有価証券の場合は1000万円超であるか否かにより、有価証券通知書の提出の要否が判断される。
- 既開示有価証券の売出価額が1億円以上の場合は、有価証券通知書の提出とともに、目論見書の交付の両方が必要である（その他の場合、目論見書交付は任意）。
- 有価証券通知書の記載内容は、有価証券届出書と比べてきわめて簡略なものである。
- 発行登録を行う場合、1件の募集または売出しの価額が1000万円超1億円未満である場合には、発行登録追補書類に代えて、発行登録通知書を提出できる。
- 発行登録通知書は、発行登録追補書類と比べて簡略なものである。

1 概要

有価証券の募集または売出しであっても、発行価額または売出価額の総額が1億円未満と僅少であるもの、その有価証券に関しすでに開示が行われている場合等については、有価証券届出書等の提出義務が免除されている（金商法4条1項ただし書・2項ただし書、23条の8第1項ただし書）。しかし、一定の要件に該当するものについては、届出を要しない有価証券の発行または交付であっても有価証券通知書の提出が義務づけられている。

なお、有価証券通知書は開示書類ではなく、公衆の縦覧には供されないものであり、その記載事項は有価証券届出書等と比べてきわめて簡略なものとなっている。また、届出制度の例外であることから、届出前の勧誘規制（金商法4条1項・

2項、23条の3）および効力発生前の売付け等の規制の対象とならないこと（金商法15条1項、23条の8第1項ただし書）、不実記載の開示に関する民事責任や課徴金の対象ともならない。ただし、不提出等の場合には違反者は6か月以下の懲役もしくは50万円以下の罰金、またはこれを併科し、当該違反者が法人の代表者等の場合には当該法人に対し50万円以下の罰金を科すものとされている（金商法205条1号、207条1項6号）。

2 有価証券通知書

(1) 提出義務

有価証券届出書の提出義務が生じない場合であっても、「募集」で発行価額が1000万円超1億円未満の場合に有価証券通知書の提出義務が生じる。また、「売出し」の場合には、大要、既開示有価証券である場合は1億円以上、未開示有価証券である場合には1000万円超であるか否かにより、有価証券通知書の提出義務を判断することになる。

有価証券通知書の提出義務のある募集・売出し（以下「特定募集等」という）
① 発行者関係者等が行う開示が行われている場合における有価証券の売出しで売出価額の総額が1億円以上の場合
② 発行価額または売出価額の総額が1億円未満1000万円超の募集または未開示有価証券の売出しの場合
③ 適格機関投資家向けに発行された有価証券で、開示が行われている場合に該当するものについて有価証券の売出しを行う場合で、売出価額の総額が1億円以上の場合
④ 一定の要件を満たすことにより届出を要しない適格機関投資家取得有価証券一般勧誘のうち、有価証券の売出しに該当せず、かつ、開示が行われている場合に該当しないものの場合
⑤ 特定投資家向けに発行された有価証券で、開示が行われている場合に該当するものについて有価証券の売出しを行う場合で、売出価額の総額が1億円以上の場合
⑥ 一定の要件を満たすことにより届出を要しない特定投資家取得有価証券一般勧誘のうち、有価証券の売出しに該当せず、かつ、開示が行われている場合に該当しないものの場合

---

(2) 提出手続

内国会社は、発行者の本店または主たる事務所の所在地の管轄財務局長等に対し、特定募集等が開始される前までに提出しなければならない（金商法4条6項）。

(3) 記載内容

有価証券通知書は、その記載内容は発行者の企業情報の記載を不要とするなど、

簡略化されたものとなっており（開示府令第1号様式）、実務上の負担もそれほど重くない。また、有価証券の募集または売出し、または発行ごとに作成して提出することを原則としているが、2以上の募集または売出し等が並行して行われる場合には、同一の有価証券通知書に記載して提出することができることとされている（開示ガイドラインB4-20）。

　(i)　**有価証券通知書と目論見書**

　有価証券通知書を提出しなければならない場合のうち、売出価額の総額が1億円以上である既開示有価証券の売出しについては、目論見書を作成しなければならない（金商法13条1項、開示府令11条の4）。

　(ii)　**変更通知書**

　有価証券通知書の提出日以後、募集または売出しに係る払込期日前において、当該有価証券通知書に記載された内容に変更があった場合は、遅滞なく、当該変更の内容を記載した変更通知書を提出する必要がある（開示府令5条）。

3　発行登録通知書

　発行登録制度を利用する場合、上記Ⅴ2(3)のとおり、発行登録書とともに、有価証券の募集または売出しごとに発行登録追補書類を提出するのが原則であるが、1件の募集または売出しの総額が1000万円超1億円未満である場合には、発行登録追補書類に代えて発行登録通知書を提出すればよい（金商法23条の8第4項、開示府令14条の11第1項、第13号様式）。発行登録通知書は、発行登録追補書類と異なり、投資判断の資料として開示されるものではないことから、有価証券通知書と同様、発行登録通知書の記載内容は発行者の企業情報の記載も不要であり、ごく簡易なものである（開示府令13号様式、第16号様式）。

　発行登録通知書の提出先は、内国会社については当該発行者の本店または主たる事務所の所在地の管轄財務局長等となっており（開示府令20条）、当該募集または売出しが開始される前までに提出する（金商法4条6項、23条の8第4項）。

　この発行登録通知書の提出日以後払込期日前において、記載内容に変更があった場合は、遅滞なく、当該変更内容を記載した変更通知書を提出する必要がある（開示府令14条の11第4項）。

第4章 継続開示

I 総論

ポイント
- 上場した会社、有価証券届出書の提出義務が生じた会社等の一定の要件を満たす会社は、定期的・継続的に情報開示をしなければならない。
- 情報開示の義務は継続開示書類の提出により履行する。
- 上記義務は、上場廃止等の一定の事由により、消滅または中断する場合がある。

有価証券の上場・店頭登録[1]を行った者、その募集または売出しに際して届出等を行った者、一定数以上の有価証券を発行している者については、流通市場における投資家の保護を図るため、下記**図表4-1**に掲げる書類を継続的に開示すること（以下「継続開示」という）が求められる。

図表4-1：継続開示義務者の提出すべき継続開示書類

	開示府令の対象有価証券	
	上場会社	左記以外
有価証券報告書	○	○
四半期報告書	○	△
半期報告書[※1]	×	○
確認書[※2]	○	△
内部統制報告書[※3]	○	△
臨時報告書	○	○
自己株券買付状況報告書[※4]	○ （内国会社のみ）	×
親会社等状況報告書[※5]	○ （上場会社の親会社等が提出）	×

○は提出義務があるもの、△は任意提出が可能なもの、×は提出ができないもの。
※1 　有価証券報告書を提出しなければならない会社のうち、四半期報告書提出会社以外の会社は、事業年度ごとに、当該事業年度が開始した日以後6か月間の会社の事業、経営、財務等に関する重要な情報を記載した半期報告書を提出しなければならない（金商法24条の5）。
※2 　有価証券報告書を提出しなければならない会社のうち、上場会社は、有価証券報告書、四半期報告書および半期報告書ならびにこれらの訂正報告書に記載された内容が金商法に基づき適正であることを経営者が自ら確認した旨を記載した書面を、これらの報告書に添付しなければならない（金商法24条の4の2第1項）。
※3 　有価証券報告書を提出しなければならない会社のうち、上場会社は、会社における財務報告が法令等に従って適正に作成されるための体制について評価した内部統制報告書を、有価証券報告書と同時に提出しなければならない（金商法24条の4の4第1項）。
※4 　上場有価証券等の発行会社は、自己株式取得について、株主総会決議または市場取引等により行う場合の取締役会決議があった場合には、自己株式取得可能期間の末日まで、各月中に行った自己株式の買付けの状況に関する事項等を記載した自己株券買付状況報告書を提出しなければならない（金商法24条の6第1項）。
※5 　上場会社の親会社等は、当該親会社等の事業年度ごとに、親会社等の株主、役員、計算書類に関する事項等を記載した親会社等状況報告書を提出しなければならない（金商法24条の7第1項）。

上記**図表4-1**のとおり、開示府令の対象有価証券のうち、上場有価証券については、四半期報告書、確認書および内部統制報告書の提出が求められており、上場有価証券以外の有価証券の発行者と比べて、タイムリーかつその内容の適正性が担保された形での開示が求められている。

Ⅱ　定期開示

> **ポイント**
> - 継続開示義務を負う会社は、有価証券報告書、四半期報告書（または半期報告書）、確認書、内部統制報告書、自己株券買付状況報告書または親会社等状況報告書の提出が求められる。
> - 継続開示義務の消滅または中断事由の有無についても留意が必要である。

1　提出義務

(1)　有価証券報告書の提出義務

開示府令の対象有価証券に関し、有価証券報告書を提出すべき者は、以下に掲

1) 　認可金融商品取引業協会（金商法2条13項）が開設する店頭売買有価証券市場において売買が行われる有価証券である店頭売買有価証券（同条8項10号ハ）の発行者も継続開示義務を負う（金商法24条1項2号、金商法施行令3条）。もっとも、現在、店頭売買有価証券市場は開設されておらず、これに該当する有価証券はないため、説明は割愛している。

げる有価証券の発行者である（金商法24条1項本文）。

> ① 上場有価証券（プロ向け市場のみに上場されている特定上場有価証券を除く。金商法24条1項1号）
> ② 募集または売出しにつき届出の対象となった有価証券、発行登録追補書類の提出の対象となった有価証券または発行登録の対象となった短期社債（金商法24条1項3号）
> ③ 株式について、事業年度またはその事業年度開始の日前4年以内に開始した事業年度のいずれかの末日において、その所有者数が1000名以上であるもの（以下「外形基準」という）（金商法24条1項4号）

　株券または株券を対象とする有価証券の場合、1000名の計算については、株券に係る権利の内容（剰余金の配当、残余財産の分配、株式の買受けおよび株主総会において議決権を行使することができる事項についての内容をいう）が同一であるものについて、株主名簿等に記載され、または記録された数を合計して計算する（開示府令16条の3第1号～3号）。たとえば、普通株と優先株を発行している場合には、それぞれの株券の所有者数[2]を合算せずに金商法24条1項4号を適用することとされている（開示ガイドラインB 24-6）。また、株主名簿に記載された者の数によることとなるので、株主名簿に「持株会」の名義で登録されている場合には、持株会を一人株主として取り扱うものとされている（開示ガイドラインB 24-6）。

図表 4-2：有価証券報告書を提出すべき者

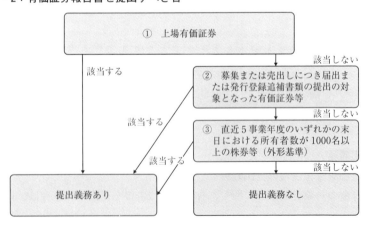

2) 当該株券を受託有価証券とする有価証券信託受益証券（当該株券と開示府令16条の3第1号イに規定する権利内容が同一であるものに限る）および当該株券に係る権利を表示する預託証券を発行している場合は、これらの有価証券の所有者の数を合算した数。

上記**図表4-2**のとおり、各提出事由には、順位づけがなされており、まず、①に該当するか、これに該当しない場合には②に該当するか、②にも該当しない場合には③に該当するか否かが検討される。したがって、たとえば、有価証券届出書を提出した上場会社の場合には、仮に上場廃止となった場合においても、②により継続開示義務が残存することに注意が必要である。

なお、有価証券報告書の提出義務が生ずる場合であっても、下記Ⅴに記載する提出免除事由に該当し、提出免除の承認を受けたものについては、有価証券報告書の提出義務を免除される。

(2) 四半期報告書の提出義務

(i) 提出義務者

四半期報告書の提出義務者は、有価証券報告書を提出しなければならない会社のうち、株式（外国会社の発行する株式、これらに係る有価証券信託受益証券（いわゆるJDR）や預託証券を含む）を上場している発行会社である（金商法24条の4の7第1項、金商法施行令4条の2の10第1項）。

四半期報告制度は、投資家に対し、有価証券に対する投資判断に資する情報として、当該有価証券の発行会社の企業業績等に関する情報をより頻繁に提供しようとするものであり、この趣旨にかんがみ、その対象会社は、流動性の高い流通市場を持つ有価証券の発行会社とされているのである[3]。

図表4-3：四半期報告書と半期報告書の提出者

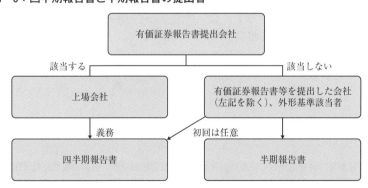

有価証券報告書を提出しなければならない会社については、上場会社等以外の

---

3) 谷口義幸ほか「金融商品取引法関係政府令の解説(3) 開示制度に係る政令・内閣府令等の概要〔上〕」商事法務1810号（2007年）29頁。

会社であっても、任意に四半期報告書を提出することができる（金商法24条の4の7第2項）。任意に四半期報告書を提出した場合には、その後は四半期報告制度適用会社として、継続して四半期報告書を提出しなければならない（ノーリターンルール。金商法24条の5第1項、開示ガイドラインB24の4の7-5）。

(ii) 提出が必要な期間

事業年度が3か月を超える場合に、当該事業年度の期間を3か月ごとに区分した各期間に四半期報告書の提出が義務づけられるが（金商法24条の4の7第1項）、当該事業年度の最後の期間（事業年度が1年の場合は第4四半期）については四半期報告書の提出は不要とされている（金商法施行令4条の2の10第2項）。

2 提出期限とその延長

(1) 有価証券報告書の提出期限とその延長

有価証券報告書は、原則として、毎事業年度経過後3か月以内に提出しなければならない（金商法24条1項、開示府令15条の2、15条の2の2）。なお、株主総会前の提出については、下記4を参照のこと。

有価証券報告書を提出していない会社の発行する有価証券が、上場された場合または有価証券届出書の提出に係る有価証券（上場有価証券を除く）に該当することとなったとき[4]は、その該当することとなった日の属する事業年度の直前事業年度に関する有価証券報告書を遅滞なく提出しなければならない（金商法24条3項）。

以上が原則であるが、やむをえない理由[5]により事業年度経過後3か月以内に提出できないと認められる場合、所定の手続を経て、あらかじめ管轄財務局長等の承認を受けたうえで、その承認を受けた期間内（基本的には、最大で1か月の延長である）に有価証券報告書を提出することが認められている（開示府令15条の2）。

---

4) 有価証券報告書を提出していない会社の発行する有価証券が、その募集または売出しに伴い届出の対象となった場合であっても、以下の①または②のいずれかに該当するときは、直前事業年度に関する有価証券報告書の提出は不要であり、有価証券届出書の提出日の属する事業年度に関する有価証券報告書から提出することとされている（金商法24条3項かっこ書、開示府令16条の2、開示ガイドラインB24-1）。

① 有価証券届出書の提出日が、その提出日の属する事業年度の開始の日から3か月を経過しているとき
② 当該有価証券届出書に、その提出日の属する事業年度の直前事業年度の財務諸表が掲げられているとき

(2) 四半期報告書の提出期限とその延長

　四半期報告書は、各四半期終了後45日以内に提出しなければならない（金商法24条の4の7第1項、金商法施行令4条の2の10第3項）。

　もっとも、やむをえない理由により提出期限までに提出できないと認められる場合の取扱いは有価証券報告書と同様である（開示府令17条の15の2）。

3　開示内容

(1) 有価証券報告書における開示内容

(i) 様式

　有価証券報告書を提出すべき会社は、有価証券報告書3通を下記**図表4-4**の会社の区分により作成することとされている（開示府令15条）。

図表4-4：開示府令における有価証券報告書の様式の種類

様式	様式の種類
第3号様式	①　上場会社 ②　有価証券届出書または発行登録追補書類を提出した会社（①、④、開示府令第3号の2様式による場合を除く） ③　外形基準に該当する会社 ④　有価証券届出書を提出し、新たに提出義務者となった会社
第3号の2様式	少額募集等に係る有価証券届出書（開示府令第2号の5様式）を提出した会社で、少額募集等に係る特例による有価証券報告書を提出しようとする者（以下のいずれにも該当しない者に限る） ①　すでに、開示府令第3号様式による有価証券報告書または少額募集等に係る特例による半期報告書以外の半期報告書を提出している会社 ②　過去に開示府令第2号の5様式による有価証券届出書以外の有価証券届出書を提出している会社
第4号様式	募集または売出しを行わないで上場し、新たに提出義務者となった会社

5)　「やむを得ない理由」としては、①過去に提出した有価証券報告書等のうちに重要な事項について虚偽の記載が発見され、当事業年度もしくは当連結会計年度の期首残高等を確定するために必要な過年度の財務諸表もしくは連結財務諸表の訂正が提出期限までに完了しない場合であって、発行者がその旨を公表している場合や、②監査人等による監査により当該発行者の財務諸表または連結財務諸表に重要な虚偽の表示が生じる可能性のある誤謬または不正による重要な虚偽の表示の疑義が識別されるなど、当該監査法人等による追加的な監査手続が必要なため、提出期限までに監査報告書を受領できない場合であって、発行者がその旨を公表している場合等があげられる（開示ガイドラインB24-13）。

(ii) 記載内容
各様式の主な記載項目は、下記**図表4-5**のとおりである。

図表4-5：有価証券報告書の様式

	開示府令 第3号様式	開示府令 第3号の2様式	開示府令 第4号様式
第一部	企業情報	企業情報	企業情報
第二部	保証会社等情報	関係会社の情報	保証会社等情報
第三部		保証会社等情報	

　開示府令第3号様式により作成される有価証券報告書は、有価証券届出書（開示府令第2号様式）の「第二部　企業情報」および「第三部　提出会社の保証会社等の情報」とほぼ同じである（詳細については、下記**図表4-6**を参照のこと）。

図表4-6：有価証券報告書と四半期報告書の比較

有価証券報告書（開示府令第3号様式）	四半期報告書（開示府令第4号の3様式）
第一部【企業情報】	
第1【企業の概況】 　1【主要な経営指標等の推移】 　2【沿革】 　3【事業の内容】 　4【関係会社の状況】 　5【従業員の状況】	第1【企業の概況】 　1【主要な経営指標等の推移】 　2【事業の内容】
第2【事業の状況】 　1【経営方針、経営環境及び対処すべき課題等】 　2【事業等のリスク】 　3【経営者による財政状態、経営成績及びキャッシュ・フローの状況の分析】 　4【経営上の重要な契約等】 　5【研究開発活動】	第2【事業の状況】 　1【事業等のリスク】 　2【経営者による財政状態、経営成績及びキャッシュ・フローの状況の分析】 　3【経営上の重要な契約等】
第3【設備の状況】 　1【設備投資等の概要】 　2【主要な設備の状況】 　3【設備の新設、除却等の計画】	

第4【提出会社の状況】 　1【株式等の状況】 　　(1)【株式の総数等】 　　　①【株式の総数】 　　　②【発行済株式】 　　(2)【新株予約権等の状況】 　　　①【ストックオプション制度の内容】 　　　②【ライツプランの内容】 　　　③【その他の新株予約権等の状況】 　　(3)【行使価額修正条項付新株予約権付社債券等の行使状況等】 　　(4)【発行済株式総数、資本金等の推移】 　　(5)【所有者別状況】 　　(6)【大株主の状況】 　　(7)【議決権の状況】 　　　①【発行済株式】 　　　②【自己株式等】 　　(8)【役員・従業員株式所有制度の内容】 　2【自己株式の取得等の状況】 　【株式の種類等】 　　(1)【株主総会決議による取得の状況】 　　(2)【取締役会決議による取得の状況】 　　(3)【株主総会決議又は取締役会決議に基づかないものの内容】 　　(4)【取得自己株式の処理状況及び保有状況】 　3【配当政策】 　4【コーポレート・ガバナンスの状況等】 　　(1)【コーポレート・ガバナンスの概要】 　　(2)【役員の状況】 　　(3)【監査の状況】 　　(4)【役員の報酬等】 　　(5)【株式の保有状況】	第3【提出会社の状況】 　1【株式等の状況】 　　(1)【株式の総数等】 　　　①【株式の総数】 　　　②【発行済株式】 　　(2)【新株予約権等の状況】 　　　①【ストックオプション制度の内容】 　　　②【その他の新株予約権等の状況】 　　(3)【行使価額修正条項付新株予約権付社債券等の行使状況等】 　　(4)【発行済株式総数、資本金等の推移】 　　(5)【大株主の状況】 　　(6)【議決権の状況】 　　　①【発行済株式】 　　　②【自己株式等】 　2【役員の状況】
第5【経理の状況】 　1【連結財務諸表等】 　　(1)【連結財務諸表】 　　　①【連結貸借対照表】	第4【経理の状況】 　1【四半期連結財務諸表】 　　(1)【四半期連結貸借対照表】 　　(2)【四半期連結損益計算書及び四半

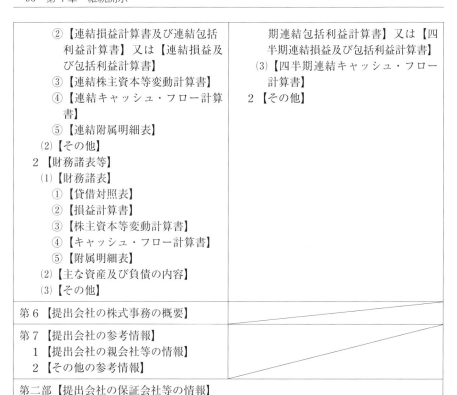

　上記の企業情報の開示に関連して、平成31年3月19日、金融庁から「記述情報の開示に関する原則」が公表された。これは、前年6月に公表された金融審議会ディスクロージャーワーキング・グループ報告における提言をふまえ、記述情報[6]の開示につき、①取締役会や経営会議の議論の適切な反映、②重要な情報の開示、③セグメントごとの情報の開示、および④わかりやすい開示の観点からまとめ、上記の「第2【事業の状況】」の「1【経営方針、経営環境及び対処すべき課題等】」、「2【事業等のリスク】」および「3【経営者による財政状態、経営成績及びキャッシュ・フローの状況の分析】」につき、考え方と望ましい開示に向けた取組みを示したものである。

---

[6] 法定開示書類において提供される情報のうち、金商法193条の2が規定する「財務計算に関する書類」において提供される財務情報以外の情報を意味する。

(iii) 添付書類

有価証券報告書には、以下の①および②の書類を添付することとされている[7]（金商法24条6項、開示府令17条）。なお、②以外の書類について、当該有価証券報告書の提出日前5年以内に有価証券報告書に添付して提出されたものがある場合には、すでに添付したものと異なる内容の部分のみを添付することとされている（同条1項ただし書）。

① 定款
② 定時株主総会に報告し、またはその承認を受けた計算書類および事業報告（会社法438条。有価証券報告書を定時株主総会前に提出する場合には、定時株主総会に報告し、またはその承認を受けようとするもの）

(iv) 事業報告との比較

上記のような金商法に基づく有価証券報告書における開示に加え、会社法に基づく事業報告および計算書類（以下「事業報告等」という）における開示が求められているところ、双方において開示が求められている事項は実質的に共通ないし類似する部分が多い（詳細については、下記**図表4-7**を参照のこと）。また、金商法と会社法の双方の要請を満たす1つの書類を作成し、株主総会前に開示することは制度上は可能であるものの（詳細については、下記**4**を参照のこと）、類似項目に関する両制度間の規定ぶりの相違やひな型の相違等により、実務レベルで会社が効率的かつ安心して1つの書類で開示することができる環境が十分に醸成されているとはいいがたいという指摘がなされている[8]。そこで、関係省庁は、一体的開示の記載例等を紹介するなどして、有価証券報告書と事業報告等の一体的

---

[7] これらのほか、該当する場合には以下の書類の添付も求められる。
　① 有価証券届出書または発行登録書が提出された社債について保証が付されている場合、
　　(ア) 保証会社の定款および保証を決議した取締役会の議事録等保証を行うための手続がとられたことを証する書面
　　(イ) 保証の内容を記載した書面
　② カバードワラントを発行しており、当該カバードワラントに表示されるオプションに係る契約が締結されている場合には、契約書の写し
　③ 有価証券信託受益証券の発行者である場合には、当該有価証券信託受益証券の発行に関して締結された信託契約その他主要な契約の写し
　④ 預託証券の発行者である場合には、当該預託証券の発行に関して締結された預託契約その他主要な契約の写し

[8] 内閣官房＝金融庁＝法務省＝経済産業省「事業報告等と有価証券報告書の一体的開示のための取組について」（平成29年12月28日）。

開示に向けた支援を行っている[9]。

図表4-7：有価証券報告書と事業報告の記載事項の主要な共通部分

有価証券報告書（開示府令第3号様式）	事業報告※
第1【企業の概況】 　1【主要な経営指標等の推移】	直前三事業年度の財産及び損益の状況 （会社法施行規則120条1項6号）
第1【企業の概況】 　3【事業の内容】	主要な事業内容 （会社法施行規則120条1項1号）
第1【企業の概況】 　4【関係会社の状況】	重要な親会社及び子会社の状況 （会社法施行規則120条1項7号）
第1【企業の概況】 　5【従業員の状況】	使用人の状況 （会社法施行規則120条1項2号）
第2【事業の状況】 　4【経営上の重要な契約等】	事業の譲渡等 （会社法施行規則120条1項5号ハ～ヘ）
第3【設備の状況】 　2【主要な設備の状況】	主要な営業所及び工場の状況 （会社法施行規則120条1項2号）
第4【提出会社の状況】 　1【株式等の状況】 　　(2)【新株予約権等の状況】 　　　①【ストックオプション制度の内容】	新株予約権等に関する重要な事項（会社法施行規則123条1号・2号）
第4【提出会社の状況】 　1【株式等の状況】 　　(6)【大株主の状況】	上位10名の株主の氏名又は名称、当該株主の有する株式の数及び当該株主の有する株式に係る当該割合（会社法施行規則122条1項1号）

---

[9] 内閣官房＝金融庁＝法務省＝経済産業省「事業報告等と有価証券報告書の一体的開示のための取組の支援について」（平成30年12月28日）。

第4【提出会社の状況】 　4【コーポレート・ガバナンスの状況等】 　　(2)【役員の状況】	会社役員の「地位及び担当」並びに「重要な兼職の状況」（会社法施行規則121条2号・8号）
第4【提出会社の状況】 　4【コーポレート・ガバナンスの状況等】 　　(2)【役員の状況】	社外役員の重要な兼職に関する事項（会社法施行規則124条1項1号・2号）
第4【提出会社の状況】 　4【コーポレート・ガバナンスの状況等】 　　(2)【役員の状況】	社外取締役を置くことが相当でない理由（会社法施行規則124条2項）
第4【提出会社の状況】 　4【コーポレート・ガバナンスの状況等】 　　(4)【役員の報酬等】	会社役員の報酬等（会社法施行規則121条4号～6号、124条1項5号・6号）

※　一般社団法人日本経済団体連合会経済法規委員会企画部会「会社法施行規則及び会社計算規則による株式会社の各種書類のひな型（改訂版）」（2016年3月9日）をベースとしている。

(2)　四半期報告書における開示内容

　日本の株式会社の四半期報告書（開示府令第4号の3様式）の主な記載項目は、下記**図表4-6**のとおりである。「財政状態、経営成績及びキャッシュ・フローの状況の分析」のうちキャッシュ・フローの状況に関する分析・検討内容の記載については、第1四半期および第3四半期において記載は不要とされ、第2四半期のみにおいて当該事項を記載することとされている。また、「大株主の状況」についても、第2四半期報告書においてのみ記載する（開示府令第4号の3様式・記載上の注意(15)）。

　なお、四半期報告書の項目は有価証券報告書の項目を削減しているものの、四半期報告書の記載上の注意は有価証券報告書において記載すべき事項に含まれている項目の記載を求めている場合があることから注意が必要である。

4 有価証券報告書の総会前提出

上記2(1)のとおり、有価証券報告書は、原則として、毎事業年度経過後3か月（外国会社の場合には6か月）以内に提出しなければならない（金商法24条1項、開示府令15条の2、15条の2の2）。この点、会社法上、所定の要件を満たせば、株主総会決議なく剰余金の配当を行うことが可能であり、株主総会前に財務諸表を確定することは可能である。また、金商法上も、定時株主総会に報告をしようとする計算書類または承認を受けようとする計算書類を添付すれば足りるため、定時株主総会の終了前に有価証券報告書を提出することが可能である（開示府令17条1項1号ロ）。

定時株主総会前に有価証券報告書を提出した場合に、当該定時株主総会において有価証券報告書に記載した当該定時株主総会における決議事項が修正され、または否決されたときは、有価証券報告書の訂正報告書ではなく、臨時報告書を提出することにより対応することとなる（開示府令19条2項9号の3）。実務上は、定時株主総会が終結した日またはその翌営業日において有価証券報告書を提出する事例が依然として多数である。

Ⅲ 臨時報告書

> **ポイント**
> - 定期開示書類による情報開示のみでは、投資家は適切な情報に基づいた投資判断ができないため、速報性を確保するべく、一定の事由が生じた場合に、臨時報告書の提出が求められている。
> - 臨時報告書の提出事由は法定されており、①1株あたりの価値に希薄化が生じうる場合、②会社の支配関係や経営者の変動がある場合、③会社の財政状態に影響がありうる場合および④会社の組織に変更がある場合等に分類される。

1 総論

有価証券報告書を提出しなければならない会社は、臨時報告書において、定期的に提出される有価証券報告書および四半期報告書または半期報告書の提出を待たずにその開示をすることが求められている。

2 臨時報告書の提出事由

有価証券報告書を提出すべき会社[10]は、提出事由が発生したときには、遅滞なく[11]臨時報告書3通を作成し、管轄財務局長等に提出しなければならない（開示府令19条2項）[12]。なお、複数の提出事由が同時に発生した場合には、事由ごとに臨時報告書を提出せず、1つの臨時報告書にまとめて提出することができる。

臨時報告書の提出事由とその記載内容は、提出会社に発生する事由（単体ベース）および提出会社の連結子会社に発生する事由（連結ベース）が定められている。提出事由は下記**図表4-8**、**図表4-9**、**図表4-10**および**図表4-11**のとおりである。

図表4-8：臨時報告書の提出事由一覧（単体ベース）

開示府令	提出事由	金額
19条2項1号	有価証券の募集または売出しが海外において開始された場合[13]	発行価額または売出価額の総額が1億円以上
19条2項2号	募集によらない有価証券の発行・外国における私募につき取締役会等の決議があった場合	発行価額の総額が1億円以上
19条2項2号の2	提出会社、完全子会社・完全孫会社の役職員のみに対する届出免除に該当する場合のストックオプション・株式報酬による株式の発行・処分につき取締役会等の決議があった場合（**第2章Ⅱ1**(1)(ii)(a)、**第3章Ⅲ3**(1)(i)を参照のこと）	発行価額または売出価額の総額が1億円以上
19条2項3号	提出会社の親会社または特定子会社の異動の決定または異動があった場合	
19条2項4号	提出会社の主要株主の異動の決定または異動があった場合	
19条2項4号の2	特別支配株主による株式等売渡請求の通知がされた場合、または株式等売渡請求を承認するか否かが、提出会社の業務執行を決定する機関により決定された場合	

10) 有価証券報告書の提出義務の中断（金商法24条1項ただし書、金商法施行令4条）の承認を得た会社は含まれない。
11) 実務上、当該事象が生じた当日から数日以内に提出されることが多い。
12) 臨時報告書を管轄財務局長等に提出した会社は、遅滞なく、その写しを金融商品取引所または認可金融商品取引業協会に提出する必要がある（金商法24条の5第6項において準用する6条）。
13) グローバル・オファリング、すなわち、同一の種類の有価証券の募集または売出しが本邦以外の地域と並行して本邦において開始された場合において、有価証券届出書または発行登録追補書類に当該本邦以外の地域での募集または売出しについて臨時報告書で記載すべき内容を記載したときは、臨時報告書の提出が不要である（開示府令19条2項1号かっこ書）。

19条2項4号の3	全部取得条項付種類株式の全部の取得を目的とする株主総会を招集することが、提出会社の業務執行を決定する機関により決定された場合（当該取得により当該提出会社の株主数が25名未満となることが見込まれる場合に限る）	
19条2項4号の4	株式の併合を目的とする株主総会を招集することが、提出会社の業務執行を決定する機関により決定された場合（当該取得により当該提出会社の株主数が25名未満となることが見込まれる場合に限る）	
19条2項5号	提出会社に重要な災害が発生し、それが止んだ場合で、被害が事業に著しい影響を及ぼすと認められるとき	被害を受けた資産の帳簿価額が純資産額の3％以上
19条2項6号	提出会社に対する一定の訴訟が提起された場合または解決した場合	請求額が純資産額の15％以上または支払金額が純資産額の3％以上
19条2項6号の2	株式交換、株式移転、吸収分割、新設分割、吸収合併、新設合併、事業譲渡または事業の譲受が業務執行を決定する機関により決定された場合	下記図表4-9を参照のこと
19条2項6号の3		
19条2項7号		
19条2項7号の2		
19条2項7号の3		
19条2項7号の4		
19条2項8号		
19条2項8号の2	提出会社による子会社の取得の決定	取得に係る対価の額[4]が提出会社の純資産額の15％以上
19条2項9号	提出会社の代表取締役の異動があった場合	
19条2項9号の2	上場株式の発行会社の株主総会において決議事項が決議された場合	

III 臨時報告書　103

19条2項9号の3	有価証券報告書を定時株主総会前に提出した場合であって、当該定時株主総会において、当該有価証券報告書に記載した当該定時株主総会における決議事項が修正され、または否決されたとき	
19条2項9号の4	提出会社において監査人の異動が決定されまたは異動があった場合	
19条2項10号	提出会社に係る民事再生法による再生手続開始の申立て、会社更生法による更生手続開始の申立て、破産法による破産手続開始の申立てまたはこれらに準ずる事実があった場合	
19条2項11号	提出会社に多額の取立不能債権または取立遅延債権が発生した場合	取立不能となった債権の額が純資産額の3％以上
19条2項12号	提出会社の財政状態、経営成績およびキャッシュ・フローの状況に著しい影響を与える事象が発生した場合[15]	影響額が純資産額の3％以上かつ5年平均の純利益の20％以上[16]
19条の2	株式公開情報の発生・変更の場合	

図表4-9：組織再編と臨時報告書提出基準

提出事由	軽微基準
提出会社が親会社となる株式交換	・ 子会社となる会社の最近事業年度の末日における資産の額が提出会社の純資産額の10％以上に相当する場合 ・ 子会社となる会社の最近事業年度の売上高が提出会社の売上高の3％以上に相当する場合
提出会社が子会社となる株式交換	×

14) 対価の額には取得に際して支払う手数料、報酬その他の費用等が含まれる点に留意が必要である（開示ガイドラインB24の5-22-2）。なお、このような諸経費は、子会社化が完了するまで金額が確定しないことが多いと考えられ、そのような場合、金額が確定し次第、訂正報告書を提出する必要がある。
15) いわゆるバスケット条項であり、典型例としては、重要な資産の譲渡、多額の社債の繰上げ償還、固定資産の減損、多額な損益の発生、退職給付金制度の改定等があげられる。
16) 厳密にはこの基準に該当しないような場合であっても、提出会社の裁量により任意開示ができる取扱いがなされている。

提出会社が子会社となる株式移転	×
提出会社が吸収分割の当事会社	・提出会社の最近事業年度の末日における純資産額の10％以上の増減が見込まれる場合 ・提出会社の最近事業年度の末日における売上高の3％以上の増減が見込まれる場合
提出会社が新設分割	・提出会社の最近事業年度の末日における純資産額の10％以上の減少が見込まれる場合 ・提出会社の最近事業年度の末日における売上高の3％以上の減少が見込まれる場合
提出会社が吸収合併存続会社	・提出会社の最近事業年度の末日における純資産額の10％以上の増加が見込まれる場合 ・提出会社の最近事業年度の末日における売上高の3％以上の増加が見込まれる場合
提出会社が吸収合併消滅会社	×
提出会社が新設合併	×
提出会社が事業の譲渡または譲受け	・提出会社の最近事業年度の末日における純資産額の30％以上の増減が見込まれる場合 ・提出会社の最近事業年度の末日における売上高の10％以上の増減が見込まれる場合

※ ×は軽微基準が存在しないことを意味する。

図表4-10：臨時報告書の提出事由一覧（連結ベース）

開示府令	提出事由	金額
19条2項13号	連結子会社に重要な災害が発生し、それが止んだ場合で、被害が事業に著しい影響を及ぼすと認められるとき	被害を受けた資産額が連結純資産額の3％以上
19条2項14号	連結子会社に対し一定の訴訟が提起された場合または解決した場合	請求額が連結純資産額の15％以上または支払金額が連結純資産額の3％以上
19条2項14号の2～16号	株式交換、株式移転、吸収分割、新設分割、吸収合併、新設合併、事業譲渡または事業の譲受が提出会社または連結子会社の業務執行を決定する機関により決定された場合	下記**図表4-11**を参照のこと

19条2項16号の2	提出会社の連結子会社による子会社の取得の決定	取得に係る対価の額が提出会社の連結純資産額の15％以上
19条2項17号	連結子会社に係る民事再生法による再生手続開始の申立て等があった場合	連結子会社の純資産額または債務超過額が連結純資産額の3％以上
19条2項18号	連結子会社に多額の取立不能債権または取立遅延債権が発生した場合	取立不能となった債権の額が連結純資産額の3％以上
19条2項19号	連結会社の財政状態、経営成績およびキャッシュ・フローの状況に著しい影響を与える事象が発生した場合	影響額が連結純資産額の3％以上かつ5年平均の連結純利益の20％以上

図表 4-11：連結子会社の組織再編と臨時報告書提出基準

提出事由	軽微基準
連結子会社による株式交換	・ 連結会社の最近連結会計年度の末日における連結純資産の30％以上の増減が見込まれる場合 ・ 連結会社の最近連結会計年度の末日における売上高の10％以上の増減が見込まれる場合
連結子会社による株式移転	
連結子会社による吸収分割	
連結子会社による新設分割	
連結子会社による吸収合併	
連結子会社による新設合併	
連結子会社による事業の譲渡または譲受け	

3 臨時報告書の添付書類

(1) 有価証券の募集または売出しが海外において開始された場合（開示府令19条2項1号）

本事由により臨時報告書を提出する場合には、以下に掲げる書類を添付しなければならない（開示府令19条4項1号）。

> ① 当該有価証券の発行、募集または売出しにつき行政庁の許可等を必要とする場合には当該許可等があったことを知るに足る書面

②　当該有価証券の発行を決議した取締役会等または株主総会の議事録の写し
③　当該募集または売出しに際し目論見書が使用される場合における当該目論見書

　なお、当該目論見書は、通常、外国語により作成されたものであることから、訳文の添付が求められる（開示府令19条6項）が、以下の要件に該当するものについては、要約されたものであっても、訳文の提出があったものとみなして取り扱うものとされ（開示ガイドラインB 24の5-16）、実務上も、これに沿ったものを添付書類として提出している。具体的には①目論見書の表紙（募集または売出しに係る有価証券の概要を記載した部分）および目次については全訳したものであること、および②訳文の余白等に、目論見書の記載事項に係る照会に対し責任をもって回答することができる者の氏名、連絡先（会社名・住所・電話番号）が記載されていることの2つの要件を満たす必要がある。

(2)　募集によらない有価証券の発行・外国における私募につき取締役会等の決議があった場合（開示府令19条2項2号）

　本事由により臨時報告書を提出する場合には、以下に掲げる書類を添付しなければならない（開示府令19条4項2号）。

①　当該有価証券の発行または取得につき行政庁の許可等を必要とする場合には当該許可等があったことを知るに足る書面
②　当該有価証券の発行を決議した取締役会等または株主総会の議事録の写し

Ⅳ　訂正報告書

ポイント
- 訂正報告書を提出するパターンとして、自発的に提出する場合と、管轄財務局長等の訂正命令を受けて提出する場合があるが、管轄財務局長等の指摘によりまたは自ら自発的に訂正する場合が大半であり、訂正命令まで行われる事案はほとんどない。
- 有価証券報告書の訂正については、公告を行わなければならない場合がある。

1　継続開示書類の訂正

　有価証券報告書等の継続開示書類の提出者は、継続開示書類に記載すべき重要な事項に変更等があった場合、形式上の不備等があった場合、または不実記載があった場合には、管轄財務局長等に対し、当該継続開示書類の訂正報告書を提出する。

なお、訂正報告書の提出後は、その写しを金融商品取引所に提出することが必要である。

2 訂正報告書の自発的提出

継続開示書類に記載すべき重要な事項の変更その他公益または投資家保護のためその書類の内容を訂正する必要があるとき、または継続開示書類の提出者が当該書類のうち訂正を必要とするものがあると認めたときには、継続開示書類の提出者は訂正報告書を管轄財務局長等に提出しなければならない。

ここで、「訂正を必要とするもの」とは、法令に照らして瑕疵がある記載のほか、法令上瑕疵がなくても提出者の実態から見て修正または追補することが適当と認められる事実も含まれる。この点、臨時報告書の訂正事由については、開示ガイドラインに具体例があげられている（開示ガイドラインB24の5-27が準用するB7-7）。

3 形式上の不備等があった場合の訂正報告書の提出命令

管轄財務局長等は、継続開示書類に形式上の不備があり、またはその書類に記載すべき重要な事項の記載が不十分であると認めるときは、継続開示書類の提出者に対し、訂正報告書の提出を命じることができる。この場合においては、聴聞が行われる。

4 不実記載があった場合の訂正報告書の提出命令

管轄財務局長等は、継続開示書類のうち重要な事項について虚偽の記載があり、または記載すべき重要な事項もしくは誤解を生じさせないために必要な重要な事実の記載が欠けていることを発見したときは、継続開示書類の提出者に対し、訂正報告書の提出を命じることができる。この場合においては、聴聞が行われる。

5 継続開示書類の不実記載に対する制裁

継続開示書類の不提出または不実記載に対する制裁（民事責任、刑事責任、課徴金）については、第12章を参照のこと。

6 有価証券報告書の訂正の公告

有価証券報告書の記載事項のうち、重要なものについて訂正報告書を提出したときは、提出した後その旨を遅滞なく、電子公告（EDINETによる）または時事に関する事項を掲載する日刊新聞紙により公告しなければならない（金商法24条の2第2項、金商法施行令4条の2の4、開示府令17条の5〜17条の7）。

なお、公告が義務づけられているのは、有価証券報告書に限定されており、有価証券報告書の添付書類、四半期報告書、半期報告書または臨時報告書の訂正については公告を義務づける規定はない。

V 継続開示義務の消滅と中断

> **ポイント**
> ● 有価証券報告書の提出義務を検討するに際しては、継続開示義務の消滅または中断事由に該当するかどうかについても検討を要する。
> ● 中断事由が消滅した場合には継続開示義務は復活する点には留意が必要である。

1 総論

継続開示義務は、有価証券報告書提出義務という形で有価証券報告書を提出すべき者（金商法24条1項本文各号）に対して課される。継続開示義務がなくなる場合として、継続開示義務が消滅する場合と、一時的に中断する場合がある。継続開示義務が中断する場合、中断の原因となった事由が消滅すると、継続開示義務が復活することに留意が必要である。

図表4-12：継続開示義務（金商法24条1項の適用を受ける会社）とその消滅・中断の概要（号数は金商法24条1項の号数を示す）

開示制度	株券上場会社（1号）	株券の届出公募（組織再編成の場合を含む）を行った会社（3号）	社債券の届出公募（組織再編成の場合を含む）を行った会社（3号）	株券所有者数が直前5事業年度のいずれかの末日に1000名以上の会社（4号）
有価証券報告書	○	○	○	○
半期報告書		○	○	○
四半期報告書	○	（任意提出可能）	（任意提出可能）	（任意提出可能）
確認書	○	（任意提出可能）	（任意提出可能）	（任意提出可能）
内部統制報告書	○	（任意提出可能）	（任意提出可能）	（任意提出可能）
臨時報告書	○	○	○	○

V 継続開示義務の消滅と中断　109

自己株券買付状況報告書	○			
親会社等状況報告書	○			
公開買付制度	○	○		○
大量保有報告書	○			
消滅要件	・上場が廃止されたとき	・直前5事業年度のすべての末日の株券所有者数が300名未満で承認を受けたとき※1	・社債が償還されたとき	
中断要件※2		・清算中で承認を受けたとき※3 ・事業休止中で承認を受けたとき※3 ・直前事業年度末日の株主名簿上の株主数が25名未満で承認を受けたとき※3	・清算中で承認を受けたとき※3 ・事業休止中で承認を受けたとき※3 ・直前事業年度末日の証券所有者名簿上の所有者数が25名未満で承認を受けたとき※3	・直前事業年度末日の資本金の額が5億円未満であるとき※4 ・直前事業年度末日の株券所有者数が300名未満であるとき※5 ・清算中で承認を受けたとき※3 ・事業休止中で承認を受けたとき※3

※1　後に300名以上となっても別途金商法24条1項各号の要件に該当しない限り提出は不要である（同項ただし書の1つ目の免除要件、金商法施行令3条の5、開示ガイドラインB24-12）。

※2　会社更生手続開始決定があった場合、当該決定があった日の属する事業年度に係る有価証券報告書提出義務が承認申請により免除される。金商法24条1項ただし書の最後の免除要件、金商法施行令4条4項。会社更生手続開始決定があった場合の事業年度の取扱いについては、開示ガイドラインB24-2による。

※3　一定事由に該当する期間の提出義務が承認申請により免除される。毎事業年度経過後3か月以内に株主名簿の写し等所定の書類を提出することが条件である（金商法24条1項ただし書の最後の免除要件、金商法施行令4条、開示府令16条）。

※4　金商法24条1項ただし書の2つ目の免除要件。

※5　金商法24条1項ただし書の3つ目の免除要件（金商法施行令3条の6）。

2 提出義務の消滅

(1) 上場廃止の場合

　金商法24条1項1号に基づく有価証券報告書の提出義務者が、上場が廃止された場合、同号に該当しなくなるため、同号に基づく有価証券報告書の提出義務が消滅する。

　もっとも、上記Ⅱ1(1)に記載のとおり、以下に掲げる場合には、金商法24条1項3号または4号に該当することにより、有価証券報告書の提出義務が残ることに注意が必要である。これらの場合には、別の提出免除事由への該当性についてさらに検討することとなる。

> ① 過去に有価証券届出書または発行登録追補書類を提出した者（金商法24条1項3号に該当する）
> ② 過去5年以内における事業年度末における株主等の数が500名以上（金商法24条1項4号に該当する）

(2) 株券等につき届出等を行った後、5年連続で所有者が300名未満となった場合

　具体的には、株券等（金商法施行令3条の5第1項各号、4条の10第1項各号）の募集または売出しに係る有価証券届出書を提出したことにより有価証券報告書を提出しなければならない会社等[17]であって、

> ① 当該事業年度を含む前5事業年度のすべての末日における有価証券の所有者数が300名（金商法施行令3条の5第2項、4条の10第2項）未満であり、
> ② 管轄財務局長等の承認を受けたとき

には、当該事業年度に係る有価証券報告書の提出義務が免除される。

(3) 社債の全部が償還された場合

　社債券の募集または売出しに係る有価証券届出書を提出したことにより金商法24条1項3号に基づき有価証券報告書を提出しなければならない会社については、当該社債券の全部が償還された場合には、有価証券報告書の提出義務が消滅するものと解される。かかる場合、償還期限が到来すれば足り、社債権者による支払呈示がなされないなどの理由により未払いの償還期限到来社債券の所有者数を確認することは不要という取扱いがなされている。

---

[17] これら有価証券の募集または売出しに係る有価証券届出書を複数提出している場合には、これらの有価証券届出書のうち直近に提出した有価証券届出書の提出日の属する事業年度終了後5年を経過している会社等に限る。

3 提出義務の中断

(1) 外形基準の場合（金商法24条1項4号に該当している場合）

外形基準に該当することによって金商法24条1項4号に基づき有価証券報告書を提出しなければならない発行者については、株式の発行者について、以下のいずれかに該当する場合、有価証券報告書の提出が免除（中断）される（金商法24条1項ただし書、金商法施行令3条の6第1項）。

① 資本の額が5億円未満となったとき[18]
② 当該事業年度の末日における株券の所有者数が300名未満に減少したとき

なお、外形基準は、内国会社が発行する有価証券のみが対象となっていることから、外国会社について外形基準の場合における有価証券報告書の提出義務の中断に関する規定はない。

(2) 有価証券届出書または発行登録追補書類を提出した会社（上場を除く）、または外形基準に該当する会社が管轄財務局長等の承認を受けた場合

発行する有価証券に関し、募集または売出しに係る有価証券届出書（または発行登録追補書類）を提出し、または外形基準に該当することによって、金商法24条1項3号または4号に基づき有価証券報告書を提出しなければならない発行者については、以下のいずれかに該当する場合（ただし、以下の④に該当する場合の提出義務の免除は一事業年度限りである）、管轄財務局長等の承認を受けることにより有価証券報告書の提出が免除される（金商法24条1項ただし書、金商法施行令4条、開示府令16条）。この承認は、更生手続開始の決定（下記④）を除き、その後毎事業年度（申請のあった日の属する事業年度および当該事業年度終了の日後、4年以内に終了する事業年度に限る）経過後3か月以内に、当該事業年度末日における株主名簿の写しおよび株主総会に報告しまたはその承認を受けた当該事業年度に係る事業報告書（会社法438条に掲げる書類）を提出することを条件として行われる（金商法施行令4条3項、開示府令16条1項）。

① 清算中の者
② 相当の期間事業を休止している者
③ その募集または売出しに係る有価証券届出書を提出した有価証券の発行者で、当該有価証券の所有者の数が25名未満である者[19]

---

18) この場合、規定の内容から資本の額の確定後ただちに有価証券報告書の提出義務が免除（中断）されるものと解される。

④ 更生手続開始の決定を受けた者で、かつ、提出免除の申請が更生手続開始の決定があった日から3か月以内に行われた場合（上記①～③の事由により承認を受けている場合を除く）[20]

4 提出義務の中断期間中における有価証券の発行または交付

実務上問題になる場合として、提出義務の中断期間中に発行者が有価証券の発行または交付を行う場合、以下の問題が生じうる。

(1) 私募の可否

たとえば、上場株券の発行者であった会社が、上場廃止後に提出義務の中断の承認を受けている期間中に、当該上場されていた株券とまったく同一の内容の議決権、配当および残余財産の株券（当該株券を目的とする新株予約権証券を含む）を発行しようとする場合、私募を行うことができるかが問題となる。

この点、私募の要件としては、「〔金商〕法24条1項各号のいずれかに該当する株券[21]を既に発行している者でないこと」（金商法施行令1条の4第1号イ・2号イ、1条の7第1号・2号イ）と規定されているが、有価証券の勧誘にあたり、その有価証券が有価証券報告書の提出を免除されている場合（金商法24条1項ただし書の規定に該当している場合で、中断を含む）、以下のいずれかに該当する場合を除き、私募または私売出しの要件を満たすことが可能であり、届出が不要であることが明らかにされている（開示ガイドラインB4-24）[22]。

① 外形基準により有価証券報告書を提出していた者が、その会社の資本金の額が5億円未満もしくは事業年度の末日における株券の所有者数が300名未満となったことにより、有価証券報告書の提出を要しないこととなった場合において、新たな有価証券の勧誘により有価証券が取得された結果、その資本金の額または所有者数の要件を満たさなくなることが明らかとなる場合

② 有価証券届出書を提出した者、発行登録追補書類を提出した者もしくは短期社債に関して発行登録の効力が生じている者に該当すること（金商法24条1項

---

19) 内国会社の発行する株券の場合には、申請時または申請のあった日の属する事業年度の直前事業年度の末日において株主名簿に記載または記録された株主の数により25名未満か否かが算定される（開示府令16条2項・3項）。

20) 再生手続開始の決定については、有価証券報告書の提出義務の中断事由とはなっていない。

21) 発行者が株式に係る剰余金の配当、残余財産の分配、利益を用いて行う出資の消却について内容の異なる数種の株券を発行している場合には、当該株券と同種の内容を表示したものに限る。

22) 募集または売出しの定義に係る金商法2条3項・4項の規定の適用上、その有価証券は金商法24条1項3号または4号に該当する有価証券ではないものと取り扱われるため。

3号）により有価証券報告書を提出していた者、または外形基準により有価証券報告書を提出していた者（同項4号）が、金商法24条1項ただし書の規定により承認を受け有価証券報告書の提出を要しないこととなった場合において、新たな有価証券の勧誘により有価証券が取得された結果、その承認の要件を満たさなくなることが明らかとなる場合

(2) 発行または交付により中断が終了するか

　上記(1)の事例において上場廃止となった株券と、会社法上まったく同じ内容の株券を発行する場合には、上記の(1)の①および②に該当しない限り、発行者は私募を行うことができることとされている。このことから考えると、上記(1)の①および②に該当しない限り、私募または私売出しという扱いである以上、従来の中断事由は終了しないものと考えられる。

(3) 有価証券の所有者が25名未満であるとして、有価証券報告書の提出義務の免除（中断）の承認を得ている会社が合併により消滅する場合

　有価証券報告書の提出会社ではない存続合併株式会社または新設合併株式会社は、開示ガイドラインB24-5で有価証券報告書の提出義務を負うかが問題となる。この点について明文の規定はないものの、開示ガイドラインB24-5は、開示会社の有価証券を所有している者が、突然、非開示会社の有価証券の所有者になることにより、継続開示による情報提供を受けられなくなることを防止する趣旨であると考えられる。とすると、上記の場合には、開示ガイドラインB24-5の趣旨が妥当しないことから、存続合併株式会社または新設合併株式会社は、開示ガイドラインB24-5で有価証券報告書の提出義務を負わないものと考えられる。

　また、この場合、組織再編成に係る届出義務については、有価証券報告書の提出義務の中断期間中は、「開示が行われている場合」に該当しないため（開示府令6条1号・2号・4号）、金商法4条1項2号イに該当して、免除されることとなる。

(4) 全部取得条項付種類株式によるスクイーズ・アウトによる旧株式の消滅と有価証券報告書の提出義務

　会社が上場子会社の完全子会社化を行う際して、公開買付けの後に、全部取得条項付種類株式を用いることが行われる場合がある。具体的には、完全子会社化しようとする会社（対象会社）の普通株式に全部取得条項を付して全部取得条項付種類株式とし、全部取得条項を発動し、当該全部取得条項付種類株式の保有者に対しては少数株主に端数株式が割り当てられるようにする。この場合には、全部取得条項付種類株式については普通株式と同種の有価証券（金商法施行令1条の4、定義府令10条の2）であることから、当該全部取得条項付種類株式が存在する場合には、有価証券報告書提出義務の消滅の要件を満たさない限り、有価証

券報告書の提出義務がある。しかしながら、全部取得条項が発動され、発行会社である対象会社が当該全部取得条項付種類株式を取得および消却し、一方で全部取得条項付種類株式と異なる種類の株式（金商法施行令1条の4、定義府令10条の2）を私募で交付する場合には、全部取得条項付種類株式の消滅によって対象会社の有価証券報告書提出義務は消滅し、対象会社は、有価証券報告書提出義務を負わないこととなる。

第 5 章　適時開示

I　適時開示の概要

> **ポイント**
> ● 上場会社には、投資家への適時、適切な会社情報の開示が求められる。
> ● 上場会社には、情報開示を実行するための社内体制の整備が求められるほか、不適切な開示には取引所による制裁や、風説の流布に対する刑事罰・課徴金も適用されうることについて、認識する必要がある。

1　適時開示の意義・目的

　適時開示制度（タイムリー・ディスクロージャーとも呼ばれる）は、上場会社以外にも適用される法定開示制度を補完する制度として存在する。この適時開示は、投資家に対して最初に行われる重要情報の開示であり、金融商品市場の価格形成にも大きな影響を及ぼすことになる。相場操縦や虚偽情報等の開示は厳しく禁止されなければならないし、不適正な開示がなされた場合には、投資家の投資判断を誤らせることになる。

　そのため、上場会社は、投資家への適時、適切な会社情報の開示が健全な金融商品市場の根幹をなすものであることを十分に認識する必要がある。また、上場会社は、常に投資家の視点に立った迅速、正確かつ公平な会社情報の開示に徹底するなど、誠実な業務執行に努める必要がある。

2　臨時報告書との違い

　金商法にも、適時に投資家に対して判断材料を提供するための制度として、臨時報告書制度（金商法24条の5第4項、開示府令19条）が存在する。

　臨時報告書制度は、投資家の適時、適切な判断に必要となる会社情報につき、当該情報の発生のつど開示することを要請している点で、適時開示制度と共通する。しかしながら、適時開示制度においては、日々流通する上場株式の投資家にとって重要と判断される情報をタイムリーに開示する観点から、開示対象となる会社情報の範囲は、臨時報告書制度の場合と比べて、広範かつ詳細なものとされ

ている。
　そのため、臨時報告書を提出する必要がない場合であっても、適時開示が必要となる場合があるため、注意が必要である。その他、両者の主な違いの詳細は、下記**図表5-1**のとおりである。

図表5-1：重要情報の適時開示と臨時報告書との主要な相違

	適時開示制度	臨時報告書制度
性質	取引所自主規制	金商法
目的	投資家保護 市場の公正・信頼確保	投資家保護
対象	上場会社	有価証券報告書提出会社
開示書類	適時開示資料	臨時報告書
開示時期	ただちに （TDnetで当日中の公表が要請されている）	遅滞なく （EDINETで当日か翌日に提出するのが一般的である）
開示対象	上場規程402条から405条 所定の会社情報	開示府令19条2項所定の情報
開示方法	TDnet	EDINET
虚偽の責任	風説の流布に対する刑罰・課徴金 取引所規則による制裁	風説の流布に対する刑罰・課徴金 虚偽記載の刑罰・課徴金・民事責任

3　適時開示のスケジュール

　東京証券取引所では適時開示を行う場合、上場会社に対して原則として、当日中に適時開示資料を開示することが求められている。そのため、上場会社は、適時開示にあたっては、スケジュールをあらかじめ検討しておく必要がある。
　上場会社は、通常、①適時開示を行う必要があるかを検討し、②適時開示のスケジュール等を確認したうえで、③開示資料を作成し、④TDnetを通じて適時開示を行うという手続が必要となる。本章では、上記①～④の各手続において、実務上、一般的に留意すべき事項を簡単に述べる。
　なお、適時開示を行う際の一般的なスケジュールは下記**図表5-2**のとおりである。

図表 5 - 2 : 適時開示の一般的スケジュール

段階	検討事項
1　開示の要否の検討	①　個別の開示項目への該当性の検討 ②　軽微基準の該当性の検討 ③　バスケット条項への該当性の検討 ④　任意の開示の検討
2　スケジュールの確認	①　開示時期の確認 ②　事前相談の要否・時期の確認 ③　適時開示に関連する手続の要否の確認 ④　法定開示書類の提出の要否の確認
3　開示資料の作成	①　「開示事項」および「記載上の注意」の確認 ②　様式例等を利用した開示資料の作成 ③　登録用ファイル（PDF）の作成
4　適時開示の手続※	①　TDnet への登録 ②　適時開示資料閲覧サービスへの掲載 ③　その他の媒体での情報伝達

※　適時開示を行った後、開示した事項の中止・変更・訂正・経過に関する開示が必要となる場合がある。

Ⅱ　適時開示の内容

> **ポイント**
> ● 上場会社は、上場規程に定められている個別の開示項目に該当した場合、ただちに適時開示を行う必要がある。
> ● 上場会社は、個別の開示項目に該当した場合であっても、上場規程施行規則に定められている軽微基準に該当する場合には、適時開示を行う必要はない。

1　適時開示の記載内容

(1)　適時開示が求められる会社情報

　適時開示を適切に行うためには、まず、開示の対象となる情報の判別が的確になされることが必要である。

　具体的に開示すべき項目は以下に掲げる種類に区分され、個々の開示すべき項目に関する実務上の取扱い等については、下記図表 5 - 3 のとおりである。

図表 5-3：適時開示が求められる会社情報

上場会社の情報	① 上場会社の決定事実 ② 上場会社の発生事実 ③ 上場会社の決算情報 ④ 上場会社の業績予想、配当予想の修正等 ⑤ その他の情報 （投資単位の引下げに関する開示、MSCB等の転換または行使の状況に関する開示、支配株主等に関する事項の開示等、上場廃止等に関する開示）
子会社等の情報	⑥ 子会社等の決定事実 ⑦ 子会社等の発生事実 ⑧ 子会社等の業績予想の修正等

出典：適時開示ガイドブック26頁をもとに作成

　なお、上場規程において、上場会社は、投資家の判断に及ぼす影響が軽微なものとして上場規程施行規則で定める基準（以下「軽微基準」という）に該当するものを除き、ただちにその内容を開示することが義務づけられている。そのため、軽微基準に該当するかどうか明らかでない場合、上場会社は適時開示を行う必要がある。

(2) 開示資料において記載すべき具体的内容（開示事項）

　適時開示は、上場会社の義務であると同時に投資家の信頼を確保する機会でもあることから、投資家が会社情報を適切に理解または判断できるように、十分かつ的確に会社情報の概要等を記載した開示資料を作成することがきわめて重要である。

　適時開示の項目別の実務上の取扱いについては、東京証券取引所上場部編『会社情報適時開示ガイドブック』の最新版を参照する必要があるが、開示の内容は、おおむね以下のとおり整理することができる。

> **開示事項**
> ① 上場会社が決定事実を決定した理由または発生事実が発生した経緯
> ② 決定事実または発生事実の概要
> ③ 決定事実または発生事実に関する今後の見通し
> ④ その他東京証券取引所が投資家の投資判断上重要と認める事項

(3) 開示資料を作成するにあたって遵守事項

　上場会社は、会社情報の適時開示に際し、以下の事項を遵守する必要がある（上場規程412条1項）。

遵守事項
① 開示する情報の内容が虚偽でないこと
② 開示する情報に投資判断上重要と認められる情報が欠けていないこと
③ 開示する情報が投資判断上誤解を生じせしめるものでないこと
④ その他開示の適正性に欠けていないこと

　これらのいずれかに該当すると、東京証券取引所の規則に違反するものとして処分の対象となりうるほか、金商法上も風説の流布（金商法158条）等に違反する可能性もある。

2　適時開示の要否
(1)　個別の開示項目への該当性の検討
(i)　基本的な考え方
　上場会社は、当該上場会社の運営、業務もしくは財産または当該上場株券等に関する重要な事実であって投資家の投資判断に影響を及ぼす事実についての決定を行う場合、またはそのような事実が発生した場合には、適時開示を行う必要がある。
　本書では、特に複雑な開示となりやすい第三者割当、MSCB等の発行、支配株主等に関する事項等について、後述する。
(ii)　複数の開示項目に該当する場合
　決定または発生した事実の内容によっては、1つの会社情報が複数の開示項目に該当する場合がある。
　たとえば、資本業務提携に伴い第三者割当増資を行い、割当先が主要株主となる場合、資本業務提携の実施という1つの行為が、「発行する株式を引き受ける者の募集」、「業務上の提携」および「主要株主の異動」という3つの開示項目に該当する可能性がある。このような場合、それぞれの開示項目について、下記(2)の軽微基準の該当性を検討する必要がある。
(2)　軽微基準への該当性の検討
(i)　基本的な考え方
　軽微基準が設けられている開示項目において、軽微基準[1]に該当する場合には、

---

1) 軽微基準の多くは、連結売上高等の連結の指標が基準となっているが、金商法のインサイダー取引規制上の軽微基準を引用している軽微基準では、原則として、単体の売上高等の上場会社単体の指標が基準となる。そのため、軽微基準の該当性の検討では、連結の指標と単体の指標の双方を確認する必要がある。

原則として、適時開示は不要となる。複数の要件が設定されている軽微基準においては、すべての要件を満たした場合にのみ、軽微基準に該当するものとし、適時開示は不要となる。

一方、開示項目のなかには、資本金額の減少、自己株式の取得や主要株主等の異動のように、軽微基準が設けられていない開示項目も存在する。

(ii) 軽微基準に該当するか明らかでない場合

軽微基準に該当するかどうか明らかでない場合、軽微基準に該当しないものとして扱われ、適時開示が必要となる。たとえば、決定事実または発生事実による業績への影響の見込額の算定が困難な場合、影響の見込額が最大でも軽微基準に該当すると見込まれる場合を除き、適時開示が必要となる。

また、①他の要因による影響額を合算すると業績に大きな影響が出ない場合や、②当該事実による影響が業績予想に織り込まれている場合がある。しかしながら、このような場合でも、当該事実の決定または発生による影響の見込額自体が軽微基準に該当しない場合には、各事実につき開示が必要となる。

一方、上場会社がある決定事実に該当する行為を連続して複数回行う場合において、個々の行為が軽微基準に該当する場合であっても、これらの行為が、その目的、意図、時期、経済的実体等に照らして一連の行為として評価することが適当と考えられるときは、影響を合算して、軽微基準への該当性を判断する必要がある。

(3) バスケット条項への該当性の検討

上場会社は、個別の開示項目への不該当や軽微基準への該当によって、適時開示が不要と考えられる場合であっても、上場規程に定める一定の場合（いわゆるバスケット条項に該当する場合）には、適時開示を行う必要がある。

バスケット条項とは、適時開示が必要な決定事実または発生事実として個別の開示項目として列挙されていない事項等であっても、一定の場合には、投資判断に重要な影響を及ぼすべきものとして、適時開示を行う必要があるとするものである（上場規程402条1号ar・2号x、403条1号s・2号l）。

すなわち、①個別の開示項目に該当しない場合や、②個別の開示項目に該当するものの、軽微基準に該当する場合であれば、本来、適時開示は不要である。しかしながら、上場会社は、個別の開示項目に該当せずとも、重要な事項であって投資家の投資判断に著しい影響を及ぼす事実についての決定を行い、またはそのような事実が発生した場合には、バスケット条項に該当するものとして、適時開示を行う必要がある。

そのため、適時開示の要否の判断の検討においては、バスケット条項への該当性を常に検討する必要がある。

開示事項
① 金商法166条2項4号に該当する事実
② 当該決定事実による連結総資産の増加または減少見込額が、直前連結会計年度の末日における連結純資産の30％に相当する額以上
③ 当該決定事実による連結売上高の増加または減少見込額が直前連結会計年度の連結売上高の10％に相当する額以上
④ 当該決定事実による連結経常利益の増加または減少見込額が、直前連結会計年度の連結経常利益の30％に相当する額以上
⑤ 当該決定事実による親会社株主に帰属する当期純利益の増加または減少見込額が、直前連結会計年度の親会社株主に帰属する当期純利益の30％に相当する額以上
⑥ 重要な後発事業に相当する事象であって、連結または単体において、監査済財務諸表の期末純資産の3％以上、かつ、最近5事業年度における当期純利益の平均額の20％以上に相当する額（開示府令19条2項12号または19号の規定に基づき臨時報告書が提出される事実）

出典：適時開示ガイドブック324頁をもとに作成

　上記の数値基準に該当しないものでも、上場会社にとって、定性的に重要な情報、経常赤字が継続している場合において規模の大きな借入れを行う場合、製品の不具合の発生（今後の損失計上が見込まれること）や不適切な会計処理が判明した場合等があげられる。

(4) 任意開示の検討

　上場会社は、上記(1)〜(3)までの検討の結果、開示義務がないと判断した場合でも、適時、適切な会社情報の開示という観点から、任意に開示を行う場合がある。たとえば、外国の法令等に基づき海外で会社情報を開示する場合には、当該内容について国内で適時開示義務が生じないような場合であっても、公平な情報提供の観点から、日本国内でも任意開示を行うことが望ましい。

　また、任意開示も、TDnetを通じて「適時開示情報」として開示する以上、当該情報は、投資家の投資判断上有用な情報として提供されるものと位置づけられる。そのため、開示資料の作成にあたっては、開示項目の「開示事項」および「開示・記載上の注意」等を参考に、投資家に対する投資の判断材料を提供する観点から適切なものとなるよう留意する必要がある。そして、同様の観点から、開示時期についても、適時開示と同様に情報の決定または発生後すみやかに行うべきである。

Ⅲ　適時開示の時期

ポイント
- 上場会社は、重要な決定事実に該当する事項を行う場合や重要な会社情報が発生した場合には、TDnetを通じて、当日中に適時開示を行う必要がある。
- 上場会社は、当事業年度の業績に係る新たな予想値を算出した場合や、当事業年度の決算の取りまとめを行った場合に、業績予想の修正等の適時開示が必要となる場合がある。
- 上場会社は、スクープ報道がなされた場合、東京証券取引所からの照会事項について報告し、東京証券取引所の判断に従って必要かつ適当な開示を行わなければならない。

1　決定事実の開示時期
(1) 概要

　上場会社は、上場規程に基づき、業務執行を決定する機関が重要な決定事実に該当する事項を行うことを決定した場合、「直ちに」その内容を開示することが義務づけられている（上場規程402条1号）。ここにいう「直ちに」とは、実務上、東京証券取引所により、原則として当日中にTDnetを通じて情報を開示することが求められている。

　実際に開示すべき時期については、取締役会決議等の形式的な側面にとらわれることなく、実態的に判断することが求められる。上場会社は、会社自らの意思による決定事実については、一般的に、会社の業務執行を実施的に決定する機関による決議または決定が行われた時点で開示を行う必要がある。

　実務上、決定事実の開示時期が問題となる場面について、個別に詳述する。

(2) 基本合意書等の締結を行う場合

　上場会社は、合併等の組織再編や子会社等の譲渡等のM&A取引において、最終契約書の締結の前に、基本合意書や契約趣意書の締結等を行う場合がある。基本合意書といっても、M&A取引の実行自体は今後検討されることを前提として今後の交渉に向けた論点や協議事項を記載した未成熟な合意から、M&A取引の実行を前提として開示することを想定した合意までさまざまである。このような場合に、未成熟な内容を公表することは投資家を混乱させる可能性がある。特に、基本合意書等の締結時点で適時開示が必要であると考えると、最終契約書の締結に先立って、M&A取引が開示されてしまうことになる。

　そこで、基本合意書の意味するところが、今後の協議の前提を確認するためなど単なる準備行為にすぎないものであるとき、交渉を開始するにあたっての一定

の合意でしかなく、その成立の見込みが立つものでないとき、または、当該時点で公表するとその成立に至らないおそれが高いときまで、適時開示を行うことが求められるものではない。

なお、これらの基本合意書等においては、一般的に、法的拘束力がない旨を定められることが見受けられるが、このような規定があることをもって、ただちに適時開示が不要となるものではない。

(3) 行政上の許認可等の取得が必要な場合

会社情報に関して、その実行・履行にあたって、独占禁止法その他海外の競争法の届出や許認可、金融規制法における許認可等の規制官庁の許認可等を必要とする場合がある。上場会社は、このような許認可等が必要な場合であったとしても、原則として、当該行為を行うことを決定した時点において適時開示を行う必要がある。

このような場合、開示資料において、当該規制官庁の許認可等が実行・履行の条件である旨を記載する必要がある。具体的には、経営統合に際しての独占禁止法その他海外の競争法の届出や許認可、新規事業の開始や金融機関の買収等に際しての規制官庁の許認可等を取得する必要がある場合に、新規事業を開始することを決定した時点で開示するものとし、「認可取得を前提として」等と記載することがある。

(4) 相手方の取締役会決議が未了の場合

実務上、適時開示を行うか否か問題となる事例として、取引の相手方において、取締役会決議（相手方の意思決定）が未了である場合があげられる。たとえば、上場会社が、合併等の組織再編や子会社等の譲渡等のM&A取引を行う場合、上場会社の取締役会と相手方の取締役会の日程が異なるなどの理由により、上場会社が取締役会決議を行った時点において、相手方において取締役会決議がいまだ行われていない場合がある。このような場合、一方当事者が取締役会決議を行ったことをもって適時開示を行うと、相手方からすれば、取締役会決議が未了の段階で、当該取引が開示されることになってしまう。

しかしながら、上場会社では、業務執行を決定する機関による決議または決定が行われた時点で適時開示を行う必要がある。そのため、当該上場会社は、相手方の取締役会決議が未了であったとしても、適時開示を行わなければならない。このような事態を避けるために、上場会社は、取引の相手方も上場会社の場合には可能な限り同時に取締役会決議を行い、両社が同日に適時開示を行うことができるようにスケジュール調整を行う必要がある。

特に、海外の証券市場に上場する相手方との取引の場合、相手方においても海外の証券市場の規則に基づき開示が必要な場合もあり、インサイダー取引防止等

の観点からも、日本市場および海外市場が開場していないタイミングにおいて開示をすることを検討するなどのスケジュール調整が必要となる点に注意が必要である。

2　発生事実の開示時期

　上場会社は、決定事実の開示の場合と同様、重要な会社情報が「発生した場合」には、「直ちに」その内容を開示しなければならない（上場規程402条2号）。

　上場規程では、「発生した場合」には、「直ちに」その内容を開示しなければならないとされているが、実務上、実際に開示すべき時期はその発生を認識した時点とされている。外部要因により生ずる発生事実についても、当該上場会社が当該発生事実の発生を最初に認識した時点で、適時開示への対応を行う必要がある。

　たとえば、第三者割当による新株発行の割当先が新たに主要株主となる場合、実際に株式の払込みがなされる時点ではなく、当該発行を決定した時点で主要株主の異動に関して開示しなければならない。一方、上場会社が取引に関与しない株主による株式譲渡による主要株主、親会社、その他の関係会社の異動については、大量保有報告書等で株式の譲渡がなされたことを認識してからすみやかに開示をすることになる。

　上場会社においては、発生事実に関する開示漏れを防ぐために、開示担当者が、開示基準に該当する発生事実をすみやかに認識できるように、社内体制を構築し、維持する必要がある。そして、上場会社は、会社全体として適時開示が必要となる発生事実について認識しておくようにする必要がある。

　なお、発生事実についても、決定事実と同様に、発生を認識した当日中に情報を開示することが求められている。もっとも、大規模な災害の発生により情報伝達ルートが遮断され、工場等の被災状況がわからないなどの場合は、すみやかに状況を確認する必要がある。そのうえで、仮に、災害による損害額を確定できないとしても合理的に見積もって軽微基準を超えているであろうと判断される場合には、すみやかに開示を行う必要がある。

3　業績予想の修正等の開示時期

(1)　業績予想の修正が必要となる基準

　①業績予想を開示している場合には公表済みの予想値と新たに算出した予想値または実績値との間に、②業績予想を開示していない場合には公表された前事業年度の実績値との間に、適時開示の判断基準以上の乖離が生じた場合には、上場会社は、業績予想の修正等について適時開示を行わなければならない。

図表5-4：業績予想の修正、予想値と決算値との差異等

業績予想を開示している場合	直近の予想値と、新たに算出した予想値または当期の実績値とを比較した場合の増減	売上高	10％以上
		営業利益	30％以上
		経常利益	30％以上[※1]
		当期純利益	30％以上[※2]
業績予想を開示していない場合	前事業年度の実績値と、新たに算出した予想値または当期の実績値とを比較した場合の増減	売上高	10％以上
		営業利益	30％以上
		経常利益	30％以上[※1]
		当期純利益	30％以上[※2]

※1 連結財務諸表作成会社の個別業績予想の修正等においては、これとともに、新たに算出した予想値または当事業年度の決算における数値と公表がされた直近の予想値とのいずれか少ない数値から他方を減じて得たものを前事業年度の末日における純資産額と資本金の額とのいずれか少ない金額で除した数値が0.05以上である場合にのみ開示が必要となる。

※2 連結財務諸表作成会社の個別業績予想の修正等においては、これとともに、新たに算出した予想値または当事業年度の決算における数値と公表がされた直近の予想値とのいずれか少ない数値から他方を減じて得たものを前事業年度の末日における純資産額と資本金の額とのいずれか少ない金額で除した数値が0.025以上である場合にのみ開示が必要となる。

また、上場会社が連結財務諸表作成会社である場合には、単体の営業利益（インサイダー取引規制上の特定上場会社等である場合は、単体の売上高、営業利益、経常利益、当期純利益）については、上場規程では義務開示事項となっていない。また、上場会社が他の上場会社の親会社である場合、子会社である上場会社において、業績予想の修正等の開示が必要となった場合には、親会社である上場会社においても、子会社である上場会社の業績予想の修正等の開示が必要となる。ただし、子会社である上場会社が連結財務諸表非作成会社である場合に、営業利益の予想値のみを修正した場合には、親会社である上場会社では開示義務は生じない。

図表5-5：上場規程上の開示義務の有無

公表された直近の予想値等と差異が生じた項目	上場会社の業績予想等の修正		上場子会社の業績予想等の修正	
	連結作成	連結非作成	上場親会社	上場子会社
単体の売上高	○	○	○	○
単体の営業利益	×	○	×	○
単体の経常利益	○	○	○	○

| 単体の当期純利益 | ○ | ○ | ○ | ○ |

なお、連結財務諸表作成会社が特定上場会社等の場合には、すべて開示義務はない。

(2) 適切な修正に向けた留意点

　業績予想の修正等については、月次や四半期等の定期的な業績管理の際に、新たに当連結会計年度（事業年度）に係る予想値の算出を行った場合には、直前に公表された予想値（当該予想値がない場合には、前連結会計年度（前事業年度）の実績値）と比較して、開示の要否を判断する必要がある。定期的な業績管理の際でなくとも、事業環境の急激な変化等により業績の大幅な変更が見込まれることを認識した場合にも同様である。いずれの場合であっても、上場会社は、合理的な業績予想を開示できる時点になったら、すみやかに開示すべきである。

　また、新たに算出した予想値において、直前に公表がされた予想値と比較して、適時開示の判断基準に該当するほどの差異が生じていない場合であっても、たとえば、四半期決算短信の開示等に際して、新たに算出した予想値を積極的に開示することは、投資家の投資判断に有用な情報の提供やインサイダー取引規制上の重要事実に該当する情報が社内に滞留するリスクの軽減等の観点から望ましい。

4　スクープ報道がなされた場合の開示

(1) スクープ報道に対する実務上の留意点

　上場会社では、適時開示を行う以前に情報が漏れて、報道等によりその内容の一部がリーク（スクープ報道とも呼ばれる）されることがある。上場会社においては、情報管理を徹底して、このような事態の発生は可能な限り、避けなければならない。

　このようなスクープ報道等がなされた場合に、当該事項について一般的にも開示することが必要かつ適当であると東京証券取引所が判断した場合、上場会社には、軽微基準に該当するか否かにかかわらず、流布されている情報が投資家の投資判断上重要かという観点から開示が求められる[2]。また、当該上場会社が、東京証券取引所からの開示要請に応じず、これを放置した場合には、上場規程違反となる場合があるだけでなく、金融商品市場における公正な価格形成を阻害し、投資家からの信頼を失わせるおそれがある。

　上場会社は、スクープ報道等の不明確情報に対する開示要請に対して、開示す

---

[2]　東京証券取引所「不明確な情報への機動的な注意喚起を行うための開示注意銘柄制度の改善に係る業務規程等の一部改正について」（平成26年5月22日）。

る内容についても注意する必要がある。東京証券取引所は、単に「当社が発表したものではありません。」などの報道の出所に関する開示にとどまらず、検討または交渉の有無等についても開示を求めている。

たとえば、情報の出所が上場会社自らではない旨の記載に加えて、
「当社においては、○○との間で提携強化の検討を進めていることは事実ですが、現時点で開示すべき具体的な決定事実はありません。」、
「当社は、経営改善のために、複数の企業との提携等を含めた様々な選択肢を検討しておりますが、現時点で決定した事実はありません。」
など協議または検討の事実について、少なくとも一定程度具体的に肯定する旨の記載をすることが一般的となっている。

もっとも、どの程度具体的な記載をすべきか否かは、実際の検討または交渉等の状況やスクープ報道の内容等によっても異なる。たとえば、情報が決定事実の場合には、まだ具体的な内容が固まっておらず、開示することが難しい場合もある。そうした場合に、「そのような事実はありません。」と開示してしまうと、虚偽の開示に該当する可能性がある。その時点で開示可能な内容を開示したうえで、末尾に「未定の事項につきましては、決定次第お知らせいたします。」と記載することが考えられる。

(2) 相場操縦および風説の流布との関係

スクープ報道に対する開示情報の内容について、当該スクープ報道が有価証券売買等[3]に関する場合には、相場操縦および風説の流布との関係で注意する必要である。

金商法は、有価証券売買等を勧誘する目的をもって、有価証券売買等を行うことにつき、重要な事項について虚偽であり、または誤解を生じさせるべき表示を故意にすることを、「表示」による相場操縦として禁止している（金商法159条2項3号）。また、有価証券の募集、売出しもしくは売買等のためまたは有価証券等の相場の変動を図る目的をもって風説を流布する行為を禁止している（金商法158条）。

そのため、実現意図のないまたは実現可能性の低い案件について、実現可能性が高いと投資家に誤認させるような開示を行った場合には、相場操縦や風説の流布に該当する可能性がある。また、上場会社は、スクープ報道等により投資家の

---

3) 「有価証券売買等」とは、有価証券の売買、市場デリバティブ取引または店頭デリバティブ取引をいう（金商法159条2項柱書）。

とにより、投資家の投資判断に重大な影響を及ぼす可能性があることを十分に注意する必要がある。

特に、第三者割当や公募等の株式を対象とする案件においては、当該上場会社が、案件の交渉または検討段階において、スクープ報道を肯定する開示を行うことで、案件の成否自体に大きな影響を与えることも考えられる。

(3) 届出前勧誘規制との関係

金商法は、有価証券の募集または売出しは、原則として発行者が有価証券届出書等の提出をしているものでなければすることができず、このような届出の前に有価証券の取得勧誘または売付け勧誘等を行うことを禁止している（金商法4条1項）。

従前は、株式の募集等が近く予定されている局面では、スクープ報道等に対する開示情報において、当該募集等の届出前にその募集または売出しの予定に言及することが、届出前勧誘規制に違反する可能性があった。しかしながら、開示ガイドラインの規定では、東京証券取引所による開示要請に基づき開示を行う場合には、東京証券取引所の開示要請の範囲内にとどまる限り、有価証券の取得勧誘または売付け勧誘等に該当しないものと考えられる[4]。

なお、実務上、「注意　この資料は取得勧誘又は売付勧誘等を目的として作成したものではございません。」などの注意文言を付すことで、当該開示資料が取得勧誘または売付け勧誘等を目的とするものではないことを明示するのが一般的である。

Ⅳ　適時開示の方法

> **ポイント**
> ● 上場会社は、TDnet を利用して、適時開示情報を開示することが義務づけられている。
> ● TDnet 以外の方法で情報開示を行う場合でも、必ず、TDnet を通じた開示がなされた後に行う必要がある。

1　TDnet を利用した情報開示

上場会社は、適時開示情報の開示方法について、適時開示情報伝達システムである TDnet（Timely Disclosure network）の利用が義務づけられている。

---

[4] 開示ガイドライン B 2-12 ④では、「取引所の……規則に基づく情報開示」についても、有価証券の取得勧誘または売付け勧誘等に該当しないものとされた。

上場会社は、適時開示を行う当日に、TDnetオンライン登録サイトより、開示資料の登録を行い、東京証券取引所からの照会に係る対応や東京証券取引所に対する事前説明を行う。その後、東京証券取引所における開示処理を経て、適時開示資料（プレスリリース）が報道機関へ伝達され、それと同時に、「適時開示情報閲覧サービス」に掲載されることで公衆縦覧が行われる。

2 TDnet以外の方法による情報開示

TDnetによる開示に加えて、上場会社は、EDINETにおける法定開示、自社ウェブサイトでの掲載[5]、記者会見、記者クラブへの資料投函等を行っている場合がある。しかしながら、TDnet上での開示またはEDINETによる法定開示を行う前に、その他の方法により情報開示を行った場合、当該情報開示によって会社情報を知った者が行う取引がインサイダー取引に該当するおそれがある。そのため、TDnet上での開示またはEDINETによる法定開示以外の方法による情報開示を行う場合には、必ず、TDnetを通じた開示がなされたことを確認したうえで行うことに注意する必要がある。

V 企業行動規範

> **ポイント**
> ● 上場会社は、適時開示にあたって、企業行動規範上の手続に関する記載が求められる。

上場会社は、下記**図表5-6**に掲げる場合には、企業行動規範に基づき、一定の手続が必要になったり、一定の行為が禁止されることがあり、また、適時開示にあたって、企業行動規範上手続に関する記載が求められることがある。

企業行動規範は、①上場会社として最低限守るべき事項を明示する「遵守すべき事項」と、②上場会社に対する要請事項を明示し努力義務を課す「望まれる事項」の2つにより、構成されている。

---

[5] 自社ウェブサイトに掲載する場合、TDnetを通じた開示前に自社ウェブサーバ内の公開ディレクトリ（ウェブサーバ内のフォルダのうちインターネットを経由して外部からのアクセスが可能なフォルダのことである）に開示資料を保存してしまうと、外部者からアクセスされてしまう可能性がある。そのため、正式な公表予定時刻より前の時点において、公開ディレクトリに開示資料を保存しない、パスワード等によりアクセス制御を行うなど、外部者が当該資料を閲覧することがないよう、適切な措置を講ずる必要がある（上場規程413条の2）。

図表 5-6：企業行動規範の構成

① 遵守すべき事項	・第三者割当に係る遵守事項 ・流通市場に混乱をもたらすおそれのある株式分割等の禁止 ・MSCB 等の発行に係る遵守事項 ・書面による議決権行使等の義務 ・上場外国会社における議決権行使を容易にするための環境整備 ・独立役員の確保義務 ・コーポレートガバナンス・コードを実施するか、実施しない場合の理由の説明 ・取締役会、監査役会、監査等委員会または指名委員会等、会計監査人の設置義務 ・会計監査人の監査証明等を行う公認会計士等への選任義務 ・業務の適正を確保するために必要な体制整備 ・買収防衛策の導入に係る遵守事項 ・MBO 等の開示に係る遵守事項 ・支配株主との重要な取引等に係る遵守事項 ・上場会社監査事務所等による監査 ・内部者取引の禁止 ・反社会的勢力の排除 ・流通市場の機能または株主の権利の毀損行為の禁止
② 望まれる事項	・望ましい投資単位の水準への移行および維持 ・売買単位の統一に向けた努力 ・コーポレートガバナンス・コードの尊重 ・取締役である独立役員の確保 ・独立役員が機能するための環境整備 ・独立役員等に関する情報の提供 ・議決権行使を容易にするための環境整備 ・無議決権株式の株主への書類交付 ・内部者取引等の未然防止に向けた体制整備 ・反社会的勢力排除に向けた体制整備等 ・会計基準等の変更等への的確な対応に向けた体制整備 ・決算内容に関する補足説明資料の公平な提供

出典：適時開示ガイドブック588頁をもとに作成

Ⅵ 第三者割当

> **ポイント**
> - 上場会社は、第三者割当を行う場合には、開示資料において、特別に定められた開示事項を記載する必要がある。
> - 第三者割当による希薄化率が25％以上となるとき、または支配株主が異動することになるときには、経営者から一定程度独立した者の意見や株主の意思確認等の手続を行う必要がある。
> - 希薄化率が300％を超えるときは、上場廃止となる。

1 総論

　上場規程における「第三者割当」とは、公募増資時における引受証券会社に対する割当（グリーンシューオプション）、関係会社の役職員に対するストックオプションやRS等の株式報酬を除いて、有価証券の募集または売出しが当該有価証券に係る株式または新株予約権を特定の者に割り当てる方法（会社法202条1項の規定による株式の割当ておよび会社法241条1項または会社法277条の規定による新株予約権の割当てによる方法）により行われる場合をいう（上場規程2条67号の2、開示府令19条2項1号ヲ）。

　これに該当する場合、上場会社は、開示資料（案）をあらかじめ用意したうえで、公表予定日の遅くとも10日前までに、必ず、東京証券取引所まで事前相談を行うことが求められている。ただし、前例のないスキームを検討している場合や遵守事項の関係で懸念事項がある場合等には、さらに十分な時間的余裕をもって事前相談を行うべきである。

2 企業行動規範上の遵守事項

　上場会社が行う第三者割当が「大規模増資」に該当する場合には、東京証券取引所による慎重な審査が行われる。「大規模増資」とは、①希薄化率が25％以上となる第三者割当によって募集株式等[6]の割当てを行う場合、または②当該割当ておよび当該割当てに係る募集株式等の行使により支配株主が異動する見込みがある場合をいう。これらの場合、上場規程では、企業行動規範として、別途、特

---

6) 「募集株式等」とは、上場会社においては、募集株式（会社法199条1項に規定する募集株式をいう）、会社法238条1項に規定する募集新株予約権をいう（上場規程2条84号・84号の2）。そのため、上場規程の対象には、株式、新株予約権、新株予約権付社債が含まれ、また新株予約権の発行だけでなく、自己株式、自己新株予約権の処分も対象となる。

別な手続を行うことが定められている。

このような企業行動規範上の詳細な手続については、以下のとおりである（上場規程432条、上場規程施行規則435条の2第3項）。

企業行動規範上の手続が必要となる場合
① 希薄化率[7][8]が25％以上となるとき
② 支配株主が異動することになるとき

企業行動規範上の手続
① 経営者から一定程度独立した者による当該割当の必要性および相当性に関する意見の入手
② 当該割当に係る株主総会の決議等による株主の意思確認

ここにいう「経営者から一定程度独立した者」とは、外部者から構成される委員会[9]、社外取締役、社外監査役等を想定されているが、顧問以外の法律事務所や弁護士から意見を入手している事例も見受けられる。一般に、慎重な手続を踏む必要がある場合には、外部者から構成される委員会が利用されることが多く、それ以外の場合には社外役員が対応することが多いように思われる。委員会を組成する場合には、ビジネスの観点からビジネス実務家、財務分析等の観点から公認会計士、法務の観点から弁護士という構成が多いように思われるが、このような構成によらなければならないということではない。

また、「当該割当の必要性及び相当性に関する意見」の内容については、資金調達を行う必要があるか、他の手段との比較（たとえば、新株予約権の第三者割当を行う場合でいえば、借入れ、社債発行、公募増資、株式の第三者割当、新株予約権付社債の第三者割当等の他の資金調達方法との比較）で今回採用するスキームを選択することが相当であるか、同社の置かれた状況に照らして各種の発行条件の内容が相当であるかという点を中心に言及する。

---

7) 希薄化率＝当該第三者割当により割り当てられる募集株式等に係る議決権の数（潜在株式に係る議決権数を含む）／当該第三者割当に係る募集事項の決定前における発行済株式に係る議決権総数（潜在株式に係る議決権数は含まない）×100（上場規程施行規則435条の2第1項・2項）。
8) 第三者割当を短期間（6か月を目安）に複数回実施する場合には、これらの第三者割当を一体とみなして、上記の希薄化率の算出方法を適用する。なお、適時開示の軽微基準に該当する第三者割当も、原則として含める。
9) 必ずしも日本弁護士連合会「企業等不祥事における第三者委員会ガイドライン」（平成22年7月15日（最終改訂：同年12月17日））に準拠した第三者委員会を設置する必要はない。

そして、「株主の意思確認」とは、正式な株主総会の決議のほか、有利発行ではないものの、大規模増資となり会社法上は株主総会の決議事項ではない事案において、株主総会における議案として株主意思の確認を行うこと（いわゆる勧告的決議）が想定されている。

記載例
① 「本第三者割当は、①希薄化率が25％未満であること、②支配株主の異動を伴うものではないことから、東京証券取引所の定める有価証券上場規程432条に定める独立第三者からの意見入手及び株主の意思確認手続は要しません。」
② 「本第三者割当増資による希薄化率は○％と、25％以上となることから、東京証券取引所の定める有価証券上場規程432条に規定される独立した第三者からの意見書入手又は株主の意思確認手続が必要となります。当社としては、……本第三者割当増資の必要性及び相当性につきご説明した上で、株主の皆様の意思を確認することが重要であると考えております。このため、当社は、○月○日開催予定の当社定時株主総会において……」

通常の場合、①経営者から一定程度独立した者の意見については取締役会決議日までに、②株主の意思確認については払込期日までに実施することが求められている。

しかしながら、対象となる第三者割当の「緊急性が極めて高い場合」には、例外的に当該手続は不要とされる場合がある（上場規程432条ただし書）。ここにいう「緊急性が極めて高い場合」とは、資金繰りが急速に悪化していること等により、①または②の手続のいずれも行うことが困難であると東京証券取引所が認めた場合である（上場規程施行規則435条の2第3項）。

ただし、上場規程が求める手続は、「株主の意思確認」に限定しておらず、柔軟に規定されているため、緊急性がきわめて高いものとして手続が不要となる事例は、きわめて限定的である。

3　上場廃止基準

上場会社が第三者割当を行う場合において、以下の事由に該当するような場合には、上場廃止となる上場廃止基準が設けられている。

第三者割当に係る上場廃止基準
① 希薄化率が300％を超えるとき（ただし、株主および投資家の利益を侵害するおそれが少ないと東京証券取引所が認める場合を除く）
② 第三者割当により支配株主が異動した場合において、3年以内に支配株主との取引に関する健全性が著しく毀損されていると東京証券取引所が認めるとき

ここにいう「支配株主」とは、次の①または②のいずれかに該当する者をいう（上場規程2条42号の2、上場規程施行規則3条の2）。

① 親会社
② 主要株主で、当該主要株主が自己の計算において所有している議決権と、次に掲げる者が所有している議決権とあわせて、上場会社の議決権の過半数を占めている者（①を除く）
　(ｱ) 主要株主の近親者（二親等内の親族をいう。以下同じ）
　(ｲ) 当該主要株主および(ｱ)が、議決権の過半数を自己の計算において所有している会社等および当該会社等の子会社

　また、「第三者割当により支配株主が異動した場合」とは、当該割当により支配株主が異動した場合および当該割当により交付された募集株式等の転換または行使により支配株主が異動する見込みがある場合をいう。
　加えて、「3年以内」とは、上場会社が第三者割当により支配株主が異動した場合に該当した日が属する事業年度の末日の翌日から起算して3年を経過する日までの期間をいう。
　そして、東京証券取引所では、「支配株主との取引に関する健全性が著しく毀損されていると東京証券取引所が認めるとき」に該当するかどうかの審査は、「支配株主との取引についての定時報告」[11]および「支配株主との取引状況等の照会に対する報告」[12]の内容に基づき、支配株主との間における取引行為の正当性や取引条件の合理性等について確認することにより行うこととされている。

4　適時開示の内容および注意点
(1)　開示事項
　株式発行等を行うことについて決定した場合で、以下に掲げる基準のいずれかに該当する場合（該当しないことが明らかでない場合を含む）には、ただちに、その内容を開示することが必要である（上場規程402条1号a、上場規程施行規則401条1号）。

---

10)「株主の利益を侵害するおそれが少ないと東京証券取引所が認める場合」としては、具体的には公的資金の注入といったケースや、段階的な株主意思確認手続として、株主総会決議により定款変更を行い、発行可能株式総数を段階的に拡大していくようなケースが想定されている。しかしながら、個別の事情に応じて総合的な判断をすることが必要となるため、十分な時間的余裕をもって必ず東京証券取引所まで事前相談を行うことが求められている。
11)　第三者割当により支配株主が異動した場合に該当した上場会社は、定期的（原則として1年に1回）に支配株主との取引状況等に関する報告書を提出することが義務づけられている。

開示基準
① 払込金額または売出価額の総額（新株予約権については、当該新株予約権の払込金額または売出価額と新株予約権の行使に際して出資される財産の価額の合計額の総額）が1億円以上
② 株主割当てによる場合
③ 買収防衛策の導入または発動に伴う場合

※ 上記の開示基準に該当しない場合であっても、第三者割当により株式発行等を行うことを決定する場合であって、企業行動規範上の手続が必要となる場合（(ア)希薄化率が25％以上となるとき、または(イ)支配株主の異動を伴うとき）には、開示することが必要となる。

また、上場規程においては、第三者割当に関して、開示事項に関する特別の定めがなされている。すなわち、募集や売出しが第三者割当の方法による場合、上場会社は、開示資料において株式発行等に関する基本的な開示事項に加えて、以下の事項を含めて記載する必要がある（上場規程施行規則402条の2第2項）。

追加の開示事項
① 割当てを受ける者の払込みに要する財産の存在について確認した内容
② 払込金額の算定根拠およびその具体的な内容
③ 払込金額が割当てを受ける者に特に有利でないことに係る適法性に関する監査役、監査等委員会または監査委員会の意見等
④ （上場規程432条に定める）企業行動規範の第三者割当に係る遵守事項により行う手続の内容

(2) 第三者割当における適時開示の具体的な記載
　(i) 記載例
第三者割当による株式の発行に関する開示資料の開示事項は、以下のとおりである。

図表5-7：第三者割当による新株式の発行に関する記載例

1．募集の概要
2．募集の目的及び理由
3．調達する資金の額、使途及び支出予定時期
4．資金使途の合理性に関する考え方

---

12) 第三者割当により支配株主が異動した場合に該当した上場会社は、支配株主との取引状況等に関して東京証券取引所が必要と認めて照会を行った場合には、ただちに照会事項について正確に報告することが義務づけられている。

5．発行条件等の合理性
 (1) 払込金額の算定根拠及びその具体的内容
 (2) 発行数量及び株式の希薄化の規模が合理的であると判断した根拠
6．割当予定先の選定理由等
 (1) 割当予定先の概要
 (2) 割当予定先を選定した理由
 (3) 割当予定先の保有方針
 (4) 割当予定先の払込みに要する財産の存在について確認した内容
7．第三者割当後の大株主及び持株比率
8．今後の見通し
9．企業行動規範上の手続
10．最近3年間の業績及びエクイティ・ファイナンスの状況
11．発行要項

(ⅱ) 割当てを受ける者の払込みに要する財産の存在について確認した内容（追加の開示事項①）

　割当てを受ける者の財産の存在の確認については、「割当予定先の選定理由等」欄に記載する。具体的な確認方法として、上場会社は、預金残高の確認や融資証明の徴収、開示されている財務諸表の確認等、合理的な方法による可能な範囲で確認を行うことが想定されている。上場会社は、これらの方法により確認し、開示資料において、問題ないと判断した旨を記載する。

　具体的な記載例は、以下のとおりである。

> **記載例**
> ① 「割当予定先より、預金通帳の写しを受領して、本第三者割当に必要な自己資金を十分に有していることを確認し、払込みに要する財産の存在について問題ないと判断しました。」
> ② 「割当先が、2019年○月○日付けで公表した『2019年○月期第○四半期決算短信』に連結財務諸表上に記載の現金及び現金同等物の価額等の状況から、本第三者割当増資の払込みについて十分な資料を有することを確認しております。」

　ただし、上場会社は、一定の場合には、割当予定先の財産の存在について、十分な確認を行い、確認方法および確認結果についてより具体的に記載することが求められる。特に、割当予定先が過去において失権を起こしている場合や、割当予定先の売上高・総資産・純資産等の規模に照らし、当該第三者割当の払込みに要する金額を有しているまたは調達しうることが合理的に推認されない場合があげられる。

Ⅵ 第三者割当　137

　(ⅲ) 払込金額の算定根拠およびその具体的な内容（追加の開示事項②）

　払込金額の算定根拠や具体的内容については、「発行条件等の合理性」欄に記載される。

　払込金額の算定根拠については、払込金額の算定において採用した株価およびディスカウント率について、それぞれを採用するに至った考え、理由や判断の過程をわかりやすく、かつ具体的に記載する。また、たとえば、特別利害関係を有する取締役が存在する場合には、「当該取締役は特別利害関係を有するものとして、本第三者割当増資に係る取締役会決議には参加しておりません。」などと記載し、意思決定の透明性を明らかにすることもある。

　(ⅳ) 払込金額が割当てを受ける者に特に有利でないことに係る適法性に関する監査役、監査等委員会または監査委員会の意見等（追加の開示事項③）

　有利発行でないことに係る適法性に関する意見については、上記(ⅲ)とあわせて、「発行条件等の合理性」欄に記載される。

　ただし、①株主総会において会社法に基づく有利発行の特別決議を経る場合、または、②決議の直前日の価額、決議日から1か月、3か月、6か月の平均の価額からのディスカウント率を勘案して会社法上の有利発行に該当しないことが明らかな場合（上場株式の場合に限る）であって、かつ、①または②であることの記載がある場合には、意見聴取手続は不要である。この場合、上場会社は、開示資料において、①または②に該当する旨を記載する必要がある。

　なお、監査役等の意見について、たとえば、以下のような記載例が考えられる。

> **記載例**
> 「当社監査役全員から、本株式の払込金額は、当社株式の価値を表す客観的な指標である市場価格を基準にしており、直近の株価が現時点における当社の客観的企業価値を適正に反映していると判断した上で、取締役会決議の前営業日における終値を基準として決定されていること、及び日本証券業協会が定める第三者割当増資の取扱いに関する指針も勘案して決定されていることから、割当予定先に特に有利な金額ではなく適法である旨の意見を得ております。」

　(ⅴ) （上場規程432条に定める）企業行動規範の第三者割当に係る遵守事項により行う手続の内容（追加の開示事項④）

　企業行動規範における遵守事項については、「企業行動規範上の手続に関する事項」欄に記載する。

　企業行動規範上の「経営者から一定程度独立した者」からの意見入手または株主の意思確認を要する場合には、以下の事項を記載する必要がある。なお、これらの手続を要しない場合には、その旨およびその理由を記載する必要がある。

記載事項
① 経営者から一定程度独立した者による当該割当の必要性および相当性に関する意見の入手を行う場合には、当該意見の入手日、入手先、内容(その理由を含む)の概要
② 当該割当に係る株主総会の決議等の株主の意思確認を行う場合には、当該意思確認手続の内容および当該意思確認手続の実施予定日

　もっとも、ここにいう「経営者から一定程度独立した者」とは、第三者委員会に限らず、社外取締役、社外監査役等も想定されている。そのため、必ずしも日本弁護士連合会「企業等不祥事における第三者委員会ガイドライン」(平成22年7月15日(最終改訂:同年12月17日))に準拠した第三者委員会を設置して、第三者割当の必要性および相当性に関する意見を求める必要はなく、社外取締役や社外監査役による意見でも足りる。

Ⅶ　MSCB等の発行

ポイント
● MSCB等の発行は、上場会社株式の希薄化や株価の下落を招く可能性があるため、既存株主を保護する観点から、上場規程において、特別な定めがなされている。
● MSCB等を発行する場合、一定の場合には、新株予約権等の転換または行使が制限されるなどの制約がある。
● 上場会社は、MSCB等を発行した後であっても、転換または行使の状況に関する開示義務を負う。

1　総論

　MSCB(Moving Strike Convertible Bond)等[13]は、流通市場や既存株主に対して大きな影響を与えるおそれがある。そのため、上場規程では、MSCB等の発行にあたって、上場会社自らが、発行条件および利用方法次第では株式の希薄化等

---

[13]　「MSCB等」とは、上場会社が第三者割当により発行する「CB等」であって、「CB等」に付与または表章される新株予約権または取得請求権の行使に際して払込みをなすべき1株あたりの額が、6か月間に1回を超える頻度で、当該新株予約権等の行使により交付される上場株券等の価格を基準として修正が行われうる旨の発行条件が付されたものをいう(上場規程410条、上場規程施行規則411条2項)。
　また、「CB等」とは、上場会社が第三者割当により発行する新株予約権付社債券、新株予約権証券および取得請求権付株券をいう(上場規程410条、上場規程施行規則411条1項)。

によって既存株主に不利益をもたらしうる商品性を有するものであることを十分に理解し、発行を行う際には、流通市場への影響および株主の権利に十分に配慮することと、資金使途や発行条件等について適切な情報開示を行うことを求めている。

なお、MSCB 等の発行にあたっても、開示資料（案）をあらかじめ用意したうえで、決定・公表予定日の10日前までに、必ず、東京証券取引所に事前相談を行うことが求められている。

2 企業行動規範上の遵守事項

上場会社は、MSCB 等を発行する場合には、MSCB 等の買取契約[14]において、新株予約権等の転換または行使を使用とする日を含む暦月において、行使数量[15]が当該 MSCB 等の発行の払込日時点における上場株券等の数の10％を超える場合には、以下に掲げる内容を定める必要がある（上場規程434条、上場規程施行規則436条4項）。

なお、上場会社が証券会社に対して発行する第三者割当型の MSCB 等については、通常、証券会社側で作成している割当契約案に以下の内容が含まれている。

> **MSCB 等の発行に係る遵守事項**
> ① 当該10％を超える部分に係る新株予約権等の転換または行使を行うことができない旨
> ② 上場会社は、MSCB 等を保有する者による制限超過行使を行わせないこと
> ③ 買受人は、制限超過行使を行わないことに同意し、新株予約権等の転換または行使にあたっては、あらかじめ、上場会社に対し、当該新株予約権等の行使が制限超過行使に該当しないかについて確認を行うこと
> ④ 買受人は、当該 MSCB 等を転売する場合には、あらかじめ転売先となる者に対して、上場会社との間で、②、③の内容および転売先となる者がさらに第三者に転売する場合にも②、③の内容を約させること
> ⑤ 上場会社は、転売先となる者との間で、②、③の内容および転売先となる者がさらに第三者に転売する場合にも②、③の内容を約すること

もっとも、以下に掲げるすべての要件を満たす場合その他東京証券取引所が適当と認める場合には、上記行使超過に係る制限義務の適用対象外となる（上場規

---

14) 買取契約には、一定の期間または場合には、制限超過行使を行うことができる旨を定めることができる（上場規程施行規則436条5項）。
15) 行使数量の計算方法については、上場規程施行規則436条2項および3項に定めるとおりである。

程434条、上場規程施行規則436条6項)。

> **適用対象外の場合**
> ① 業務提携または資本提携のためにMSCB等を発行する場合
> ② 上場会社と買受人との間で対象株券等について取得後6か月以上の保有が約され、その旨が公表される場合
> ③ 買受人が、保有した期間中において当該対象株券等に係る株券等貸借取引を行わない場合
> ④ 買受人が、当該買受け後から当該保有を約した期間が終了するまで当該対象株券等に係る店頭デリバティブ取引を行わないこと

3 発行にあたっての留意事項および記載事項

(1) 留意事項

MSCB等の発行に際して、上場会社は、適時開示において、募集の目的、資金調達方法としてMSCB等による資金調達を選択することとした理由、調達する資金の額および使途、最近3年間の業績およびエクイティ・ファイナンスの状況、発行条件の合理性ならびに割当予定先の選定理由等について、わかりやすく具体的な説明を行うことが求められる。

特に、流通市場または株主の権利への影響が大きいものと一般的に考えられるスキームについては、株式の希薄化および株価への影響の観点から、既存株主にとってのメリットについて、十分な説明を行うことが必要となる。

(2) 記載事項

MSCB等の発行に関する開示資料の開示事項は、おおむね、第三者割当の場合と同様である。

図表5-8：MSCB等の発行に関する記載例（下線部は第三者割当の場合との相違点である）

1．募集の概要
2．募集の目的及び理由
3．調達する資金の額、使途及び支出予定時期
4．資金使途の合理性に関する考え方
5．発行条件等の合理性
(1)　<u>発行条件が合理的であると判断した根拠及びその具体的内容</u>
(2)　発行数量及び株式の希薄化の規模が合理的であると判断した根拠
6．割当予定先の選定理由等
(1)　割当予定先の概要
(2)　割当予定先を選定した理由

(3) 割当予定先の保有方針及び転換（行使）制限措置
　　(4) 割当予定先の払込みに要する財産の存在について確認した内容
　　(5) 株券貸借に関する契約
 7． 募集後の大株主及び持株比率
 8． 今後の見通し
 9． 企業行動規範上の手続
10． 最近３年間の業績及びエクイティ・ファイナンスの状況
11． 発行要項　　(2) 割当予定先を選定した理由

4　MSCB等の転換または行使の状況に関する記載事項および留意点

　上場会社は、MSCB等を発行すると、上場規程により特別の開示義務を負うことになる。

　まず、上場会社は、MSCB等を発行している場合には、毎月初めに、前月におけるMSCB等の転換または行使の状況を開示することが義務づけられている（上場規程410条１項）。もっとも、対象期間にMSCB等の転換または行使が行われなかった場合は、このようなMSCB等の月間行使状況に関する開示は不要である。ただし、転換（行使）価額に修正があった場合には、当該転（行使）価額を記載するものとされているため、その旨を開示しなければならないことに注意する必要がある。

　また、上場会社は、「月初からのMSCB等の転換累計若しくは行使累計が当該MSCB等の発行総額の10％以上となった場合」または「同月中における開示後の転換累計若しくは行使累計が当該MSCB等の発行総額の10％以上となった場合」についても、当該転換または行使の状況をただちに開示しなければならない（上場規程410条２項）。

Ⅷ　支配株主との取引

> **ポイント**
> ● 上場会社と支配株主との取引は、支配株主が、自己に有利な条件および内容の取引を行うことで、当該上場会社のその他の株主が不利益を被る可能性がある。
> ● 上場会社は、支配株主との取引において、利害関係を有しない者による、当該取引の決定が少数株主にとって不利益なものでないことに関する意見を入手する必要がある。

1　総論

　東京証券取引所は、上場規程において、支配株主（親会社等の上場会社と一定の

緊密な関係を有することにより、上場会社に対して強い影響力を及ぼしうる株主。詳細は、上記Ⅵ３を参照のこと）が自己に有利な条件および内容の取引を行うことを防止し、適切な少数株主の保護を実現する観点から、支配株主との重要な取引を行う場合に一定の手続の実施を求めている。

　具体的には、支配株主を有する上場会社は、上場会社またはその子会社等の業務執行を決定する機関が、支配株主その他施行規則で定める者が関連する重要な取引等を行うことを決定する場合には、その決定が上場会社の少数株主にとって不利益なものでないことに関して、支配株主との間に利害関係を有しない者による意見の入手を行うものとするほか、必要かつ十分な適時開示を行う必要がある（上場規程441条の２、上場規程施行規則436条の３）。

2　規制の対象となる重要な取引等

(1)　重要な取引等を行うことについて決定する場合

　企業行動規範に基づき、支配株主との取引に係る所定の義務が課されるのは、上場会社またはその子会社等が、①重要な取引等を行うことについて決定する場合であって、かつ、かかる取引に、②支配株主その他施行規則で定める者が、③関連する場合である。

　ここにいう「重要な取引等」とは、下記図表５-９に掲げる上場会社またはその子会社等の決定事実のうち、上場会社が適時開示を行う必要があるものをいう。

図表５-９：上場会社またはその子会社等の決定事実

上場会社の決定事実	上場会社の子会社等の決定事実
・　第三者割当による募集株式等の割当て ・　自己株式の取得 ・　株式交換 ・　株式移転 ・　合併 ・　会社分割 ・　事業の全部または一部の譲渡または譲受け ・　新製品または新技術の企業化 ・　業務上の提携または業務上の提携の解消 ・　子会社等の異動を伴う株式または持分の譲渡または取得その他の子会社等	・　株式交換 ・　株式移転 ・　合併 ・　会社分割 ・　事業の全部または一部の譲渡または譲受け ・　新製品または新技術の企業化 ・　業務上の提携または業務上の提携の解消 ・　孫会社の異動を伴う株式または持分の譲渡または取得その他の孫会社の異動を伴う事項 ・　固定資産の譲渡または取得 ・　リースによる固定資産の賃貸借

の異動を伴う事項 ・　固定資産の譲渡または取得 ・　リースによる固定資産の賃貸借 ・　新たな事業の開始 ・　公開買付けまたは自己株式の公開買付け ・　公開買付け等に関する意見表明等 ・　全部取得条項付種類株式の全部の取得 ・　株式等売渡請求に係る承認等 ・　ストック・オプションの付与 ・　その他上場会社の運営、業務、もしくは財産または当該上場株券等に関する重要な事項	・　新たな事業の開始 ・　公開買付けまたは自己株式の公開買付け ・　その他上場会社の子会社等の運営、業務または財産に関する重要な事項

　また、上場会社またはその子会社の業務執行を決定する機関が、上記の決定事実に該当する事項を行うことを決定した場合であっても、軽微基準に該当して適時開示が不要となる場合には、支配株主等との取引に係る企業行動規範は適用されない（上場規程441条の2第1項1号）。

　なお、東京証券取引所によれば、上場会社またはその子会社等と支配株主その他施行規則で定める者との間で行われている反復・継続的な営業取引については、通常、企業行動規範に定める手続の実施対象には含まれない。

(2)　支配株主その他施行規則で定める者

　企業行動規範に基づく義務は、「支配株主その他施行規則で定める者」と重要な取引等を行う場合に適用されるため、「支配株主」[16]の範囲、および「支配株主その他施行規則で定める者」[17]の範囲が問題となる。

　具体的に、上場規程および上場規程施行規則に定める「支配株主その他施行規

---

16)　「支配株主」とは、次の①または②のいずれかに該当する者をいう（上場規程2条42号の2、上場規程施行規則3条の2）。

　　① 親会社
　　② 主要株主で、当該主要株主が自己の計算において所有している議決権と、次に掲げる者が所有している議決権とあわせて、上場会社の議決権の過半数を占めている者（①を除く）
　　　(ｱ)　主要株主の近親者（二親等内の親族をいう。以下同じ）
　　　(ｲ)　当該主要株主および(ｱ)が、議決権の過半数を自己の計算において所有している会社等および当該会社等の子会社

則で定める者」の範囲は、下記図表5-10のとおりとなる。

図表5-10：「支配株主その他施行規則で定める者」の範囲

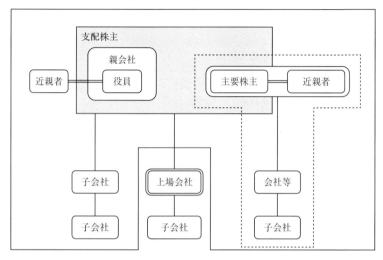

出典：適時開示ガイドブック653頁をもとに作成

なお、上場会社が「支配株主」を有するかどうか、および、問題となる取引等の相手方が「支配株主その他施行規則で定める者」に該当するかどうかについては、上場会社が当該取引等を行うことを決定する時点で判断されることになる[18]。

(3) 「関連する場合」とは

重要な取引等に支配株主等が「関連する場合」とは、原則として、支配株主その他施行規則で定める者が、上場会社またはその子会社等との間の取引等の当事者となる場合をいう。したがって、上場会社等が支配株主その他施行規則で定める者との間で第三者割当、組織再編行為または業務提携等を行うことに関して、

---

17) 「その他施行規則で定める者」とは、以下のいずれかに該当する者をいう（上場規程施行規則436条の3）。
① 上場会社と同一の親会社を持つ会社等（当該上場会社およびその子会社を除く）
② 上場会社の親会社の役員およびその近親者
③ 上場会社の支配株主（当該上場会社の親会社を除く）の近親者
④ 上場会社の支配株主（当該上場会社の親会社を除く）および上記③にあたる者が議決権の過半数を自己の計算において所有している会社等および当該会社等の子会社（当該上場会社およびその子会社を除く）

18) 園田観希央「支配株主との重要な取引等に係る企業行動規範の実務上の留意点」商事法務1938号（2011年）35頁。

取締役会等で決定する場合には、通常は、企業行動規範の適用がある。

ただし、以下に定める場合には、「関連する場合」の範囲が限定されているため、注意する必要がある[19]。

図表 5-11：「関連する場合」の範囲

取引内容	「関連する場合」の範囲
・自己株式の取得 ・自己株式の公開買付け	支配株主その他施行規則で定める者からの取得を前提としている場合[20]に限る。
・上場会社またはその子会社等が行う公開買付け	上場会社もしくはその子会社が支配株主その他施行規則で定める者に対して行う公開買付け、または、上場会社もしくはその子会社が支配株主その他施行規則で定める者からの取得を前提として第三者株式に対して行う公開買付けに限る。
・公開買付け等に関する意見表明等	①支配株主その他施行規則で定める者が上場会社株式に対して行う公開買付け等に対する意見表明等、または、②第三者が支配株主その他施行規則で定める者からの取得を前提として上場会社株式に対して行う公開買付け等に対する意見表明等に限る。
・新製品または新技術の企業化 ・新たな事業の開始	主たる取引先として支配株主その他施行規則で定める者を見込んでいる場合に限る。
・ストック・オプションの付与	上場会社の親会社役員およびその近親者ならびに上場会社の支配株主（親会社を除く）およびその近親者が、上場会社の役職員を兼任している場合に、これらの者に対してストック・オプションを付与する場合を含む。

3　企業行動規範に定める手続の内容

(1)　手続の概要

企業行動規範に基づき支配株主との取引に係る所定の義務が課される場合に該当すると、上場会社は、以下に定める手続を行う必要がある。

---

19)　適時開示ガイドブック 653 頁。
20)　支配株主その他施行規則で定める者からの取得を「前提としている場合」とは、たとえば、市場外の相対取引により（会社法 160 条）、支配株主その他施行規則で定める者から、自己株式を取得する場合が考えられる（園田・前掲注 18) 38 頁）。

企業行動規範に定める手続
① 支配株主との間に利害関係を有しない者による、上場会社またはその子会社等による決定が少数株主にとって不利益なものでないことに関する意見の入手
② 必要かつ十分な適時開示

　上記2のとおり、企業行動規範に定める手続が必要となる対象取引は、いずれも上場会社が適時開示を行う必要があるもの（上場会社またはその子会社等の決定事実に該当するもの）であるため、②の適時開示については、上場規程に従って、適切な適時開示を行うことを述べている。支配株主との重要な取引等については、通常求められる開示事項に加えて、「支配株主との取引等に関する事項」の開示が必要となる。具体的には、以下の事項を記載する必要がある。

支配株主との取引等に関する事項
① 当該取引等が支配株主との取引である旨
② 支配株主との取引等を行う際における少数株主の保護の方針に関する指針との適合状況
③ 公正性を担保するための措置および利益相反を回避するための措置に関する事項
④ 当該取引等が少数株主にとって不利益なものでないことに関する、支配株主と利害関係のない者から入手した意見の概要

(2) 少数株主にとって不利益なものでないことに関する意見の入手
　(i) 支配株主との間に利害関係を有しない者
　「支配株主との間に利害関係を有しない者」の具体例として、東京証券取引所は、買収防衛策導入会社の実務において実施されている特別委員会に相当するような第三者委員会や、支配株主と利害関係のない社外取締役または社外監査役等が含まれる。このほか、過去事例においては、支配株主と利害関係のない算定機関、弁護士や法律事務所からの意見の入手を行っている事例も存する。
　ただし、支配株主との間に利害関係を有しないかどうかは、個別の事案ごとに判断する必要があるため、これらの者が常に「支配株主との間に利害関係を有しない者」に該当するとは限らない点に留意する必要がある。
　(ii) 意見の内容
　意見の内容は、支配株主との重要な取引等に関する決定が少数株主にとって不利益なものではないことに関して述べなければならない。また、少数株主の利益は、会社の利益とも株主の利益とも異なるため、留意する必要がある。意見の内容については、東京証券取引所は、具体例として、取引等の目的、交渉過程の手続（合併比率等に係る算定機関選定の経緯、決定プロセスにおける社外取締役または

社外監査役の関与等)、対価の公正性、上場会社の企業価値向上等の観点から総合的に検討を行ったうえで、当該決定が少数株主にとって不利益なものでないことについて言及していること等を指摘している。

また、複数の行為を行う取引等[21]の場合には、一連の行為を一体のものとみなして、意見を入手することで足りる。ただし、一連の行為とみなすことが適当でない場合にあっては、個々の行為に係る具体的な内容等を決定する際に、個別に意見を入手する必要がある。

さらに、東京証券取引所は、合併、会社分割、株式交換および株式移転等の組織再編行為に際して、支配株主と利害関係のない算定機関から対価の公正性等に関する評価(いわゆる「フェアネス・オピニオン」)を取得している場合や上場会社の子会社等がその意思決定に際して支配株主との利害関係を有しない者から意見の入手を行っている場合[22]は、意見を入手したものとして取り扱っている。また、上場会社が企業行動規範に基づく手続を実施したものとして取り扱っている[23]。

記載例
「当社は、利益相反を回避するための措置等として、○年○月○日に、支配株主との間で利害関係を有しない社外監査役○名(独立役員○名を含む)の全員により、当該資産の取得の目的、交渉過程、価格の公正性等の観点から総合的に検討したうえで、本取引が支配株主以外の少数株主にとって不利益となるものではないと判断する旨、次の意見を入手しております。」

(iii) 意見の入手の時期

意見の入手時期については、通常、重要な取引等を決定する日までに取得することが求められる。

ただし、かかる決定の際に、当該重要な取引等に係る条件の全部または一部が決まっていないため、適切な意見の形成が困難と認められる事情がある場合には、後日の条件決定の際に、「意見の入手」を行うことも認められる。この場合、上

---

21) たとえば、支配株主による公開買付けの実施後に、上場会社が全部取得条項付種類株式の取得等による少数株主のスクイーズ・アウトを行うことを予定している場合等があげられる(適時開示ガイドブック654頁)。
22) 子会社等が入手した意見をもって企業行動規範に基づく手続を実施したものとする場合には、その旨および当該子会社等が入手した意見の概要について、開示資料に適切に記載することが求められる(適時開示ガイドブック654頁)。
23) ただし、いずれの場合も、当該評価ないし当該意見が上場会社の少数株主にとって不利益でないことに係る内容を含んでいる必要がある(適時開示ガイドブック654頁)。

場会社は、当初の適時開示において、意見の入手が未了である旨および今後の見通しについて、記載する必要がある。

(iv) 第三者割当に係る遵守事項との関係

第三者割当については、第三者割当に係る企業行動規範（上場規程432条1号）が適用されるため、上場会社は、議決権の希薄化率が25％以上となる場合、または支配株主が異動する場合等の大規模増資において、経営者から一定程度独立した者による当該割当の必要性および相当性に関する意見の入手、または当該割当に係る株主総会決議等による株主の意思確認を行うこととなる。このような手続に基づき入手した意見において、当該第三者割当が少数株主にとって不利益なものでないことについて言及されている場合、東京証券取引所は、支配株主との間の重要な取引等の企業行動規範で求められている「意見の入手」を行ったものとして取り扱っている。したがって、別途、第三者割当に係る意見を入手する必要はない。

一方、第三者割当による議決権の希薄化率が25％未満であるため、第三者割当に係る意見の入手が不要である場合であっても、当該第三者割当により株式等の割当を受ける者が支配株主その他施行規則で定める者である場合には、上場会社は、支配株主との間の重要な取引等の企業行動規範に基づく意見を入手する必要がある。

IX コーポレート・ガバナンス報告書の固有の開示

> **ポイント**
> ● 上場会社は、上場規程施行規則の定めに従って、コーポレート・ガバナンス報告書を提出することによって、投資家に対して、コーポレート・ガバナンスへの取組み状況の提供を行う必要がある。

1 総論

上場会社は、コーポレート・ガバナンスに関する基本的な考え方等を記載したコーポレート・ガバナンス報告書を提出するとともに、その内容に変更が生じた場合、遅滞なく、変更内容について記載した書面を提出することが義務づけられている（上場規程419条、上場規程施行規則415条）。そして、このような報告書は、東京証券取引所により公衆の縦覧に供されることになる[24]（上場規程419条）。

2 記載要領

コーポレート・ガバナンス報告書に記載が求められる事項は、上場規程施行規

則において、以下のとおり定められている。

> **コーポレート・ガバナンス報告書記載事項**
> ① コーポレート・ガバナンスに関する基本的な考え方及び資本構成、企業属性その他の新規上場申請者に関する基本的な情報（支配株主を有する場合は、当該支配株主との取引等を行う際における少数株主の保護の方策に関する指針を含む。）
> ② コーポレートガバナンス・コード[25]に関する事項
> ③ 経営上の意思決定、執行及び監督に係る経営管理組織その他のコーポレート・ガバナンス体制の状況及び当該体制を選択している理由
> ④ 株主その他の利害関係者に関する施策の実施状況
> ⑤ 内部統制システムに関する基本的な考え方及びその整備状況（反社会的勢力排除に向けた体制整備に関する内容を含む。）
> ⑥ 独立役員の確保の状況
> ⑦ その他東京証券取引所が必要と認める事項

24）「コーポレート・ガバナンス情報サービス」より検索・閲覧が可能である。
25）最近では、平成30年6月1日付で、コーポレートガバナンス・コードの改訂等がなされている（東京証券取引所「コーポレートガバナンス・コードの改訂に係る有価証券上場規程の一部改正について」（平成30年6月1日））。

第6章　公開買付け

I　発行者以外の者による公開買付け

ポイント
- 上場会社の株券等の市場外・市場内立会外（ToSTNeT等）での買付け等により、一定以上の議決権比率を保有することになる場合には、公開買付けを実施することにより、不特定・多数の者に売却の機会を与えなければならない。
- 公開買付規制は、たび重なる法改正・実務上の解釈指針等が示されている結果、適用関係が複雑化しているため、買付け等後の議決権割合が5％や3分の1といった一定の閾値を超える場合には、慎重な検討が必要である。

1　公開買付規制の概要

　発行者以外の者が、上場会社の株券等を市場外で買付け等する場合であって、当該買付け等の後で、自らとその者と一定の関係にある者（特別関係者）の当該上場会社に対する議決権割合（株券等所有割合）が一定の閾値を超えるときは、法の定めた一定の適用除外事由に該当しない限り、法令の定める要件に従って、公開買付けを行わなければならない。このような規制を公開買付規制という。

　たとえば、ある上場会社の議決権の25％を保有する大株主Aが、当該上場会社の議決権の10％を保有する大株主Bから、その保有する株式すべてを相対で譲り受けることを予定している場合に、公開買付けの実施が必要となるかといった形で問題となる。

　ここで、公開買付けが必要となる一定の閾値は、買付けの態様によって異なるが、典型的には議決権割合（株券等所有割合）が3分の1を超える場合に問題となる。そのため、上記Aが、市場外で、上記Bが保有する上場会社の株券等を買い付ける取引を企図する場合、適用除外事由に該当しない限り、特定の株主との間での相対取引によることはできず、上場会社の株主に平等に応募の機会を与える必要が生じる。なお、3分の1を超える場合以外にも、5％を超える場合であって短期間に多数の者から取得するときは、公開買付規制の対象となる。市場外で上場会社の株券等を買い付ける場合に公開買付けが必要となる類型の概要は下記**図表6-1**を、また、その詳細は、下記**2**を参照のこと。なお、これらの類型

に該当する場合でも、一定の場合には公開買付規制の適用除外がある。その詳細は、下記3を参照のこと。

　また、公開買付規制の対象となるのは、典型的には上場会社の株式であるが、上場会社でない場合でも、株券等の発行者が株券等について有価証券報告書の提出義務を負っている場合等、一定の場合には当該発行者の株券等は公開買付規制の対象となる。さらに、創業者等の資産管理会社が上場会社の株式を保有している場合、当該資産管理会社の株式の取得が実質的には上場会社の買付け等の一形態にすぎないと認められる場合（当該資産管理会社が上場会社の株券等以外に保有する財産の価値、当該資産管理会社としての実態の有無等に照らして判断される）には、当該資産管理会社の株式の取得も公開買付規制に抵触する可能性がある（公開買付けQ&A問15（答））。

　なお、公開買付規制の対象となる「株券等」には、株券、新株予約権証券、新株予約権付社債券を含むが（金商法27条の2第1項、金商法施行令6条1項1号）、無議決権株式や無議決権株式を対象とする新株予約権はこれに含まれない（金商法施行令6条1項、他社株公開買付府令2条1号・2号）。なお、無議決権株式であっても、それと引換えに議決権を有する株式の交付を受ける取得請求権または取得条項が付されていれば「株券等」に該当する。

　以下、公開買付けが強制される場面を検討するが、公開買付規制は、たび重なる法改正の結果、適用関係が複雑であり、また、金融庁により、複数回にわたり公開買付けQ&Aが公表されている。さらに、法令の文言の形式的な検討にとどまらず、個別の事案の状況をふまえ、当該行為が公開買付規制の実質的な潜脱行為とならないかを検討する必要があるため、案件ごとに慎重な判断が求められる。

図表6-1：市場外の買付け等における公開買付けの要否

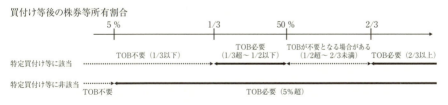

2　公開買付けが強制される場面

(1)　総論

公開買付けが強制される類型は以下のとおりである。

① 市場外の買付け等（61日間で10名以下の市場外における株券等の買付け等を

除く）により、株券等所有割合が5％を超える場合（「5％ルール」。下記(2)）
② 61日間で10名以下の市場外における株券等の買付け等を行う場合であって、当該買付け等により、株券等所有割合が3分の1を超える場合（「市場外3分の1ルール」。下記(3)）
③ 立会外取引による株券等の買付け等により、株券等所有割合が3分の1を超える場合（「立会外3分の1ルール」。下記(4)）
④ 3か月以内の株券等の取得により、株券等所有割合が3分の1を超える場合（①〜③に掲げる場合を除く。「急速買付け」。下記(5)）
⑤ 他者による公開買付期間中に、株券等所有割合が3分の1を超える株主が5％超の買付け等をする場合（下記(6)）
⑥ 上記のいずれかに準ずる取引（金商法27条の2第1項6号、金商法施行令7条7項1号・2号。下記(7)）

なお、金商法では、61日間で10名以下の市場外における株券等の買付け等を「特定買付け等」という（金商法施行令6条の2第1項4号）。
以下では、それぞれの類型の詳細を検討する。

(2) 5％ルールの場合（金商法27条の2第1項1号）
(i) 要件
5％ルールに基づき、公開買付けが必要となるのは、以下の各要件に該当する場合である。

① 取引所金融商品市場外における株券等の買付け等であること（下記(ii)(a)）
② 買付け等後の株券等所有割合が5％を超えること（下記(ii)(b)）
③ 61日間で、10名超からの買付け等であること（著しく少数の者から買付け等を行う場合でないこと）（金商法令6条の2第3項）（下記(ii)(c)）

たとえば、ある上場会社の株券等所有割合が4.0％である買付者が、同時期に、0.1％ずつ11名から市場外で当該上場会社の株式の買付けを行う場合（買付け後の株券等所有割合は5.1％となる）には、5％ルールに基づき、公開買付けが必要となる。

(ii) 各要件の分析
(a) 取引所金融商品市場外における株券等の買付け等であること
5％ルールに基づき、公開買付けが必要となるのは、取引所金融商品市場「外」における買付け等である。そのため、東京証券取引所に代表される、日本の金商法に基づく市場（取引所金融商品市場）（金商法2条17項）において上場会社の株式を取得することは、金商法27条の2第1項1号の規制対象とはならない。また、取引所金融商品市場「外」における買付け等であっても、私設取引システム（PTS）において上場有価証券の買付け等を行う場合（金商法施行令6条の2第2項

2号)および一定の外国金融商品市場における取引(同項3号)は、いずれも取引所金融商品市場における取引と同様の性格を有すると考えられていることから、金商法27条の2第1項1号の規制対象から除外されている[1]。ただし、これらの買付け等を行う場合であっても、買付け等後の株券等所有割合が3分の1を超える場合には、別途公開買付規制の対象となるため、留意が必要である(金商法27条の2第1項6号、金商法施行令7条7項1号)。

(b) 買付け等後の株券等所有割合が5％を超えること
　ア　株券等所有割合について

株券等所有割合(金商法27条の2第8項、他社株公開買付府令6条)は、買付者だけでなく、その特別関係者(金商法27条の2第7項、他社株公開買付府令3条2項)の株券等所有割合を合算して計算することとなる。ここで、株券等所有割合は、以下の算式で計算される。なお、算式において、特別関係者には、小規模所有者に該当する形式的基準による特別関係者は含まれない。

$$株券等所有割合 = \frac{買付者および特別関係者の議決権および潜在議決権数の合計}{総議決権の数と買付者および特別関係者の潜在議決権数の合計}$$

上の算式のとおり、新株予約権等に係る潜在議決権数は、買付者および特別関係者のもののみが算入され、他の株主・新株予約権者の所有する新株予約権等の潜在株式は算入されない。そのため、分母に潜在株式すべてを算入した場合に比して、株券等所有割合が高く算定されることとなる。

なお、上の算式において、①対象会社が所有する自己株式は、分母・分子とも議決権の数に含まれず、また、②いわゆる相互保有により議決権のない株式は、分母・分子とも議決権の数に含まれるものとして取り扱われる(公開買付けQ&A問30(答))。

　イ　特別関係者について

公開買付規制における「特別関係者」は、①資本関係、親族関係等の形式的基準に基づく特別関係者と②買付者との間での議決権行使等の合意をしている者である実質的基準に基づく特別関係者が存在する(金商法27条の2第7項)。

このうち、形式的基準に基づく特別関係者の範囲は、買付者が個人の場合と法

---

[1] 店頭売買有価証券市場において株券等の買付け等を行う場合(金商法施行令6条の2第2項1号)も同様に本号の規制対象から除外されているが、現在、店頭売買有価証券市場は存在しない。

人の場合で異なる。まず、買付者が個人の場合は、買付者の親族（配偶者ならびに一親等内の血族および姻族に限る。下記**図表6-2**を参照のこと）、買付者およびその親族が総株主等の議決権の20％以上を所有している法人等とその役員がこれに該当する（金商法施行令9条1項）。なお、このように議決権の20％以上を所有している関係を特別資本関係という（同項2号）。

ここで、役員とは、取締役、執行役、会計参与および監査役（理事および監事その他これらに準ずるものを含む）とされているため、取締役ではない執行役員は、役員には該当しない。

図表6-2：配偶者および一親等内の血族・姻族

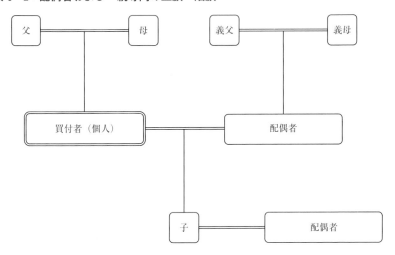

買付者が法人の場合、①買付者の役員、②買付者が特別資本関係を有する法人等およびその役員、③買付者に対して特別資本関係を有する個人および法人等ならびに当該法人等の役員が形式的基準に基づく特別関係者に該当する（金商法施行令9条2項）。このような形式的特別関係の範囲は、原則として、下記**図表6-3**の範囲となる。また、ある者が議決権の過半数を保有している法人等（被支配法人等）とあわせて、他の法人等に対して総議決権の20％以上を所有している場合、その者と当該他の法人等の間に特別資本関係が認められる。被支配法人等の関係については、下記**図表6-4**を参照のこと。ただし、実態のないペーパーカンパニーを用いて脱法的な行為を行う場合には、この範囲を超えて認定される可能性がある（公開買付けQ&A問3（答））。

次に、実質的基準に基づく特別関係者の範囲は、買付者との間で、以下のいずれかの事項を合意している場合がこれに該当する。なお、ここでの合意は、口頭

や黙示の合意も含まれる。

① 共同して株券等を取得または譲渡すること
② 共同して株券等の発行者の株主としての議決権等の権利を行使すること
③ 株券等の買付け等の後に相互に当該株券等を譲渡し、または譲り受けること

これらの合意の内容は、個別の事案ごとに慎重な検討が必要となる。たとえば、株主間で株式に関する先買権等、何らかの合意をする場合には、実質的に上記の合意に該当しないか、特に慎重に検討することとなる。

図表6-3：法人の形式的特別関係

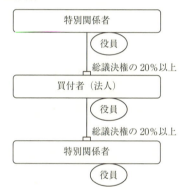

図表6-4：被支配法人等の関係

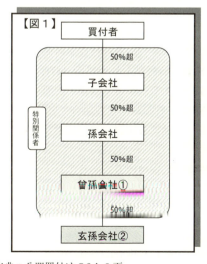
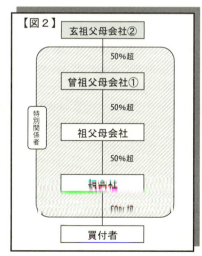

出典：公開買付けQ&A 3頁

(c)　61日間で、10名超からの買付け等であること（特定買付け等を行う場合でないこと）（金商法施行令6条の2第3項）

　10名の算定は、あくまで取引所金融商品市場「外」の買付け等を対象としている。

　また、取引所金融商品市場「外」買付け等であっても、①公開買付けによる買付け等、②私設取引システム（PTS）における上場有価証券の買付け等（金商法施行令6条の2第2項2号）および一定の外国金融商品市場における取引（同項3号）、③新株予約権の行使により行う買付け等、④株式の割当てを受ける権利を有する者がその権利行使を行うこと等（金商法施行令6条1項1号[2]から3号までおよび10号から15号までに掲げる場合）による買付け等の場合、その買付け等の相手方は10名という人数の算定にあたり考慮する必要はない。

　さらに、買付者と1年間継続して形式的基準による特別関係者にあった者は、この相手方から除外される（他社株公開買付府令3条3項）。

　この算定の結果、「61日間で10名以下」の市場外における株券等の買付け等と判断される場合には、下記(3)の要件への該当性が問題となる。このような株券等の買付け等を「特定買付け等」（金商法施行令6条の2第1項4号）という。

(3)　**市場外3分の1ルールの場合（金商法27条の2第1項2号）**

　(i)　**要件**

　市場外3分の1ルールに基づき、公開買付けが必要となるのは、以下の各要件に該当する場合である。

> ①　取引所金融商品市場外における株券等の買付け等であること（下記(ii)(a)）
> ②　買付け等後の株券等所有割合が3分の1を超えること（下記(ii)(b)）
> ③　特定買付け等を行う場合であること（下記(ii)(c)）

　たとえば、ある上場会社の株券等所有割合が30％である買付者が、他の大株主1名から市場外で5％の当該上場会社の株式の買付けを行う場合（買付け後の株券等所有割合は35％となる）には、市場外3分の1ルールに基づき、公開買付けが必要となる。さらに、株券等所有割合が35％である買付者の場合、0.1％の上場会社の株式の買付けを市場外で行う場合も、同様に公開買付けが必要となる。

　(ii)　**各要件の分析**

　(a)　取引所金融商品市場外における株券等の買付け等であること

　市場外3分の1ルールに基づき、公開買付けが必要となるのは、取引所金融商

---

2)　店頭売買有価証券市場において株券等の買付け等を行う場合（金商法施行令6条の2第2項1号）も、買付け等後の株券等所有割合が3分の1を超えない場合には同様の取扱いとなるが、現在、店頭売買有価証券市場は存在しない。

品市場「外」における買付け等である。また、取引所金融商品市場「外」における買付け等であっても、取引所金融商品市場における取引と同様の性格を有すると考えられている取引が規制対象から除外されているのは、金商法27条の2第1項1号と同様である。この要件の詳細は、上記(2)(ii)(a)の内容を参照のこと。

　(b)　買付け等後の株券等所有割合が3分の1を超えること

　株券等所有割合の算定方法の詳細は、上記(2)(ii)(b)の内容を参照のこと。

　(c)　特定買付け等を行う場合であること

　特定買付け等の要件の詳細は、上記(2)(ii)(c)の内容を参照のこと。そのため、5％ルールにおいて、特定買付け等を行う場合に該当し、買付け等後の株券等所有割合が5％を超えることが許容されたとしても、買付け等後の株券等所有割合が3分の1を超える場合には、市場外3分の1ルールに基づき、公開買付けを行う必要がある。

(4)　立会外取引3分の1ルールの場合（金商法27条の2第1項3号）

　(i)　要件

　立会外取引3分の1ルールに基づき、公開買付けが必要となるのは、以下の各要件に該当する場合である。

---

① 立会外取引による株券等の買付け等であること（下記(ii)(a)）
② 買付け等後の株券等所有割合が3分の1を超えること（下記(ii)(b)）

　たとえば、ある上場会社の株券等所有割合が30％である買付者が、他の大株主1名から、市場内取引である立会外取引により5％の当該上場会社の株式の買付けを行う場合（買付け後の株券等所有割合は35％となる）には、立会外取引3分の1ルールに基づき、公開買付けが必要となる。なお、立会外取引でない、一般的な市場内取引でのみ買付けを行う場合には、買付け後の株券等所有割合が3分の1を超える場合でも、立会外取引3分の1ルール（または、市場外3分の1ルール）に該当しない。ただし、金商法27条の2第1項5号の場合に留意が必要である。

　(ii)　**各要件の分析**

　(a)　立会外取引による株券等の買付け等であること

　立会外取引は、取引所金融商品市場における取引であるが、取引所金融商品市場外での相対取引に類似した態様で利用することも可能であることから、立会外取引のうち、相対取引と類似した態様で利用することもできるものが政令（平成17年7月0日金融庁告示第60号）で指定され、公開買付規制の対象となっている。具体的には、東京証券取引所のToSTNeT取引等がこれに該当する。なお、このような取引は、金商法27条の2第1項3号で、「特定売買等」と定義されている。

(b) 買付け等後の株券等所有割合が3分の1を超えること

株券等所有割合の算定方法の詳細は、上記(2)(ii)(b)の内容を参照のこと。

(5) 急速買付けの場合（金商法27条の2第1項4号）
(i) 要件

急速買付けに関する規制に基づき、公開買付けが必要となるのは、以下の各要件に該当する場合である。

---
① 3か月以内に、10％を超える株券等の取得（新規発行を含む）を行うこと（下記(ii)(a)）
② ①の株券等の取得のうち、株券等の総数の5％超の株券等の取得が特定売買等または取引所金融商品市場外における株券等の買付け等（公開買付けおよび適用除外買付け等を除く）を含むこと（下記(ii)(b)）
③ 取得後の株券等所有割合が3分の1を超えること（下記(ii)(c)）

金商法27条の2第1項4号に基づく公開買付けの要件については、公開買付けQ&A問5（答）で、以下のように図解されている。

図表6-5：急速買付けの場合に公開買付けが必要となる場合の要件

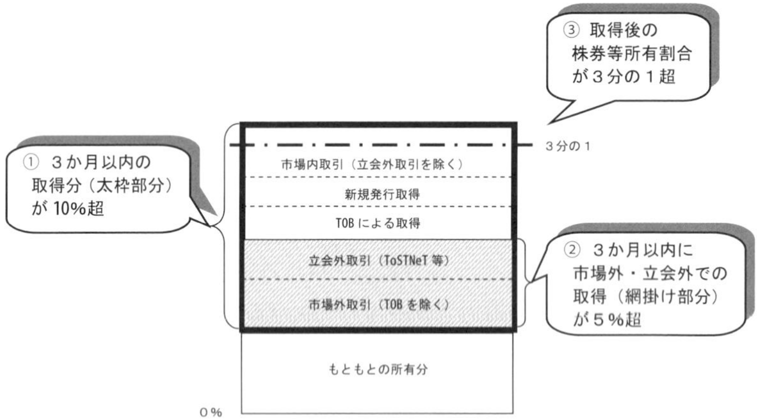

出典：公開買付けQ&A 5頁

たとえば、株券等所有割合が25％である買付者が、4月1日に市場内取引である立会外取引で6％の株式を取得し（この時点では、株券等所有割合が3分の1を超えていないため、立会外取引3分の1ルールにおいても、公開買付けは不要である）、さらに、6月1日に市場内取引によって5％の株式を取得する場合（取得後の株券等所有割合は36％となる）には、買付者は市場内取引しか行わないものの、急速

Ⅰ　発行者以外の者による公開買付け　159

買付けに関する規制に基づき、公開買付けが必要となる。この場合、買付者は、6月1日から公開買付けを実施しても、急速買付けに該当してしまうことから、4月1日の株式の取得の段階から公開買付けを行うことが求められる。

(ⅱ)　**各要件の分析**
(a)　3か月以内に、10％を超える株券等の取得を行うこと

まず、3か月という期間は、買付け等を行う日の前後3か月が問題となるため、過去のみならず、将来における株券等の取得の可能性についても慎重に考慮する必要がある。

次に、10％を超える株券等の取得は、①株券等の買付け等または②新規発行取得による取得をいう。ここで、①株券等の買付け等は、取引所金融商品市場の「内」「外」を問わず、また、公開買付けも含まれる。そのため、すでに下記(b)の要件に該当する株券等の買付け等を行っている場合には、その後に公開買付けを行うことが制約される場合があるため、留意が必要である。

また、10％という株券等所有割合は、金商法27条の2第1項4号では買付者の取得分のみで判断される（他社株公開買付府令4条の2第1項・2項）が、下記(7)の金商法27条の2第1項6号により、実質的基準に基づく特別関係者の取得を合算して判断する必要が生じる（金商法施行令7条7項2号）ことに留意が必要である。

(b)　(a)の株券等の取得のうち、株券等の総数の5％超の株券等の取得が特定売買等または取引所金融商品市場外における株券等の買付け等（公開買付けおよび適用除外買付け等を除く）を含むこと

「特定売買等」とは、東京証券取引所のToSTNeT取引等をいうが、詳細は、上記(4)(ⅱ)(a)を参照のこと。また、取引所金融商品市場「外」における株券等の買付け等については、上記(2)(ⅱ)(a)の内容を参照のこと。なお、取引所金融商品市場「外」における買付け等であっても、取引所金融商品市場における取引と同様の性格を有すると考えられている取引が規制対象から除外されているのは、金商法27条の2第1項1号と同様である。

「適用除外買付け等」は、下記3を参照のこと。

また、5％という株券等所有割合は、金商法27条の2第1項4号では買付者の取得分のみで判断される（他社株公開買付府令4条の2第1項・2項）が、上記(a)の10％の要件と同様、下記(7)の金商法27条の2第1項6号により、実質的基準に基づく特別関係者の取得を合算して判断する必要が生じる（金商法施行令7条7項2号）ことに留意が必要である。

(c)　取得後の株券等所有割合が3分の1を超えること
株券等所有割合の算定方法の詳細は、上記(2)(ⅱ)(b)の内容を参照のこと。

(6) 他者による公開買付期間中に、株券等所有割合が3分の1を超える株主が5％超の買付け等をする場合（金商法27条の2第1項5号）
　(i) 要件
　金商法27条の2第1項5号に基づき、公開買付けが必要となるのは、以下の各要件に該当する場合である。

> ① 他の買付者による公開買付期間中であること（下記(ii)(a)）
> ② 当該株券等の株券等所有割合が3分の1を超えている株主により行われること（下記(ii)(b)）
> ③ 当該株券等の5％を超える買付け等をすること（下記(ii)(c)）

　たとえば、上場会社に対し、第三者が公開買付けを行っているときに、当該上場会社の大株主であり、株券等所有割合が35％である大株主が6％の株式を立会外取引ではない市場内取引によって取得する場合（取得後の株券等所有割合は41％となる）、当該大株主は市場内取引しか行っていないものの、金商法27条の2第1項5号に基づき、公開買付けを行う必要がある。

　(ii) 各要件の分析
　　(a) 他の買付者による公開買付期間中であること
　公開買付期間中とは、他の買付者の公開買付届出書に記載された当該株券等の買付け等の期間の開始日から当該期間の終了の日までである（金商法施行令7条5項）。
　この期間は、当該他の買付者が当初提出した公開買付届出書に記載された期間であるため（金商法施行令7条5項）、公開買付期間の延長がなされた場合であっても、当該延長された期間での買付け等は、金商法27条の2第1項5号の対象とされていない。
　　(b) 当該株券等の株券等所有割合が3分の1を超えている株主により行われること
　株券等所有割合の算定方法の詳細は、上記(2)(ii)(b)の内容を参照のこと。
　　(c) 当該株券等の5％を超える買付け等をすること
　金商法27条の2第1項5号の計算において、5％という株券等所有割合は、同項4号の場合と異なり、買付者だけでなく、その特別関係者による買付け等も含まれる（金商法施行令7条6項、他社株公開買付府令4条の2第3項1号）。
　また、金商法27条の2第1項5号の買付け等は、取引所金融商品市場の「内」「外」を問わず、また、適用除外買付け等も5％の算定に含まれる。一方で、あくまで買付け等を対象としていることから、同項4号の場合と異なり、新規発行取得は含まれない。

(7) 上記(2)ないし(6)に準ずる取引（金商法27条の2第1項6号、金商法施行令7条7項1号・2号）

(i) 要件

金商法27条の2第1項6号に基づき、公開買付けが必要となるのは、以下のいずれかの類型に該当する場合である。

---
① 金商法施行令7条7項1号の場合（下記(ii)(a)）
　・ 私設取引システム（PTS）における上場有価証券の買付け等（金商法施行令6条の2第2項2号）または一定の外国金融商品市場における取引（同項3号）であること
　・ 買付者の当該株券等の株券等所有割合が3分の1を超えること
② 金商法施行令7条7項2号の場合（下記(ii)(b)）
　・ 実質的基準に基づく特別関係者の株券等の取得を買付者の行為とみなして急速買付けの規定を適用した場合にこれに該当すること

たとえば、買付者（X）と議決権の行使について合意している者（実質的基準に基づく特別関係者。Y）の株券等所有割合が合計で25％である場合に、Yが、4月1日に市場内取引である立会外取引で6％の株式を取得し、その後、Xが、6月1日に市場内取引によって5％の株式を取得する場合（取得後の株券等所有割合は合計で36％となる）、かかる取引には、金商法27条の2第1項6号に基づき、公開買付けが必要となる。この場合、6月1日から公開買付けを実施しても、公開買付規制に違反してしまうため、4月1日の株式の取得の段階から公開買付けを行うことが求められる。

(ii) 各類型の分析

(a) 金商法施行令7条7項1号の場合

私設取引システム（PTS）における上場有価証券の買付け等および一定の外国金融商品市場における取引は、取引所金融商品市場「外」における買付け等であるが、取引所金融商品市場における取引と同様の性格を有すると考えられているため、取引所金融商品市場「内」の取引と同様、公開買付規制の規制対象から除外されている。

しかしながら、金商法施行令7条7項1号により、買付者の株券等所有割合が3分の1を超える場合には、いずれの取引も公開買付規制の規制対象となる。なお、規制対象となるのは、買付者の株券等所有割合が3分の1を超える場合であり、特別関係者の株券等所有割合は加算されない。

(b) 金商法施行令7条7項2号の場合

実質的基準に基づく特別関係者については、上記(2)(ii)(b)を参照のこと。

また、実質的基準に基づく特別関係者となるためには、議決権の行使等につい

て合意することが必要になるが、当該合意の前に一方当事者により行われた株券等の取得が、他方当事者の株券等の取得とみなされることはない（公開買付けQ&A問23（答））。ただし、どの時点で当該合意がなされたかは、形式的な書面の作成時期等により判断するのではなく、事実関係の実態に照らして判断するものとされ、実際には何らかの合意が先行している場面も多いと思われる。

3 公開買付けが不要となる場面

(1) 総論

上記2に記載した類型に該当し、原則として公開買付けを行うことが必要な場合であっても、一定の場合には、「適用除外買付け等」として、公開買付規制の適用除外となる（金商法27条の2第1項ただし書、金商法施行令6条の2第1項各号）。適用除外となる類型は、多岐にわたるが、①権利行使等に伴う買付け等、②グループ会社内での特定買付け等、③25名未満の総株主の同意がある場合の特定買付け等、④その他の類型といった区分が可能である[3]。

(2) 権利行使等に伴う買付け等

新株予約権の行使により、株式の交付（自己株式の処分）を受ける場合、その行為は株券等の買付け等に該当するが、そのような新株予約権の行使による株券等の取得は、新株予約権の取得をした時点で、すでに株券等所有割合の計算上考慮されている[4]ことから、かかる類型は公開買付規制の適用除外とされている。

新株予約権の行使のほか、取得請求権付株式を有する株主の請求、取得条項付株式の取得条項に定められた取得事由の発生等も同様の状態にあることから、すでに保有している権利の行使等に伴う買付け等は、公開買付規制の適用除外となっている。

(3) グループ会社内での買付け等

グループ会社内で株式の移動が生じる場合には、支配関係に変動はないことから、公開買付規制の適用除外とされている。具体的には、①1年以上継続して形式的基準に基づく特別関係者の関係にある者からの買付け等（金商法27条の2第1項ただし書）、②1年以上継続して、買付者の兄弟法人等から行う特定買付け等（金商法施行令6条の2第1項5号）、③1年以上継続して買付者の関係法人等である者で、買付者と当該関係法人等が合計で総株主等の議決権の数の3分の1超を有している場合の当該関係法人等からの株券等の特定買付け等（同項6号）がこ

---

3) 池田＝大来＝町田46頁。
4) 池田＝大来＝町田39頁。

れに該当する。「特定買付け等」とは、61日間で10名以下の者から行う買付け等をいうが、その詳細は、上記(2)(ii)(c)を参照のこと。

　ここで、「兄弟法人等」とは、親法人等が、各兄弟法人等の総株主等の議決権の数の50％超を所有している場合をいう。そのため、会社法上の親会社が共通であっても、兄弟法人等に該当しない場合がある。

　また、「関係法人等」の範囲は下記**図表 6-6** を参照のこと。関係法人等には、形式的基準に基づく特別関係者および兄弟法人等として公開買付規制の適用除外を受けられる者も含まれている。そのため、金商法施行令 6 条の 2 第 1 項 6 号により固有に除外対象となる類型は、叔父・叔母法人等および甥・姪法人等に該当する者からの買付け等に限られる。

図表 6-6：関係法人等

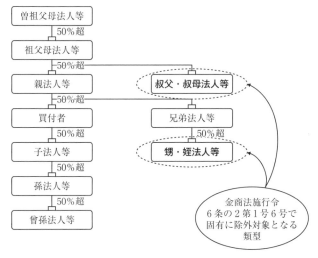

(4) 25名未満の総株主の同意がある場合の特定買付け等

　特定買付け等の対象となる株券等の所有者が25名未満の場合において、当該株券等の特定買付け等を公開買付けで行わないことにつき、当該株券等のすべての所有者が同意している場合として定められている一定の要件を満たす場合（金商法施行令 6 条の 2 第 1 項 7 号、他社株公開買付府令 2 条の 5）の特定買付け等は、公開買付規制の適用除外となる。一定の要件とは、特定買付け等を公開買付けによらないで行うことについて、特定買付け等の対象となる株券等のすべての所有者が書面で同意していることである。ただし、当該特定買付け等後の買付者およびその実質的基準に基づく特別関係者の株券等所有割合が 3 分の 2 以上であって、当該特定買付け等の対象とならない株券等がある場合には、当該対象外の株

券等に係る種類株主総会の決議が行われていること、または、当該対象外の株券等のすべての所有者が25名未満で、かつ、特定買付け等を公開買付けによらないで行うことについて書面で同意していることを要するという要件が追加される。

(5) その他の類型

公開買付規制の適用除外となる類型は、上記に限られない。株券等所有割合が50％を超えている場合に、買付け等後の株券等所有割合が3分の2未満の範囲で行われる特定買付け等（金商法施行令6条の2第1項4号）、担保権の実行による特定買付け等（同項8号）、発行者の役員持株会や従業員持株会を通じて行う所定の買付け等（同項13号、他社株公開買付府令2条の6）等が存在する。

4 公開買付けを実施する場合の流れ

(1) 公開買付けの準備

公開買付けを行う場合、スキームの検討、独占禁止法や外為法等、各種法令上の手続の検討等を行うとともに、下記(2)に記載する各書面の作成を行うこととなる。このなかでも、公開買付けの開始に係るプレスリリースや公開買付届出書については、それぞれ金融商品取引所や関東財務局と事前相談を行うこととなるため、各書類を作成する際には、事前相談に先立って、その概要を確定する必要がある。

(2) 公開買付けに必要となる書類およびスケジュール

公開買付けに必要となるプレスリリースや公開買付届出書等の流れは、おおむね下記**図表6-7**のとおりである。

図表6-7：公開買付けのスケジュール例

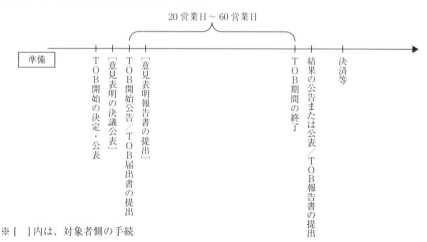

※[ ]内は、対象者側の手続

5　公開買付けを実施する場合の留意点

(1)　別途買付けの禁止

　公開買付者等は、公開買付期間（公開買付開始公告を行った日から買付け等の期間の末日までをいい、延長後の期間を含む）中は、原則として公開買付けによらないで対象となる株券等の買付け等をすることは禁止されている（金商法27条の5）。

　「公開買付者等」には、公開買付者自身だけでなく、公開買付者の特別関係者等が含まれるため、公開買付者は、公開買付期間中に子会社やその役員等が株券等の買付け等を行わないよう、注意を喚起することになる。さらに、役員持株会による買付け等も別途買付禁止の例外には該当しないため、原則として、役員持株会による買付けを停止する必要がある。

　さらに、米国証券法の適用を受ける場合、米国証券法の別途買付禁止の期間や範囲は、日本法のそれと異なる（日本法よりも広範な部分がある）ため、米国証券法についても確認を要する。

(2)　買付条件等の変更

　応募株主に不利となるような公開買付けに係る買付条件等の変更は禁止されている（金商法27条の6第1項）。具体的には、①買付け等の価格の引下げ、②買付予定の株券等の数の減少、③買付け等の期間の短縮、④買付予定の株券等の数の下限（もしあれば）の増加、⑤60営業日を超えて買付期間を延長すること等がこれに該当する。詳細は以下のとおりである。

（金商法27条の6第1項）
一　買付け等の価格の引下げ（公開買付開始公告及び公開買付届出書において公開買付期間中に対象者が株式の分割等を行ったときは法令で定める基準に従い買付け等の価格の引下げを行うことがある旨の条件を付した場合に行うものを除く。）
二　買付予定の株券等の数の減少
三　買付け等の期間の短縮
四　その他政令で定める買付条件等の変更

（金商法施行令13条2項各号）
一　応募株券等の数の合計が買付予定の株券等として公開買付開始公告及び公開買付届出書において記載された数に満たないときは、応募株券等の全部の買付け等をしないという条件を付した場合において、公開買付開始公告及び公開買付届出書において記載された数を増加させること。ただし、公開買付開始公告を行った後に、当該公開買付者、その特別関係者及び対象者以外の者が、当該対象者の発行する株券等について、公開買付開始公告又は買付予定の株券等の数を増加させる買付条件の変更の公告若しくは公表（法令の規定による公告又は公表をいう。）を行い、公開買付けを行っている場合については、この限りでない。

二　買付け等の期間を60日（行政機関の休日の日数を除く。）を超えて延長すること。ただし、次に掲げる場合の区分に応じ、次に定める期間延長する場合は、この限りでない。
　　イ　法令の規定により買付け等の期間を延長しなければならない場合　法令の規定により延長しなければならない期間
　　ロ　公開買付期間中に、当該公開買付者及びその特別関係者以外の者が、対象者の発行する株券等について、公開買付開始公告又は買付け等の期間を延長する買付条件の変更の公告若しくは公表を行った場合　当該公開買付期間の末日の翌日から当該公開買付開始公告又は当該変更の公告若しくは公表に係る公開買付期間の末日までの日数以内の期間
　三　買付け等の対価の種類を変更すること。ただし、応募株主等が選択することができる対価の種類として新たな対価の種類を追加するものについては、この限りでない。
　四　公開買付け等の撤回等をすることがある旨の条件を付した場合において、当該条件の内容を変更すること。

(3) 公開買付けの撤回等

　公開買付者は、公開買付開始公告をした後は、原則として公開買付けの撤回等をすることはできない（金商法27条の11第1項本文）。撤回を幅広く認めた場合、安易に公開買付けが行われ、株主・投資家の立場を不安定にするとともに、株価操作等につながるおそれも生ずることが理由とされている[5]。もっとも、公開買付けの撤回を一切認めないと、不測の事態が生じた場合、公開買付者に不相当に過大なリスクを負わせることになりかねない。そこで、公開買付けの撤回等の禁止には、一定の例外が認められている。

　（i）対象者に関する撤回事由
　　(a)　対象者またはその子会社の決定事項（金商法施行令14条1項1号）
　対象者またはその子会社が、以下に掲げる事項を行うことを決定したことは、公開買付けの撤回事由とすることができる。ただし、これらの事由が公開買付開始公告を行った日後に公表された場合に限られる。また、以下の事由に該当するものであっても、所定の軽微基準に該当する場合には、撤回事由とならない（金商法施行令14条1項ただし書、他社株公開買付府令26条1項）。

---

5)　池田＝大来＝町田80頁。

（金商法施行令14条1項1号）
イ　株式交換
ロ　株式移転
ハ　会社の分割
ニ　合併
ホ　解散（合併による解散を除く。）
ヘ　破産手続開始、再生手続開始又は更生手続開始の申立て
ト　資本金の額の減少チ　事業の全部又は一部の譲渡、譲受け、休止又は廃止
リ　金融商品取引所に対する株券等の上場の廃止に係る申請
ヌ　認可金融商品取引業協会に対する株券等の登録の取消しに係る申請
ル　預金保険法第74条第5項の規定による申出
ヲ　株式又は投資口の分割
ワ　株式若しくは新株予約権の割当て（新たに払込みをさせないで行うものに限る。）又は新投資口予約権の割当て
カ　株式、新株予約権、新株予約権付社債又は投資口の発行（ヲ及びワに掲げるものを除く。）
ヨ　自己株式（会社法第113条第4項に規定する自己株式をいう。）の処分（ワに掲げるものを除く。）
タ　既に発行されている株式について、会社法第108条第1項第8号又は第9号に掲げる事項について異なる定めをすること。
レ　重要な財産の処分又は譲渡
ソ　多額の借財
ツ　イからソまでに掲げる事項に準ずる事項で公開買付者が公開買付開始公告及び公開買付届出書において指定したもの

(b)　買収防衛策の維持等（金商法施行令14条1項2号、他社株公開買付府令26条2項）

　対象者が、以下に掲げる事項を行うことを決定したことは、公開買付けの撤回事由とすることができる。これらの撤回事由は、買収防衛策を導入する会社の増加に伴い設けられたものであり、すでに導入されている買収防衛策の維持が撤回事由となる。ただし、公開買付開始公告を行った日以後に公表された場合に限られる。

（金商法施行令14条1項2号）
イ　公開買付開始公告をした日において、対象者の業務執行を決定する機関が当該公開買付けの前に当該公開買付者の株券等所有割合を10％以上減少させることとなる新株の発行その他の行為（当該公開買付けに係る買付け等の期間の末日後に行うものに限る。）を行うことがある旨の決定を既に行っており、かつ、当該決定の内容を公表している場合　当該決定を維持する旨の決定
ロ　公開買付開始公告をした日において、対象者又はその子会社が会社法第108条第1項第8号又は第9号に掲げる事項について異なる定めをした内容の異なる

二以上の種類の株式に係る株券等を発行している場合　当該異なる定めを変更しない旨の決定

　(c)　対象者に関する発生事実（金商法施行令14条1項3号）

　対象者に、以下に掲げる事実が発生したことは、公開買付けの撤回事由とすることができる。これらの撤回事由のうち、イ、ハ、ホおよびトについては、公開買付者およびその特別関係者によって行われた場合は除外される。また、公開買付開始公告を行った日以後に発生したものに限られる。さらに、以下の事由に該当するものであっても、所定の軽微基準に該当する場合には、撤回事由とならない（金商法施行令14条1項ただし書、他社株公開買付府令26条3項）。

（金商法施行令14条1項3号）
イ　事業の差止めその他これに準ずる処分を求める仮処分命令の申立てがなされたこと。
ロ　免許の取消し、事業の停止その他これらに準ずる行政庁による法令に基づく処分がなされたこと。
ハ　当該対象者以外の者による破産手続開始、再生手続開始、更生手続開始又は企業担保権の実行の申立て（以下「破産手続開始の申立て等」という。）がなされたこと。
ニ　手形若しくは小切手の不渡り（支払資金の不足を事由とするものに限る。）又は手形交換所による取引停止処分（以下「不渡り等」という。）があったこと。
ホ　主要取引先（前事業年度における売上高又は仕入高が売上高の総額又は仕入高の総額の10％以上である取引先をいう。）から取引の停止を受けたこと。
ヘ　災害に起因する損害
ト　財産権上の請求に係る訴えが提起されたこと。
チ　株券の上場の廃止（当該株券を上場している全ての金融商品取引所において上場が廃止された場合に限る。）
リ　株券の登録の取消し（当該株券を登録している全ての認可金融商品取引業協会において登録が取り消された場合（当該株券が上場されたことによる場合を除く。）に限る。）
ヌ　イからリまでに掲げる事実に準ずる事実で公開買付者が公開買付開始公告及び公開買付届出書において指定したもの

　(d)　行政庁の許認可が得られなかった場合（金商法施行令14条1項4号）

　株券等の取得につき他の法令に基づく行政庁の許可、認可、承認その他これらに類するものを必要とする場合において、公開買付期間の末日の前日までに、そのような許認可等を得られなかったことは、公開買付けの撤回事由とすることができる。実務上記載されることが多い許認可等として、独占禁止法、海外の競争法、外為法に基づく許認可等がある。

(e) 議決権制限株式を利用した買収防衛策の維持等（金商法施行令14条1項5号、他社株公開買付府令26条4項）

公開買付けの後において公開買付者およびその特別関係者が株主総会において議決権を行使することができる事項を変更させることとなる株式の交付その他の行為（当該公開買付けに係る買付け等の期間の末日後に行うものに限る）を行うことがある旨の決定を対象者の業務執行を決定する機関が行っており、かつ、当該決定の内容を公表している場合であって、当該機関が当該決定を維持する旨の決定（公開買付開始公告を行った日以後に公表されたものに限る）をしたことは、撤回事由とすることができる。

(ii) 買付者に重要な事情の変更が生じた場合（金商法施行令14条2項）

買付者において、破産手続開始の決定等の重要な事情の変更が生じた場合にも、公開買付けの撤回等が認められる。具体的には、以下の事由が該当する。

（金商法施行令14条2項）
一　死亡
二　後見開始の審判を受けたこと。
三　解散
四　破産手続開始の決定、再生手続開始の決定又は更生手続開始の決定を受けたこと。
五　当該公開買付者及びその特別関係者以外の者による破産手続開始の申立て等がなされたこと。
六　不渡り等があったこと。

---

(4) 買付け等を行う株券等の数の上限・下限と全部買付義務

公開買付けを行う場合、買付け等を行う株券等の数に関し、上限および下限を設定することができる（金商法27条の13第4項各号）。買付け等を行う株券等の数に下限を設定した場合、応募株券等の数の合計が当該下限に達しないときは、当該応募株券等の全部の買付け等をしないことができる。たとえば、少なくとも議決権の過半数の買付けを行いたい場合に、総株主の議決権の数の51％を下限とすること等が考えられる。

また、買付け等を行う株券等の数の上限を設定した場合、応募株券等の数の合計が上限を超過したときは、その超過部分の全部または一部の買付け等をしないことができる。しかしながら、買付け等後の株券等所有割合が3分の2以上となるときは、かかる上限を設定することはできない。この株券等所有割合は、買付者およびその特別関係者（小規模所有者に該当する形式的基準に基づく特別関係者を除く）の株券等所有割合を加算したものによって判断されることとなる（金商法27条の13第4項かっこ書）。

II 発行者による自己株式の取得（公開買付けを含む）

ポイント
- 上場会社が、自らの株式を取得する場合にも公開買付けの手続が必要となる場面がある。

　会社法上、発行会社は、株主との合意により、自らの株式を取得することが認められている。具体的な自己株式の取得方法は、下記**図表6-8**のとおりである。

図表6-8：上場会社による自己株式の取得方法

自己株式の取得方法	上場株券等の取得での利用の可否
ミニ公開買付け（会社法158条、159条）	×
株主総会の特別決議による取得（会社法160条）	○
子会社の有する発行会社株式の取得（会社法163条）	○
市場内買付け（会社法165条） （立会取引、ToSTNet-2、ToSTNet-3等）	○
自社株公開買付け（会社法165条）	○

　発行会社自身が自らの株券等を取得する際も、一定の場合には公開買付けが必要となる。具体的には、発行会社が、①上場株券等について、②取引所金融商品市場外で買付け等をする場合に公開買付けが必要となる。
　まず、①上場株券等とは、典型的には、金融商品取引所に上場されている株券をいう（金商法24条の6第1項、金商法施行令4条の3）。そのため、新株予約権や上場していない種類株式の買付け等を行う場合、発行会社は、公開買付けを行う必要はない。
　次に、②取引所金融商品市場外での買付け等が対象となるため、ToSTNeT取引を含め、市場内の取引については、公開買付けを行う必要はない。この点、発行会社以外の者に対する公開買付規制の場合、ToSTNeT取引等の立会外取引については、金商法27条の2第1項3号等で一定の場合には公開買付けが求められていることと対照的である。市場「外」の買付け等のうち、公開買付けが必要となるのは、次の2つの場合である。

① 株主総会の決議（定款の規定により取締役会決議により自己株式を取得できる旨を定めた会社における取締役会の決議）に基づく株式の買付け等または投信法の規定に基づく投資口の買付け等（会社法160条1項に規定する会社法158条1項の規定による特定株主からの取得の通知を行う場合を除く）
② 上場株券等の発行者が外国会社である買付け等のうち、当該買付け等に関する事項を新聞もしくは雑誌に掲載し、または文書、放送、映画その他の方法を用いることにより多数の者に知らせて行う買付け等（金商法27条の22第1項2号、金商法施行令14条の3の2第3項）。

そのため、株主総会の特別決議により特定の者から相対で取得する旨を定めて取得する場合を除き、会社法上認められている自己株式の取得が市場外で行われる場合には、公開買付けを行うことが必要となる。

なお、子会社が有する上場株券等につき、自己株式の取得を行う場合には、公開買付けを行う必要はないと解されている[6]。

---

6) 長島・大野・常松法律事務所編『公開買付けの理論と実務〔第3版〕』（商事法務、2016年）404頁、証券法研究会編『金商法体系Ⅰ　公開買付け(2)』（商事法務、2012年）469頁等。

第7章　大量保有報告制度

I　大量保有報告制度の概略

1　概要

　大量保有報告制度とは、上場会社等が発行する株券等の保有割合（以下「株券等保有割合」という）が5％を超えた場合、当該株券等の保有者（大量保有者）が、大量保有者となった日（報告義務発生日）の翌営業日（土日、祝日および12月29日から1月3日までを除く日をいう）から5営業日以内に、大量保有報告書を管轄財務局長等に対して提出しなければならないという制度である（金商法27条の23第1項）。

　大量保有報告制度のもと、大量保有者が提出しなければならない報告書は、以下の3種類である（以下の大量保有報告書、変更報告書および訂正報告書を総称して「大量保有報告書等」という）。

図表7-1：大量保有報告書等

No.	報告書名	提出要件
1	大量保有報告書	株券等保有割合が5％を超えた場合
2	変更報告書	直前に提出した大量保有報告書または変更報告書の記載から、株券等保有割合の1％以上の変更、または記載内容に重要な事項の変更があった場合
3	訂正報告書	記載内容に訂正が必要な場合

2　違反時の効果

　大量保有報告書等の提出義務に違反した場合、**第12章**のとおり、刑事罰や課徴金といった制裁の対象となりうるが、保有の有効性に影響はなく、保有する株式に係る権利（議決権、剰余金分配請求、残余財産請求権等）も行使可能である。

Ⅱ 大量保有報告書

> **ポイント**
> - 大量保有報告書を提出する必要があるかは、①その保有する株券等が、「上場会社等」が発行する「株券等」に該当するか、②当該株券等についての「保有者」および「共同保有者」の「保有割合」が5％を超えるかについて検討する必要がある。
> - 大量保有報告書を提出する必要がある場合には、提出者が大量保有者となった日（報告義務発生日）の翌営業日から起算して5営業日以内に、大量保有府令第1号様式により大量保有報告書を作成したうえ、原則として、EDINET（電子開示システム）により提出しなければならない。

1 大量保有報告書の提出の要否

大量保有報告書を提出しなければならないのは、上記のとおり、上場会社等が発行する株券等の保有割合が5％を超えた場合である。

以下では、大量保有報告書の提出の要否を検討するうえで、必要となる概念である①上場会社等、②株券等、③保有割合について、個別に詳述する。

(1) 上場会社等

大量保有報告制度の対象となる発行体は、日本の市場に上場されている下記図表7-2に掲げる株券関連有価証券（金商法27条の23第1項、金商法施行令14条の4第1項）の発行者である法人（以下「上場会社等」といい、これには外国法人も含まれる）である。

図表7-2：株券関連有価証券

株券関連有価証券	① 株券 ② 新株予約権証券、新株予約権付社債券 ③ 外国の者の発行する①および②の性質を有するもの（国内の金融商品取引所に上場されている場合に限る） ④ 投資証券等（例：J-REIT） 　投信法に規定する投資証券のみならず、外国投資証券で投資証券に類する証券も含まれる。 ⑤ 新投資口予約権証券 ⑥ JDR（Japan Depositary Receipt：日本版預託証券）等の有価証券信託受益証券（ETF（Exchange Traded Fund：上場投資信託）は除く）で、①～⑤を受託有価証券とするもの

	⑦　日本株ADR（American Depositary Receipt：米国預託証券）等の外国預託証券で、①～⑤に係る権利を表示するもの

(2) 株券等

　大量保有報告制度の対象となる株券等は、上場会社等の発行する「対象有価証券」であり、JDR等の「対象有価証券に係る権利を表示する有価証券」も含まれる（金商法27条の23第1項・2項、金商法施行令14条の4の2、14条の5の2）。

　「対象有価証券」および「対象有価証券に係る権利を表示する有価証券」の詳細は、下記**図表7-3**のとおりである。

図表7-3：株券等

対象有価証券	①　株券 　以下の株式を含むが、(ア)完全無議決権株式で、かつ(イ)議決権のある株式に転換できないもの、は含まない（金商法施行令6条1項、大量保有府令3条の2）。 　(A)　議決権が一部制限されている議決権制限株式 　(B)　議決権付株式が交付される取得条項付または取得請求権付株式 　(C)　単元未満株式 　(D)　相互保有株式（会社法308条1項かっこ書） 　(E)　自己株式 ②　新株予約権証券、新株予約権付社債券（ただし、新株予約権として、議決権のない株式のみを取得する権利のみ付与されている場合を除く） ③　外国の者が発行する上記①および②の有価証券の性質を有する証券または証書 ④　投資証券等 ⑤　新投資口予約権証券等
対象有価証券に係る権利を表示する有価証券	⑥　対象有価証券の売買に係るオプションを表示するカバードワラント（ただし、オプションを行使することにより、当該行使者が対象有価証券の売買において買主としての地位を取得するものに限る） ⑦　対象有価証券を受託有価証券とする有価証券信託受益証券（例：JDR） ⑧　対象有価証券に係る権利を表示する外国預託証券（例：日本株ADR） ⑨　対象有価証券（社債券を発行した会社以外の会社が発行したものに限る）に交換可能な旨の特約が付されている社債券（社債券の保有者が当該社債券の発行会社に対して対象有価証券による償

| | 還を請求できる権利を有しているものに限る。また、新株予約権付社債券を除く。EB債：他社株転換可能債）
⑩　外国の者が発行する上記⑨の性質を有する証券または証書 |

「対象有価証券」および「対象有価証券に係る権利を表示する有価証券」の概念に関して、特に留意すべき点は以下のとおりである。

> ①　「対象有価証券に係る権利を表示する有価証券」については、当該有価証券の発行者ではなく、「対象有価証券」の発行者が「発行者」とされる。そのため、仮に「対象有価証券に係る権利を表示する有価証券」が上場会社等以外の者により発行されていたとしても、「対象有価証券」が上場会社等により発行されているのであれば、当該「対象有価証券に係る権利を表示する有価証券」も「株券等」として大量保有報告制度の対象となる。
> ②　「対象有価証券」および「対象有価証券に係る権利を表示する有価証券」の発行者が上場会社等であることは必要であるが、これらの有価証券それ自体が上場されている必要はない。

(3) 保有割合
　(i) 計算方法

「株券等保有割合」が5％を超えた場合に提出義務が生じる。かかる「株券等保有割合」は、一般的な意味での持株比率や議決権割合、公開買付制度上の「株券等保有割合」とは異なり、原則として、以下の方法により、計算されることになる（金商法27条の23、金商法施行令14条の4の2、14条の5の2）。

> $$\text{株券等保有割合} = \frac{①+②-③}{④+⑤}$$
>
> ①　保有者が保有する株式数（完全議決権株式は除外されるが（金商法施行令14条の5の2第1号、大量保有府令3条の2）、相互保有株式は含まれる）＋潜在株式数－一定の保有態様の株式数－信用取引により譲渡したことにより引渡義務を負うものの数（以下「保有株券等の数」という）
> ②　共同保有者が保有する株式数＋潜在株式数
> ③　保有者および共同保有者との間で引渡請求権その他の権利が存在する株券等の数（例：保有者と共同保有者との間で貸株が行われている場合等）
> ④　発行済株式総数（株券等の預託証券がある場合は、発行済株式総数以上、大量保有府令5条2項））
> ⑤　保有者および共同保有者が保有する潜在株式数

(ii) 上記(i)①について
(a) 潜在株式数

　潜在株式数については、潜在株式に係る権利を行使したならば、その時点で保有することができる株式の数である。取得請求権や取得条項の行使により議決権付株式が交付される無議決権種類株式はこれに含まれる。なお、潜在株式のうち、以下の要件を満たす新株予約権については、その割当時点では、0株として取り扱われるため（大量保有府令5条1項1号）、当該時点での大量保有報告書または変更報告書の提出は不要となる。また、新株予約権については、その行使または転換の請求をすることができる期間を経過したものは、保有株券等の数に含まれない（大量保有府令第1号様式・記載上の注意(12) a）。

① 保有者が新株予約権無償割当て（会社法277条）により取得したものであること
② 当該新株予約権証券の発行日から新株予約権の行使期間の末日までの期間が2か月を超えないこと
③ 募集に際して、引受証券会社が発行された新株予約権のすべてを取得して自己または第三者が当該新株予約権を行使することを内容とする契約が発行者と引受証券会社との間で締結されていること（いわゆるコミットメント型ライツ・オファリング）

(b) 一定の保有態様の株式数

　保有態様に照らして、たとえば、以下のような保有は、保有者による会社支配に対する影響力の行使がなされないため、保有株券等の数に含まれない（金商法27条の23第4項、大量保有府令4条）。

① 自己株式
② 信託業を営む者が信託財産として保有する株券等
　　ただし、(ア)会社の事業活動を支配する目的で議決権等の行使権限または指図権限を有している場合、または(イ)株券等の投資決定権限を有している場合を除く（金商法27条の23第3項）。
③ 有価証券関連業（金商法28条8項）を行うものが引受または売出しの業務により保有する株券等（ただし、払込期日または受渡期日の翌日以後も引き続き当該株券等を保有する場合を除く）
④ 金融商品取引業者（金商法2条9項）が信用取引（金商法156条の24第1項）により保有する株券等
⑤ 証券金融会社（金商法2条30項、156条の24第1項）が、金融商品取引所の会員等に対して、信用取引の決済に必要な金銭または有価証券等を、取引所有価証券市場等の決済機構を利用して貸し付ける業務として保有している株券等
⑥ 売付けの約定をして受渡しを完了していない株券等（売付けの約定日から5営業日以内に受渡しがなされる株券等に限る）
⑦ 法人の代表権を有する者または支配人が当該代表権またはその有する代理権

Ⅱ 大量保有報告書　177

> に基づき保有する株券等
> ⑧　役員持株会、従業員持株会から株券等の信託を受けて保有する株券等（なお、役員持株会および従業員持株会が、一定の計画に従い、個別の投資判断に基づかずに、継続的に行われているものであること、各役員または従業員の1回あたりの拠出金額が100万円に満たないものであることが必要となる）
> 　ただし、(ア)会社の事業活動を支配する目的で議決権等の行使権限または指図権限を有している場合、または(イ)株券等の投資決定権限を有している場合を除く（金商法27条の23第3項）。

(c)　信用取引により譲渡したことにより引渡義務を負うものの数
　ここにいう信用取引とは、金融商品取引業者が顧客に信用を供与して行う有価証券の売買その他取引をいう（金商法156条の24第1項、161条の2第1項）。たとえば、顧客が信用取引を行う際に金融商品取引業者から株券の貸付けを受けた場合、顧客は、当該株券の所有権を取得した後市場で売却し、その後、信用取引期間の弁済期間内に反対売買による買戻しを行うなどして、貸付けを受けた株券を調達することになるが、かかる株券については、保有数に含める実益に乏しいことから除外される。

(iii)　上記(i)②について
　共同保有者の概念については下記(5)を参照のこと。
(iv)　上記(i)③について
　大量保有報告制度における保有者は、たとえば、以下のような場合には、同一の株券等について重複して存在しうる[1]。

> ①　貸株の場合における、株券の引渡請求権を有する貸主と所有権を有する借主
> ②　ファンド・トラスト（指定金外信託。その意義については180頁を参照のこと）の場合における、信託財産である株券等について投資決定権限を有する受託者（信託銀行）と事業活動を支配する目的で議決権行使の指図権限を有する委託者
> ③　投資一任契約を締結した場合における、投資決定権限を有する投資運用業者と事業活動を支配する目的で議決権行使の指図権限を有する顧客

　上記のような場合において、「保有者」同士が共同保有者の関係にある場合、保有者および共同保有者として、株券等保有割合の算出において、株券等の重複計上を避けるため、大量保有報告書を記載するにあたっては、以下の権利を有する者について、その保有株券等の数から除外することとされている[2]。

---

1)　根本93頁。

① 売買その他の契約に基づく株券等の引渡請求権
② 金銭の信託契約その他の契約または法律の規定に基づく、株券等の発行者の株主または投資主としての議決権行使権限または指図権限
③ 投資一任契約その他の契約または法律の規定に基づいて有する投資に必要な権利
④ 株券等の売買の一方の予約に基づき、当該売買を完結させ、かつ、買主たる地位を取得する権利
⑤ 株券等の売買に係るオプションの行使により当該行使をした者が当該売買において買主たる地位を取得する権利（コール・オプション）

(v) 上記(i)④について

発行済株式の総数には、原則として、提出義務発生日における発行済株式総数を用いる。ただし、これが不明な場合には、以下の情報等に記載された発行済株式総数を用いることができる（大量保有府令第1号様式・記載上の注意(12) e）。

① 直前期の有価証券報告書、直近の四半期報告書または半期報告書
② 直近の商業登記簿
③ 特定証券情報または発行者情報

なお、発行済株式総数については、保有株券等の数と異なり、議決権がない株式等を除外する規定が存在しないため、自己株式[3]、単元未満株式、および完全無議決権の優先株式等も数に含まれると解されている。

(4) 保有者

(i) 定義

提出義務者である「保有者」とは、以下の者が含まれる（金商法27条の23第3項）。なお、上記(3)(iv)に記載したとおり、大量保有報告制度上の「保有者」の概念は、択一的なものではなくこれらの者が重複する場合もあることにつき、留意が必要である。

① 自己または他人（仮設人を含む）の名義で、株式等を所有する者
② 売買その他の契約に基づき株式等の引渡請求権を有する者
③ 株券等の売買の一方の予約（当該売買を完結する権利を有し、かつ、当該権利の行使により買主としての地位を取得する場合に限る）を行っている者（金商法施行令14条の6第1号）

---

2) 池田＝大来＝町田 182 頁。
3) 株券等保有割合の計算式の分母となる発行済株式総数からは除外されない点につき、留意する必要がある。

④　株券等の売買に係るオプションの取得者（株券等の売買に係るオプションの取得であることが必要であり、かつ、当該オプションの行使により行使者が当該売買における買主としての地位を取得する場合に限る。金商法施行令14条の6第2号）
　⑤　金銭の信託契約等または法律の規定に基づき、議決権等の行使権限またはその指図権限を有する者であって、その株券等の発行者の事業活動を支配する目的を有する者
　⑥　投資一任契約その他の契約または法律の規定に基づき、株券等に投資をするのに必要な権限を有する者

(ii)　上記(i)①について

　上記(i)①のうち、「他人（仮設人を含む）の名義で、株式等を所有する者」とは、たとえば以下の者をいう。なお、株券等に担保を設定した場合には、当該担保権が質権であるか譲渡担保権であるかにかかわらず、担保権権者は、担保権を取得しただけでは、保有者に該当しないとされている[4]。

　①　取引口座や株券等の名義書換をしておらず、他人名義や架空の名義になっている場合における実質的所有者[5]
　②　他人の口座で当該他人を通じて買付け等を行っており、計算の帰属が本人である場合における当該本人[6]
　③　消費貸借による貸株の場合における借主

(iii)　上記(i)②について

　上記(i)②に該当する者は、たとえば以下の者をいう。

　①　株券等の買付約定を行い株券等の引渡しを受けていない者
　②　信用取引により買付けを行っている者
　③　消費貸借による貸株の場合の貸主
　④　株券等の先渡取引の場合の買方

(iv)　上記(i)⑤について

　上記(i)⑤における「議決権等の行使権限又はその指図権限を有する」とは、自らの判断で議決権の行使またはその行使について指図を行うことができることを

---

4)　大量保有Q&A問10（谷）。
5)　堀本修「株券等大量保有に関する開示制度の導入」商事法務1219号（1990年）11頁。逆に、すでに売却等により所有していないにもかかわらず、名義が本人のままになっているにすぎない場合の本人は、これに該当しない（同12頁）。
6)　堀本・前掲注5)12頁。

いう。たとえば、信託契約における委託者が信託財産に属する株式の議決権行使権限または指図権限を有する場合等が考えられる。

　また、「株券等の発行者の事業活動を支配する」については、単に発行者の株券を大量に保有していることをいうのではなく、融資関係、人的派遣関係、取引関係等を通じて、結果的に事業に影響を及ぼすことがあれば、事業活動を支配したことになると考えられている。

　さらに、目的の有無については、最終的には本人の主観の問題に帰着するが、客観的な事実（株券等保有割合がどのくらいか、重要提案行為等を行う目的を有しているか、いわゆるプロキシーファイトとして株主が会社提案に反対すべき委任状勧誘を行う場合かなど）から当該目的の有無を推測することも有益である。

　上記(i)⑤に該当する者は、たとえば以下の者をいう。

① 単独運用指定金銭信託（指定単とも呼ばれ、委託者が指定した運用財産の種類、運用方法等の範囲内で、受託者の裁量によって信託財産を単独で運用・管理する信託をいう）の委託者
② ファンド・トラスト（指定金外信託とも呼ばれ、その性質は指定単とほぼ同じであるが、信託終了時に信託財産がすべて金銭で交付される指定単とは異なり、現状有姿で交付できる金銭信託以外の金銭の信託である）における委託者

　(v)　上記(i)⑥について

上記(i)⑥に該当する者は、たとえば以下の者をいう。

① 信託財産に属する株券等の取得・処分を決定する権限を有する委託者
② ファンド・トラスト（指定金外信託）における受託者
③ 投資一任契約に基づき投資決定権限を有している投資運用業者
④ 未成年の親権者（民法824条）および成年後見人（民法859条）

　(vi)　特殊な形態による保有
　(a)　共有の場合

株券等が共有（民法249条）状態になる場合、以下の持分部分が自己の所有分として取り扱われる（大量保有府令第１号様式・記載上の注意(12) m）。

① 自己の共有持分に相当する部分
② 共有者の共有持分のうち、共有者より議決権の行使権限もしくはその指図権限の委任を受けており、事業活動支配目的を有する場合や、投資をするのに必要な権限を委任されている場合における当該共有者の共有持分に相当する部分
③ 共有者との間で、株券等の取得・譲渡につき共同して行うことについて合意している場合における、当該共有者の共有持分に相当する部分

(b) 組合による合有の場合

　業務執行組合員等により組合財産として取得された株券等については、民法上の組合等法人格を有さない場合には、当該組合自体は、大量保有報告制上の「保有者」とはならず、原則として、議決権の行使権限もしくは指図権限を有し、発行者の事業活動を支配する目的を有する者、または投資権限を有している者として、業務執行組合員等が「保有者」となる（大量保有府令第1号様式・記載上の注意(9)a）。

　業務執行組合員等が複数いる場合、①業務執行組合員等の間の取決めにより、実質的な投資決定権限が1人または1社の業務執行組合員等に委ねられている場合には、当該業務執行組合員等を「保有者」として、②業務執行組合員等の間の取決めにより、組合財産として株券等を取得し、組合財産に属する株券等を譲渡し、株主としての議決権その他の権利の行使を行うにつき、共同業務執行組合員等の合意が必要とされている場合には、当該共同業務執行組合員等を共同保有者として、報告義務が生じる（金商法27条の23第5項）。

　他方、業務執行組合員等以外の組合員は、自己の持分に相当する部分を株券等保有割合に算入する必要はないと考えられているが、これらの者が、実質的に、組合が保有する株券等について、議決権の行使権限もしくは指図権限を有し、発行者の事業活動を支配する目的を有する場合、または投資権限を有している場合には、「保有者」とされ、株券等保有割合に算入されることになると考えられている[7]。

　なお、組合の保有する財産について、投資一任契約等に基づき運用を行う投資運用業者等がいる場合には、業務執行組合員等とあわせて当該投資運用業者等も「保有者」とされ、株券等保有割合に算入されることになると考えられている[8]。また、組合を実質的に支配する親会社が存在する場合、当該組合は、親会社の「みなし共同保有者」となり、組合の保有する株券等は、親会社の株券等保有割合に算入されることになる（金商法施行令14条の7第1項4号、大量保有府令5条の3）。

(c) 法人格なき社団による総有の場合

　大量保有制度では、法人格のある法人と法人格のない社団とで取扱いが異なり、法人格のない社団については、組合と同様に、業務執行組合員等を保有者として提出することとされており、理事長等の代表者はこれに該当すると考えられる。

(d) 株券等が信託財産に属する場合

　信託銀行等が信託契約に基づき、信託財産として株券等を保有する場合、信託

---

[7] 大量保有Q&A問19（答）。
[8] 大量保有Q&A問8（答）。

契約上、議決権行使権限または指図権限を持つ者、投資をするのに必要な権限を持つ者によって、委託者、受託者または受益者のいずれかが義務を負う。

(5) 共同保有者

株券等保有割合を計算する際（上記Ⅱ 1 (3)(i)）、保有分が合算される「共同保有者」は、大きく実質的基準による「共同保有者」（実質的共同保有者）と、形式基準による「共同保有者」（みなし共同保有者）に分けられる。

共同保有者の保有株券等の数を合算して計算した株券等保有割合が5％超となる場合には、共同保有関係にある者の双方が、大量保有報告書の提出義務を負う。なお、共同保有者に係る情報は、大量保有報告書等の記載事項である（大量保有府令第1号様式）。

(i) 実質的共同保有者

「共同保有者」とは、株券等の発行者が発行する株券等の他の保有者と①共同して、②株券等を取得し、譲渡し、または当該発行者の株主としての議決権その他の権利を行使することを、③合意している者をいう（金商法27条の23第5項）。

なお、株券等の保有者と他の保有者が同一の種類の有価証券を保有している必要はなく、あくまで保有者が保有する株券等の発行者が発行する株券等を保有していれば足りる。

(a) 株券等の取得、譲渡または株主としての議決権その他の権利行使

実質的共同保有者といえるためには、「株券等の取得、譲渡又は株主としての議決権その他の権利行使」につき合意が必要となる。かかる要件の該当性を判断するにあたっては、下記**図表7-4**の例を参照のこと。

なお、株券等の保有者が、他の投資家との間で、投資先企業に対する議決権行使の方針についての意見交換を行う場合や、投資先企業に対話の場を設けるよう共同で申し入れることや投資先企業の経営方針等の変更を共同で求めることを合意したとしても、法令上の権利の行使以外の株主としての一般的な行動についての合意にすぎず、基本的に、議決権その他の権利を行使することの合意には該当しないと解されている[9]。

図表7-4：「株券等の取得、譲渡又は株主としての議決権その他の権利行使」の該当性

ケース	要件該当性
役員選任に係る株主総会の議決権の行使に関する合意	○

---

[9] 金融庁「日本版スチュワードシップ・コードの策定を踏まえた法的論点に係る考え方の整理」（平成26年2月26日）11頁。

株主提案権（会社法303条）[10]、帳簿閲覧権（会社法433条1項）の行使に関する合意	○
株券等の取得に関してのみの合意	○
株券等の譲渡に関してのみの合意	○
株券等の株主としての権利行使に関してのみの合意	○
株券等の保有者と他の投資家との、投資先企業に対する議決権行使の方針についての意見交換	×
保有者と他の投資家との、投資先企業に対話の場を設けるよう共同で申し入れることや投資先企業の経営方針等の変更を共同で求めることの合意	×

(b) 合意

　実質的共同保有者の要件として、株券等の取得、譲渡または株主としての議決権その他の権利行使につき「合意」が存在する必要がある。「合意」が存在するといえるかは、下記**図表7-5**の例を参照のこと[11]。

　なお、かかる「合意」は、単なる意見交換とは異なり、相互または一方の行動を約する性質のものを指すと考えられているところ、株主間の話合い等において、議決権行使の予定を伝え合い、それがたまたま一致したにすぎないような場合には、「合意」があったとはいえず、実質的共同保有者に該当しない[12]。

図表7-5：「合意」の該当性

ケース	要件該当性
口頭での合意	○
黙示の合意	○
自分以外に取得、譲渡、株主としての権利を行使するつもりの者がいるとの認識	×
株主総会での議決権行使についての話合い	×
株主総会の場における株主提案権の行使への賛成	×
他人が株券等を取得するから自らも当該株券を取得する場合	×

---

10) 大量保有Q&A問23（答）。
11) 大量保有Q&A問20～問22（答）、根本53頁。
12) 金融庁・前掲注9) 11頁。

(c) 共同して行うこと

実質的共同保有者といえるためには、同じ行為について（すなわち、取得であれば取得について、譲渡であれば譲渡について、株主としての権利行使であれば当該権利行使について）、合意があることが必要と考えられている。

そのため、AがBから株券等を取得するような場合には、Aは取得について、Bは譲渡について合意しているにすぎず、実質的共同保有者には該当しない。

(d) 実質的共同保有者となるか問題となる場合

　ア　先買権（First Refusal Right）

株主間または発行会社との間で、株主が保有する株券等を第三者に売却する場合において、事前に他の株主または発行会社に対し通知し、当該他の株主または発行会社が希望する場合には、優先的に当該株券等を購入できる権利（先買権）を付与することがある。

このような先買権を付与する場合、付与する者と取得する者は、株券等の処分と取得について合意しており、同じ行為について合意してないため、通常、「共同して……譲渡」することを合意したとはいえず、実質的共同保有者には該当しないものと考えられる。

　イ　Tag Along Right および Drag Along Right

株主間で、①ある株主が保有する株券等を第三者に譲渡したい旨を他の株主に通知した場合に、当該他の株主が保有する株券等もあわせて当該第三者に売却するよう請求することができる権利（Tag Along Right）や②ある株主が保有する株券等を第三者に譲渡する際に、他の株主の保有する株券等も一緒に当該第三者に譲渡すべき旨を当該他の株主に請求できる権利（Drag Along Right）を付与することがある。

具体的な条項の内容によるものの、これらの権利を付与する場合、当該株主らは、特定の第三者へ株券等を譲渡するという同じ行為について合意し、「共同して……譲渡」することを合意したとして、実質的共同保有者に該当する可能性がある。

　ウ　プット・オプションおよびコール・オプション

株主間および発行会社との間で、権利者が権利の行使により株券等の売主としての地位を取得する権利（プット・オプション）や権利者が権利の行使により株券等の買主としての地位を取得する権利（コール・オプション）を付与することがある。

これらの権利を付与する場合、付与する者と取得する者は、上記アと同様に、株券等の処分と取得について合意しているため、通常、実質的共同保有者には該当しないものと考えられる。

なお、上記の特別な合意については、大量保有報告書に記載する必要がある（下記２(7)(ii)(c)を参照のこと）。

　(ii)　みなし共同保有者
　(a)　特別の関係

実説的共同保有者とは異なり、「合意」の有無にかかわらず、株券の保有者と他の保有者とが、株式の所有関係、親族関係その他「特別の関係」にある場合には、共同保有者とみなされる（金商法27条の23第6項）。

ここにいう「特別の関係」の範囲は、下記**図表7-6**のとおりである（金商法施行令14条の7第1項）。

図表7-6：特別の関係

特別の関係	夫婦の関係（事実婚を除く。また、親子の関係は対象外）
	会社の総株主等の議決権の50％を超える議決権に係る株式または出資を自己または他人（仮設人を含む）の名義をもって所有している者（以下「支配株主等」という）と当該会社（以下「被支配会社」という）との関係
	被支配会社とその支配株主等の他の被支配会社との関係（いわゆる兄弟会社関係）
	財務諸表等規則8条3項に規定する子会社（組合に限る）と同項に規定する親会社との関係
みなし支配株主等	夫婦があわせて会社の総株主等の議決権の50％を超える議決権に係る株式または出資を自己または他人の名義をもって所有している場合における当該夫婦
みなし被支配会社	支配株主等とその被支配会社があわせて他の会社の総株主等の議決権の50％を超える議決権に係る株式または出資を自己または他人の名義をもって所有している場合における当該他の会社

なお、「特別の関係」係る判断においては、「所有」を基準にしており、実質的な保有関係（すなわち、所有権を有する場合だけではなく、引渡請求権を有する場合や議決権行使権限または投資決定権限を有する場合）を用いることはない点につき、留意が必要である。

　(b)　夫婦の関係

共同保有者である夫妻が株券等を保有していることを前提としており、いずれかが株券等をまったく保有していない場合には、当該保有していない者は、大量保有報告書の提出義務を負わない。また、他方が大量保有報告書を提出する場合

であっても、株券等を保有していない者は「他の保有者」（金商法27条の23第6項）に該当せず、当該保有していない者に係る情報を提出する大量保有報告書に記載する必要はない。

夫婦のいずれかが他方の名義を用いて実質的に所有しているような場合には、当該実質的な所有者が保有者となり（金商法27条の23第3項）、当該保有者が他方の名義分も含めた株券等について（共同保有者としてではなく）自己の保有分として報告する必要がある。

なお、下記**図表7-7**のように、AとBがあわせてX社の総株主等の議決権の50％を超える議決権に係る株式または出資を自己または他人の名義をもって所有している場合には、当該AとBは、それぞれX社の支配株主等とみなされることになる（金商法施行令14条の7第2項）。そして、AとX社、BとX社は、それぞれ支配株主等と被支配会社との関係から、共同保有者とみなされる。

図表7-7：特別の関係（夫婦の関係）

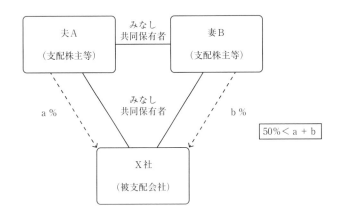

(c) 親会社と子会社の関係

下記**図表7-8**のように、会社（公益社団法人や一般社団法人の持分については、本規定の適用はない）の総株主等の議決権50％を超える議決権に係る株式または出資を自己または他人（仮設人を含む）の名義をもって所有している支配株主等と被支配会社は、共同保有者とみなされる。

図表7-8：特別の関係（50％超の議決権所有の関係）

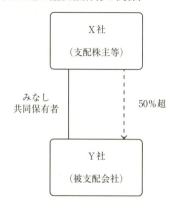

(d) 兄弟会社の関係

支配株主等を同じくする被支配会社同士（いわゆる兄弟会社）は、共同保有者とみなされる（金商法施行令14条の7第1項3号）。

図表7-9：特別の関係（兄弟会社の関係）

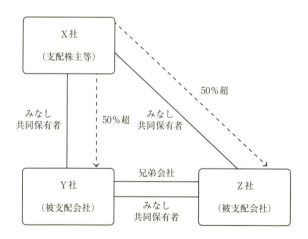

(e) みなし被支配会社

支配株主等とその被支配会社があわせて他の会社の株主等の議決権の50％を超える議決権に係る株式または出資を自己または他人の名義をもって所有している場合には、当該他の会社も、当該支配株主等の被支配会社とみなして特別の関係を判断することになる（金商法施行令14条の7第3項）。

たとえば、下記**図表7‑10**では、X社とY社は、支配株主等と被支配会社の関係にあり、また、X社とY社でZ社の総株主等の議決権の50％超を保有するので、Z社は、被支配会社とみなされ、X社とZ社は、支配株主等と被支配会社の関係になる。その結果、Y社とZ社は、それぞれ支配株主等を同じくする被支配会社同士の関係にあるため、上記(d)のとおり、相互に共同保有者とみなされる。

図表7‑10：特別の関係（孫会社の関係）

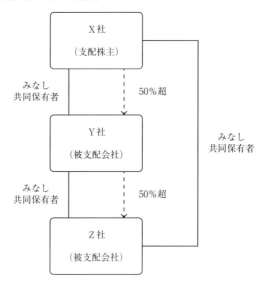

また、下記**図表7‑11**では、X社とY社は、支配株主等と被支配会社の関係にあり、また、X社とY社があわせてZ社の総株主等の議決権の50％超を保有するため、Z社は、被支配会社とみなされ、X社とZ社は、支配株主等と被支配会社の関係になる。その結果、Y社とZ社は、それぞれ支配株主等を同じくする被支配会社同士の関係にあるため、上記(d)のとおり、相互に共同保有者とみなされる。

図表7-11：特別の関係（みなし規定を用いた支配株主等を同じくする被支配会社同士の関係）

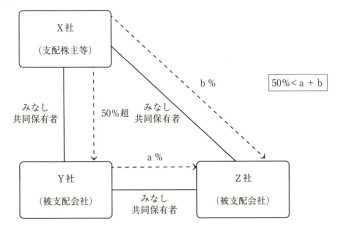

(f) 親会社と子会社（組合）の関係

　財務諸表等規則8条3項に規定する「子会社」（組合）と当該「子会社」（組合）の財務および営業または事業の方針を決定する機関を支配している会社（「親会社」）は、共同保有者とみなされる（金商法施行令14条の7第1項4号、大量保有府令5条の3）。

(g) みなし共同保有者からの除外

　上記の「特別の関係」が認められる場合であっても、当該保有者または他の保有者のいずれかの保有株券等の数が一定の数以下である場合には、例外的に共同保有者とはみなされない（金商法27条の23第6項ただし書、大量保有府令6条）。具体的には、以下の数値にあてはまる場合には、みなし共同保有者から除外される。

① 内国法人発行株券等の場合：単体株券等保有割合が0.1％以下
② 外国法人発行株券等の場合：発行済株式（または発行済投資口）の1％以下

　上記①における「単体株券等保有割合」については、以下の計算式により算出される（金商法施行令14条の7の2第2項、大量保有府令9条の2第3項）。

$$単体株券保有割合 = \frac{ア}{イ+ウ}$$

ア＝（単体ベースの）保有株券等の数
イ＝発行済株式または発行済投資口の総数（議決権がない株式や優先株式も含む[13]）
ウ＝当該保有者および共同保有者の保有する新株予約権付社債券、新株予約権証券、

> 外国の者の発行する新株予約権付社債券・新株予約権証券の性質を有するもの、および新投資口予約権証券等の数を株式に換算した数

　なお、上記①においては、単体株券等保有割合が「0.1％」以下のみなし共同保有者が複数いる場合において、保有割合が小さいものから除外していき、除外した保有割合の合計が0.9％を超えてもなお0.1％以下の者がいる場合には、その者の保有割合をさらに足しても１％を超えない場合にはその者も除外し、１％を超える場合には、その者およびその者よりも単体株券等保有割合が大きいみなし共同保有者は除外されない（大量保有府令6条1号かっこ書）。

図表 7 - 12：みなし共同保有者の適用除外

単体株券等保有割合の小さい順	単体株券等保有割合（0.1％以下）	単体株券等保有割合の累計	除外
1	0.010	0.010	○
2	0.020	0.030	○
3	0.035	0.065	○
⋮	⋮	⋮	⋮
39	0.085	0.900	○
40	0.088	0.988	○
41	0.089	1.077	×
42	0.090	1.167	×
43	0.091	1.258	×

2　大量保有報告書の提出

(1)　提出方法

　大量保有報告書は、原則として、EDINET（電子開示システム）による提出が義務づけられている（金商法27条の30の２、27条の30の３）。

　EDINET を利用した実際の提出手続としては、以下の方法がある[14]。

13）　平成 18 年 12 月 13 日パブコメ回答 30 頁 95 番。
14）　金融庁企画市場局企業開示課「大量保有報告書　提出操作ガイド（概要編）」（平成 30 年 12 月）4 頁。

なお、はじめて大量保有報告書を提出する場合には、「電子開示システム届出書」（電子開示府令第1号様式）に定款、登記事項証明書等の添付書類を付して、管轄財務局長等に提出する必要がある（金商法施行令14条の10第2項、電子開示府令2条）。かかる届出からEDINETを利用するために必要なユーザIDとパスワードを取得できるまでに1週間程度時間を要するため[15]、実際に大量保有報告書の提出義務が生じる前に、かかる届出を行うことが必要である。

---
① EDINETのウェブ入力フォームにより作成した書類を提出する方法
② EDINETの大量保有報告書様式（Excel版）を使って作成した書類を提出する方法
③ 第三者のサービス、ツールを利用して作成した書類を提出する方法

EDINETの受付期間は、午前9時から午後5時15分までであり、土日祝祭日、年末年始（12月29日〜1月3日まで）の受付は行われていない。

(2) 提出期限

大量保有報告書は、提出者が大量保有者となった日（報告義務発生日）の翌営業日から起算して5営業日以内に行われなければならない（金商法27条の23第1項）。

また、株券等が新たに金融商品取引所に上場されたことにより、大量保有者となった場合には、当該上場日（報告義務発生日）の翌営業日から起算して5営業日以内に大量保有報告書を提出しなければならない（大量保有府令第1号様式・記載上の注意(1)c)）。

(3) 提出先

大量保有報告書の提出者が、居住者（日本国内に住所または居所を有する自然人および日本国内に主たる事務所を有する法人（外為法6条1項5号前段））であるときは、当該居住者の本店または主たる事務所の所在地（個人の場合は住所または居所）を管轄財務局長等に対して、提出者が非居住者（居住者以外の自然人および法人（同条6号））であるときは、関東財務局長に提出しなければならない（大量保有府令19条1項）。

(4) 写しの送付

株券等の保有者は、大量保有報告書を提出したときは、遅滞なく、これらの書類の写しを発行者および金融商品取引所に送付しなければならない（金商法27条の27）。もっとも、これらに対する写しの送付については、当該大量保有報告書をEDINETによる提出した場合には不要となる（金商法27条の30の6第2項、3項）。

---

15) 金融庁総務企画局企業開示課「EDINET概要書」（平成27年5月）19頁。

(5) **公衆縦覧**

大量保有報告書の EDINET による提出または写しの送付を受けた管轄財務局長等および金融商品取引所は、受理した大量保有報告書またはその写しを5年間公衆縦覧に供する（金商法27条の28第1項・2項）。

(6) **大量保有報告書の提出が不要となる場合**

株券等保有割合が5％を超えた場合であっても、以下の場合には、例外的に大量保有報告書の提出が不要となる（金商法27条の23第1項ただし書、大量保有府令3条）。

① 保有株券等の総数（金商法27条の23第4項）に増加がない場合（大量保有府令3条1号）
　例：発行会社による自己株式の消却（会社法178条1項）が行われたことにより、発行会社の発行済株式数が減少した場合等
② 新株予約権証券もしくは新株予約権付社債券に係る新株予約権の目的である株式（新投資口予約権における投資口を含む）の発行価格の調整のみによって保有株券等の総数が増加する場合（大量保有府令3条2号）
　例：新株予約権の発行要項において、新株予約権の価値の希薄化を防止するために、新株予約権の行使価格の調整が行われる条項が設けられ、かかる条項が用いられることにより、新株予約権の行使により取得できる株式数が増加し、保有株券等の総数の増加が生じる場合

(7) **大量保有報告書の様式等**

(i) **様式**

大量保有報告書を提出する義務を負う保有者は、大量保有府令第1号様式により大量保有報告書を作成し、管轄財務局長等に提出しなければならない（金商法27条の23第1項、大量保有府令2条1項）。

(ii) **記載事項**

(a) **概要**

大量保有府令第1号様式に従った大量保有報告書の記載事項の概要は、以下のとおりである。

第1　発行者に関する事項（名称、証券コード、上場・店頭の別、上場金融商品取引所）
第2　提出者に関する事項
　(1) 提出者の概要（個人・法人の別、氏名・名称、住所・本店所在地、連絡先等）
　(2) 保有目的
　(3) 重要提案行為等（下記Ⅴの特例報告による場合には、記載は不要となる）

(4)　上記提出者の保有株券等の内訳（保有株券等の数、株券等保有割合）
　　　(5)　当該株券等の発行者の発行する株券等に関する最近60日間の取得又は処分の状況（下記Ⅴの特例報告による場合には、記載は不要となる）
　　　(6)　当該株券等に関する担保契約等重要な契約
　　　(7)　保有株券等の取得資金（取得資金の内訳、借入金の内訳、借入先の名称等）
　第3　共同保有者に関する事項（共同保有者がいる場合に限る）
　　　(1)　共同保有者の概要（氏名・名称、住所・本店所在地、代表者、連絡先等）
　　　(2)　上記共同保有者の保有株券等の内訳（保有株券等の数、株券等保有割合）
　第4　提出者及び共同保有者に関する総括表（共同保有者がいない場合、共同保有者に係る記載は不要となる）
　　　(1)　提出者及び共同保有者
　　　(2)　上記提出者及び共同保有者の保有株券等の内訳（保有株券等の数、株券等保有割合、共同保有における株券等保有割合の内訳）

　　(b)　上記(a)の第2(4)「株券等保有割合」

　保有株券等の内訳については、その日の取引がすべて終了した後に保有する株券等の状況により記載するものとされているが（大量保有府令第1号様式・記載上の注意(12) a）、以下のように具体的な取引ごとに株券等保有割合の記載の基準時が若干異なっている。

　　ア　売買契約
　①　約定から受渡しまでの期間が5営業日以内の場合
　売主、買主ともに約定時点で保有株券等の数を変更し、株券等保有割合の計算を行い、約定時点から5営業日以内に変更報告書を提出する（大量保有府令4条5号）。
　②　約定から受渡しまでが5営業日を超える場合
　買主は、約定時点で保有株券等の数を変更し、株券等保有割合の計算を行い、約定時点から5営業日以内に変更報告書を提出（「担保契約等重要な契約」欄に売買契約の締結ならびに相手方、数量および決済日等を記載）することになる。他方、売主は、約定時点から5営業日以内に「担保契約等重要な契約」欄に売買契約の締結ならびに相手方、数量および決済日等を記載して変更報告書を提出するとともに、受渡しの時点で保有株券等の数を変更し、株券等保有割合の計算を行い、受渡し時点から5営業日以内に再度変更報告書を提出する。

　以上をまとめると下記図表Ⅰ-13のとおりである[16]。

---

16)　大量保有Q&A問16（答）。

図表7-13：売買契約に係る基準時

	5営業日以内に決済	6営業日目以降に決済
売主	＜変更報告書＞ 報告義務発生日：契約締結日 提出事由：株券等保有割合の減少	＜変更報告書（1回目）＞ 報告義務発生日：契約締結日 提出事由：担保契約等重要な契約（契約の締結） ＜変更報告書（2回目）＞ 報告義務発生日：決済日 提出事由：株券等保有割合の減少（「担保契約等重要な契約」欄に契約を締結した旨を記載）
買主	＜大量保有報告書等＞ 報告義務発生日：契約締結日 提出事由：株券等保有割合の増加	＜大量保有報告書等＞ 報告義務発生日：契約締結日 提出事由：株券等保有割合の増加（「担保契約等重要な契約」欄に契約を締結した旨を記載）

　　イ　貸借契約

　実務上、約定時点で保有株券等の数を変更し、株券等保有割合を計算するが、クロージング日の到来までに解消することができる契約については、クロージング時点で保有株券等の数を変更し、株券等保有割合を計算する。

　　ウ　買い予約、コール・オプションおよびその他の引渡請求権

　予約完結権、コール・オプション、引渡請求権の取得の時点で、保有株券等の数を変更し、株券等保有割合を計算する

　(c)　上記(a)の第2(6)「当該株券等に関する担保契約等重要な契約」

　保有株券等に関する貸借契約、担保契約、売戻し契約、売り予約その他の重要な契約または取決めがある場合には、①契約の種類、②契約の相手方、③契約の対象となっている株券等の数量等、当該契約または取決めの内容が記載される（大量保有府令第1号様式・記載上の注意(14)）。

　その他の重要な契約または取決めの例としては、以下のものがあげられる（なお、以下の③～⑤に係る合意が存在する場合における共同保有者への該当性については、上記**1**(5)(i)(d)を参照のこと)。

①　第三者割当増資において、割当先が発行会社との間で割当てを受けた株式を一定期間譲渡しない旨の合意（ロックアップ合意)[17]
②　公開買付応募契約
③　First Refusal Right に係る契約

④　Tag Along Right に係る契約
　⑤　コール・オプションに係る契約

　なお、株券等を組合または社団等の業務執行組合員等として保有または共有している場合や信用取引により買い付けている場合等においても、本項目においてその旨記載される。

(iii) 提出者および提出書類

　提出者に共同保有者がいる場合には、提出者と共同保有者とが個別に大量保有報告書を提出することもでき（「その他方式」）、また、共同保有者のうちの1人が他の共同保有者全員の委任を受けて全員の報告書を1つにまとめて提出することもできる（「連名方式」。そもそも代理人による提出も可）。

　連名方式による場合には、添付書類として、共同保有者が提出者に対して報告書の作成、提出および送付につき代理する権限を付与したことを証する委任状の提出が必要となる。

　報告書を提出するにあたっての添付書類としては、そのほかに「売買その他の取引の媒介等を行った者の名称等を記載した書面」（大量保有報告書の提出を要することとなった最終的な売買その他の取引の媒介等を行った者について記載する）および「住所を記載した書面及び生年月日を記載した書面」（提出が個人の場合）が必要となる。

Ⅲ　変更報告書

ポイント

- 大量保有者となった後、①株券等保有割合が1％以上増加または減少した場合、または②大量保有報告書に記載すべき重要な事項の変更があった場合は、原則として、変更報告書を提出しなければならない。
- 変更報告書を提出する必要がある場合には、上記①または②が発生した日（報告義務発生日）の翌営業日から起算して5営業日以内に、原則として、大量保有府令第1号様式により変更報告書を作成したうえ、EDINET（電子開示システム）により提出しなければならない。

17）大量保有 Q&A 問 3（答）。

1 変更報告書の提出の要否

(1) 概要

大量保有報告書を提出すべき者は、大量保有者となった日の後に、①株券等保有割合が1％以上増加または減少した場合、②その他大量保有報告書に記載すべき重要な事項の変更があった場合は、変更報告書を作成のうえ、提出する必要がある（金商法27条の25第1項、大量保有府令8条）。

(2) ①株券等保有割合の1％以上の増減

以下の場合のように、株券等保有割合が1％以上増加または減少した場合には、変更報告書を提出する必要がある。かかる株券等保有割合の増減の判断は、直前に提出した大量保有報告書等に記載した割合と比較して行われる[18]。

【事例1】
① 株券保有割合を6％とする大量保有報告書を提出済み
② その後、1.5％分の株券等の買増し（買増後7.5％）

図表7-14：変更報告書提出の要否（事例1）

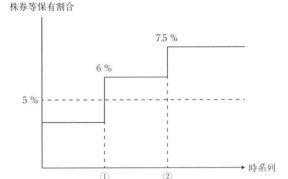

【事例1における提出の要否】
変更報告書の提出が必要。

他方で、以下の場合のように、株券等保有割合の変動が1％未満である場合には、重要な事項に変更がない限り、変更報告書を提出する必要はないが（下記【事

---

18) 大量保有Q&A問2（答）。

例2】の②の時点)、株券等保有割合の変動が1％を超えた時点（下記【事例2】の③の時点で、合計1.1％の減少）で、変更報告書を提出する必要がある。

【事例2】
① 株券等保有割合を5.5％とする大量保有報告書を提出済み
② その後、0.6％分の株券等の売却（売却後4.9％）
③ その後、さらに0.5％分の株券等の売却（売却後4.4％）
④ その後、さらに1.5％分の株券等の売却（売却後2.9％）

図表7-15：変更報告書提出の要否（事例2）

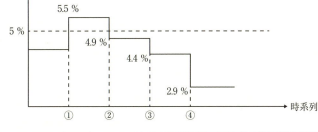

【事例2における提出の要否】
②の時点では、変更報告書の提出は不要（①における株券等保有割合と比較して0.6％の減少のため）。
③の時点で、はじめて変更報告書の提出が必要（①における株券等保有割合と比較して1.1％の減少のため）。
④の時点では、変更報告書の提出は不要（株券等保有割合が5％を下回ったことを内容とする変更報告書を提出した場合には、その後、さらに株券等保有割合が1％以上変動したことを理由に変更報告書を提出する必要はないため（金商法27条の25第1項、大量保有府令9条1号））。

【事例3】
上記【事例2】の④に代えて、以下になった場合
④ その後、1％分の株券等の買増し（買増し後5.4％）

図表 7 - 16：変更報告書提出の要否（事例 3）

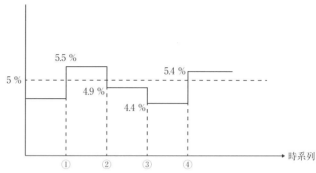

【事例 3 における提出の要否】
②および③については、上記【事例 2】の回答と同様である。
④の時点では、大量保有報告書の提出が必要（株券等保有割合が 5 ％を下回ったことを内容とする変更報告書を提出した後、株券等の買増しにより株券等保有割合が 5 ％を超えた場合には、改めて大量保有報告書を提出することになるため）[19]。

(3) ②大量保有報告書に記載すべき重要な事項の変更

　大量保有報告書等に記載すべき重要な事項について変更が生じた場合、訂正報告書を提出する必要があるが、ここにいう大量保有報告書等に記載すべき重要な事項とは、大量保有報告書等に記載すべき内容に係る変更のうち、以下に記載する事項を除くものとされている（金商法施行令14条の 7 の 2 第 1 項）。そのため、以下に記載する事項に該当しない限りは、原則として変更報告書の提出が必要となる点につき、留意が必要である。

① 単体株券等保有割合が 1 ％未満である保有者が新たに共同保有者となった場合
② 単体株券等保有割合が 1 ％未満である保有者が共同保有者でなくなった場合
③ 単体株券等保有割合が 1 ％未満である共同保有者の氏名・名称または住所・所在地の変更があった場合
④ 単体株券等保有割合の増加または減少が 1 ％未満の場合
　共有保有者のなかに 1 人でも単体株券等保有割合が 1 ％以上増減している者がいれば、全体の株券等保有割合が 1 ％未満であっても変更報告書の提出が必要となる。

---

19) 大量保有 Q&A 問 2 （答）。

⑤ 株券等の保有者およびその共同保有者の保有に係る株券等に関して、次の契約の締結または契約の内容の変更があった場合で変更があった契約部分に係る株券等の数の発行済株式総数等に対する割合が1％未満である場合
　㈦ 担保に供することを内容とする契約
　㈼ 売り戻すことを内容とする契約
　㈽ 売買の一方の予約（当該売買を完結する権利を有し、かつ、当該権利の行使により売主としての地位を取得する場合に限る）
　㈹ 賃借することを内容とする契約
　㈺ 上記㈦～㈹に掲げる契約に準じる契約
⑥ その他上記①～⑤に準ずるもの
　㈦ 保有する株券等の内訳の変更であって、当該変更のあった株券等の数の合計の発行済株式総数等に対する割合が1％未満である場合
　㈼ その他大量保有府令第1号様式および同3号様式に記載すべき事項のうち、軽微な変更がある場合
　　例[20]：発行会社の商号変更、担当者の連絡先の変更、提出者や共同保有者が法人である場合における代表者の氏名または役職の変更

(4) 変更報告書の提出が不要になる場合

本来であれば変更報告書を提出する必要がある場合（上記(2)および(3)に記載した場合）であっても、以下の場合には、例外的に変更報告書の提出が不要となる（金商法27条の25第1項かっこ書・ただし書）。

① 保有株券等の総数に増加または減少がない場合（具体例は上記Ⅱ2(6)を参照のこと）
② 株券等保有割合が5％以下であることが記載された変更報告書をすでに提出している場合（上記(2)【設例2】を参照のこと）
③ 新株予約権証券もしくは新株予約権付社債券に係る新株予約権の目的である株式または新投資口予約権証券に係る新投資口予約権の目的である投資口の発行価格の調整のみによって保有株券等の総数が増加または減少する場合（具体例は上記Ⅱ2(6)を参照のこと）

2 変更報告書の提出方法

(1) 提出方法および提出先

変更報告書の提出方法・提出先については、大量保有報告書と同様であり、EDINET（電子開示システム）による提出が義務づけられ、また、大量保有報告書の提出者が、同住者（日本国内に住所または居所を有する自然人および日本国内に

---

20) 大量保有Q&A問25（答）、平成18年12月13日パブコメ回答31頁97番。

主たる事務所を有する法人（外為法6条1項5号前段））であるときは、当該居住者の本店または主たる事務所の所在地（個人の場合は住所または居所）を管轄財務局長等に対して、提出者が非居住者（居住者以外の自然人および法人（同項6号））であるときは、関東財務局長に提出しなければならない（大量保有府令19条1項）。

(2) 提出期限

変更報告書の提出期限についても、大量保有報告書と同様であり、変更事由が生じた日（報告義務発生日）の翌営業日から起算して5営業日以内に行われなければならない。

(3) 写しの送付および公衆縦覧

変更報告書の写しを発行者および金融商品取引所等に送付しなければならない点（金商法27条の27）、また、変更報告書またはその写しが5年間公衆縦覧に供される点（金商法27条の28）についても、大量保有報告書と同様である。

(4) 様式および短期大量譲渡報告制度

基本的には大量保有報告書と同じ大量保有府令第1号様式により提出することになるが、株券等保有割合が減少したことにより変更報告書を提出する場合で、短期間に大量の株券等を譲渡したものとして以下の基準に該当する場合には、大量保有府令第1号様式の「第2　提出者に関する事項」の「(5)　当該株券等の発行者の発行する株券等に関する最近60日間の取得又は処分の状況」に代えて、大量保有府令第2号様式により、譲渡の相手方および対価に関する事項についても当該変更報告書に記載しなければならない（金商法27条の25第2項、大量保有府令10条）。

> ① 変更報告書に記載すべき変更後の株券等保有割合（共有保有者を含む）が、譲渡の日前原則として60日間における最も高い株券等保有割合の2分の1未満となり、かつ、
> ② 当該最高の株券等保有割合から5％を超えて減少した場合

なお、上記①の「譲渡」について、新株予約権付社債の額面金額の償還は、これに該当しないが、買入消却（当該社債を発行者に移転して消滅させる）は、これに該当する。また、賃貸借契約に基づく借株の返還は、これに該当しないが、所有権の移転が生じる消費貸借契約に基づく借株の返還は、これに該当する[21]。

---

21) 金融庁「平成26年金融商品取引法等改正（1年以内施行）等に係る政令・内閣府令案等に対するパブリックコメントの結果等について」における「コメントの概要及びコメントに対する金融庁の考え方」（平成27年5月12日）1頁2番。

(5) 記載事項および添付書類

　記載事項としては、大量保有報告書の記載事項と基本的には同様であるが、変更報告書特有の事項（「提出書類」、「変更報告書提出事由」、「旧氏名又は名称」、「旧住所又は本店所在地」、「直前の報告書に記載された株券等保有割合」等の欄）を記載する必要が生じる。

　なお、変更報告書は、重要な事項の変更があった箇所のみを記載するのではなく、その他すべての記載事項についても提出義務発生日時点における最新状況を記載する必要がある点につき、留意が必要である（大量保有府令第１号様式・記載上の注意(1)d）。

Ⅳ 訂正報告書

1 訂正報告書の提出の要否

　大量保有報告書または変更報告書を提出した者が、訂正報告書を管轄財務局長等に提出する場合は、以下のとおりである（金商法27条の25第３項）。なお、実務上、公衆縦覧期間（５年間）中の大量保有報告書等についてのみ、訂正の対象とされている。

---

① 記載内容が事実と相違している場合
② 記載すべき「重要な事項」（その内容いかんによって一般投資家の投資判断に相違をもたらすような、その投資判断に影響を及ぼす程度の内容の事項）または誤解を生じさせないために必要な「重要な事実」の記載が不十分または欠けている場合
　　例[22]：「保有目的」の記載内容が不十分である場合、「最近60日間の取得・処分の状況」の記載が不十分である場合、「株券等に関する担保契約等重要な契約」の記載が欠けている場合等
③ 提出義務が発生していなかったにもかかわらず誤って提出した大量保有報告書または変更報告書を取り下げる場合
④ すでに提出した訂正報告書の記載に誤りがあった場合[23]

---

22) 池田＝大来＝町田 221 頁。
23) 関東財務局「大量保有報告書に関するよくあるご質問」Q18のA。

2 訂正報告書の提出方法

(1) 提出方法および提出先

訂正報告書の提出方法および提出先については、大量保有報告書および変更報告書と同様であり、EDINET（電子開示システム）による提出が義務づけられ、管轄財務局長等に提出することとされている（金商法27条の25第3項）。

(2) 提出期限

訂正報告書の提出期限は定められていないが、提出された大量保有報告書等に誤りがある場合には、対投資家との関係で早急に内容を訂正し、正しい情報に修正する必要があることから、すみやかに訂正報告書を提出しなければならないと解されている[24]。

(3) 縦覧期間

株券等の保有者は、訂正報告書を提出したときは、遅滞なく、当該訂正報告書の写しを当該株券等の発行者および株券等が上場されている金融商品取引所等に送付しなければならず（金商法27条の27）、また、訂正報告書は、訂正対象となった大量保有報告書または変更報告書の公衆縦覧期間とあわせて、当該大量保有報告書または変更報告書の受理日から5年間公衆縦覧に供される（金商法27条の28）。

(4) 内容・様式

訂正報告書の内容については、大量保有府令第1号様式・記載上の注意(1)eにおいて、「発行者の名称及び証券コード、提出者の氏名又は名称及び住所又は本店所在地並びに訂正される報告書の報告義務発生日を記載し、訂正事項については、その訂正前・訂正後がわかるように記載すること」とされているのみである。その様式については、法令で定められたものは存在しないが、関東財務局のウェブサイトに書式が掲載されており[25]、実務上、これに従って提出されている。

訂正報告書の本文として記載すべき内容の概要は、以下のとおりである。

① 発行者に関する事項（名称、証券コード、上場・店頭の別、上場金融商品取引所）
② 提出者（共同保有者も含む）に関する事項（個人・法人の別、氏名または名称、住所または本店所在地、事務上の連絡先および担当者名、電話番号）
③ 訂正事項（訂正される報告書名、訂正される報告書の報告義務発生日、訂正箇所）

---

24) 池田＝大来＝町田 221頁。
25) 関東財務局ウェブサイト（http://kantou.mof.go.jp/content/ 000235466 .pdf）。

V 特例報告制度

> **ポイント**
> - 特例報告制度として、「特例対象株券等」については、大量保有報告書等の提出頻度・期限・開示内容について、一定の緩和措置が設けられている。
> - 特例報告制度を利用するためには、大量保有報告書等の提出義務が生じる前までに、「基準日」を管轄財務局長等に届け出なければならない。

1 概略

　金融商品取引業者等が保有する「特例対象株券等」については、金融機関の事務負担を軽減するなどの観点から、大量保有報告書等の提出頻度・期限・開示内容について、以下のとおり、一定の緩和措置が設けられている（以下「特例報告制度」という）。

> 提出頻度：月2回の基準時点
> 提出期限：基準日から5営業日以内
> 開示内容：①「最近60日間の取得または処分の状況」、および②「保有株券等の取得資金の内訳」、③「重要提案行為等」に関する記載が不要。また、提出者のために株券等の売買その他の取引の媒介、取次または代理を行った者の名称、所在地および連絡先を記載した書面の添付が不要

　なお、特例報告制度を利用する場合には、事前に「基準日」を管轄財務局長等に届け出る必要がある。基準日とは、以下の毎月2回以上設けられる日の組合せのうちから、特例対象株券等の保有者が管轄財務局長等に届出をした日をいう（金商法27条の26第3項、金商法施行令14条の8の2第2項）。かかる基準日以外の日において、一時的に株券等保有割合が5％を超えたとしても、次の基準日までに、その保有割合が5％以下になっていれば、原則として、大量保有報告書の提出は不要とされる。

> ① 各月の第2、第4および第5（もしあれば）月曜日
> ② 各月の15日および末日（これらの日が土曜日または日曜日に該当する場合には、その前の金曜日）

　かかる基準日の届出は、大量保有報告書等の提出義務が生じる前までに行う必要がある点につき、留意が必要である。実際の届出手続としては、EDINETを用いた電子開示手続による。なお、金融商品取引業者等の共同保有者が特例報告

制度を利用する場合には、当該共同保有者も基準日の届出が必要となる（共同保有者からの委任を受けて、金融商品取引業者等が届け出ることも可能である）。

2 特例対象株券等

特例報告制度の対象となる「特例対象株券等」とは、以下のものを指す（金商法27条の26第1項、大量保有府令11条、14条）。

> ① 第一種金融商品取引業者、投資運用業者、銀行等（「金融商品取引業者等」）が保有する株券等で、当該株券等の発行者の事業活動に重大な変更を加え、または重大な影響を及ぼす行為（以下「重要提案行為等」という）を行うことを保有の目的としないもの
> ② 国および地方公共団体、ならびに国および地方公共団体を共同保有者とする者が保有する株券等（基準日の届出が必要であるが、重要提案行為等を行う目的の有無は問題とされない）

以下では、当該「特例対象株券等」のうち、①の各要件について、詳述する。

3 金融商品取引業者等

上記2①に記載する特例報告によることができる第一種金融商品取引業者、投資運用業者、銀行等とは、以下の者を指す。

> ① 第一種金融商品取引業者
> ② 投資運用業者
> ③ 銀行
> ④ 信託会社
> ⑤ 保険会社
> ⑥ 農林中央金庫
> ⑦ 株式会社商工組合中央金庫
> ⑧ 外国の法令に準拠して外国において、第一種金融商品取引業・投資運用業・銀行業・信託業・保険事業を営む者
> ⑨ 銀行等保有株式取得機構
> ⑩ 日本銀行
> ⑪ 預金保険機構
> ⑫ ①～⑪に掲げる者（以下「金融商品取引業者等」という）を共同保有者とする者であって、金融商品取引業者等以外の者

4 重要提案行為等

(1) 提案内容

特例報告によるためには、「特例対象株券等」について、「重要提案行為等」を

行うことを保有の目的としないもの（つまり、通常業務の目的で行う「特例対象株券等」の保有に限られている）であることが必要とされ（金商法27条の26第1項、金商法施行令14条の8の2第1項）、かかる重要提案行為等を行うことを保有の目的を有する場合には、金融商品取引業者等であったとしても、一般報告（大量保有府令第1号様式）による必要がある。この場合、大量保有府令第1号様式の「重要提案行為等」欄に重要提案行為等を行う予定である旨を記載する必要がある。

ここにいう「重要提案行為等」とは、発行者またはその子会社に係る以下の事項を、その株主総会もしくは投資主総会または役員に対して提案する行為である（金商法施行令14条の8の2第1項）。なお、これらは限定列挙であり、いずれにも該当しない事項の提案行為については、「重要提案行為等」には該当しない。

① 重要な財産の処分または譲受け
② 多額の借財
③ 代表取締役の選定または解職
④ 役員の構成の重要な変更（例：取締役の過半数以上の変更等）
⑤ 支配人その他の重要な使用人の選任または解任
⑥ 支店その他の重要な組織の設置、変更または廃止
⑦ 株式交換、株式移転、会社の分割または合併
⑧ 事業の全部または一部の譲渡、譲受け、休止または廃止
⑨ 配当に関する方針の重要な変更（例：大幅な増配を要求する場合等）
⑩ 資本金の増加または減少に関する方針の重要な変更
⑪ その発行する有価証券の取引所金融商品市場における上場の廃止または店頭売買有価証券市場における登録の取消し（例：非上場に伴うMBO等）
⑫ その発行する有価証券の取引所金融商品市場への上場または店頭売買有価証券登録原簿への登録
⑬ 資本政策に関する重要な変更（例[26]：減資や増資、ストックオプション制度の廃止、大量の自社株買い等）
⑭ 解散（合併による解散を除く）
⑮ 破産手続開始、再生手続開始または更生手続開始の申立て

(2) 提案の相手方

「重要提案行為等」に該当するためには、上記列挙事項について、株主総会のほか、役員に対して提案する行為といえるか否かを検討する必要がある。

ここにいう役員とは、以下の者をいう（金商法施行令14条の8の2第1項）。

---

26) 根本226頁、町田行人『詳解　大量保有報告制度』（商事法務、2016年）146頁）。

① 業務を執行する社員
② 取締役
③ 執行役
④ 会計参与
⑤ 監査役
⑥ ①～⑤に準じる者
⑦ 相談役、顧問その他いかなる名称を有する者であるかを問わず、法人に対し業務を執行する社員、取締役、執行役、会計参与、監査役またはこれらに準じる者と同等以上の支配力を有する者と認められる者

(3) 「重要提案行為等」の判断要素
(i) 概要

「重要提案行為等」に該当するか否かは、以下の3要件を満たす必要があるとされている[27]。

① 提案の客観内容が、(上記(1)に記載した) 金商法施行令14条の8の2第1項各号のいずれかに該当すること (なお、各号において、「重要な」や「多額の」という用語が用いられている場合には、軽微なものは除く)
② 発行者の事業活動に重大な変更を加えるまたは重大な影響を及ぼすことを目的とする行為であること
③ 「提案」に該当すること

(ii) 上記(i)②

発行者の事業活動に重大な変更を加えるまたは重大な影響を及ぼすことを目的とする行為か否かは、一般に以下のように考えられる。

図表7-17：事業活動に重大な変更を加えるまたは重大な影響を及ぼす行為の該当性

ケース	要件該当性
純粋に発行者に意見を求められた場合	×
発行者が主体的に設定した株主との対話の場面（決算報告やIR説明会等）での意見陳述	×
主体的な経営方針にかかわりなく、他律的な影響力を行使する行為	○

27) 平成18年12月13日パブコメ回答28頁 No.90。

(iii) 上記(i)③

たとえば、以下の場合には、「提案」に該当しないものと考えられる。

---
① アナリストやファンドマネージャーが取材の一環として純粋に質問をする場合
② 機関投資家が議決権行使ガイドラインを一方的に公表するにとどまる場合
③ 投資顧問会社等が投資先企業の企業経営に関する分析等を公表するにとどまる場合

なお、2014年2月26日付で策定されたいわゆる日本版スチュワードシップ・コードでは、機関投資家に対して、投資先企業との間で建設的な対話を求めているが、かかる対話につき、金融庁は、投資先企業の経営方針等の説明を求める行為等は「提案」には該当しない可能性が高いとしつつ、株主総会において具体的な事項の決議を求める行為や投資先企業の経営方針等の変更を求める行為等については、「政令で列挙された事項」に該当する限り、「提案」に該当する可能性が高いとしている[28]。

(4) 重要提案行為等を行う場合の特例

金融商品取引業者等は、株券等保有割合が5％超になった日以後、最初に到来する基準日の5営業日後までの間に、重要提案行為等を行うときは、重要提案行為を行う5営業日前までに、一般報告の様式（大量保有府令第1号様式）により大量保有報告書を管轄財務局長等に提出しなければならない（金商法27条の26第4項、金商法施行令14条の8の2第3項、大量保有府令2条1項）。

また、金融商品取引業者等は、大量保有報告書または変更報告書の提出後に株券等保有割合が1％以上増加した場合であって、当該増加した日以後、最初に到来する基準日の5営業日後までの間に、重要提案行為等を行うときは、重要提案行為等を行う5営業日前までに、一般報告の様式（大量保有府令第1号様式）により変更報告書を管轄財務局長等に提出しなければならない（金商法27条の26第5項、金商法施行令14条の8の2第3項、大量保有府令8条1項）。

さらに、特定対象株券等を保有する金融商品取引業者等は、重要提案行為等を行うことに保有目的を変更するときは（重要提案行為等を行うことを新たに保有目的としたときは）、目的変更の日から5営業日以内に、一般報告により保有目的変更に係る変更報告書を提出しなければならない（金商法27条の26第1項）。なお、保有目的の変更とともに、株券等保有割合が1％以上増加するような場合には、

---

28) 金融庁・前掲注9) 6頁。

保有目的の変更と株券等保有割合の増加の2つの事項につき、1通の変更報告書により報告することができる[29]）。

5 特例報告制度の利用が認められない場合

金融商品取引業者等であっても、以下のいずれかに該当する場合には、特例報告制度が利用できない（金商法27条の26第1項、大量保有府令12条、13条等）。

① 基準日の届出を行っていないとき
② 重要提案行為等を保有目的とするとき
③ 株券等保有割合が10％超となったとき（重要提案行為等を行う目的の有無を問わず）
④ 金融商品取引業者等に該当しない共同保有者（上記3⑫）がおり、当該共同保有者の株券等保有割合が（単体ベースで）1％超のとき
⑤ 金融商品取引業者等の株券等保有割合が10％超の状態から、1％未満減少して、10％以下となったとき

なお、上記⑤の場合には、特例報告制度の対象外（特例報告制度に基づく変更報告書の提出は不要）となり、一般報告の適用があるものの、株券等保有割合の減少が1％未満のため、一般報告による変更報告書の提出も不要となる。仮に、株券等保有割合が10％超の状態から1％以上減少することにより、10％未満になった場合については、特例報告によることはできず、大量保有府令第1号様式により変更報告書を提出しなければならないこととされている点につき、留意が必要である（金商法27条の26第2項3号、大量保有府令8条）。

6 特例報告制度による大量保有報告書の提出

特定報告制度による大量保有報告書については、基準日から5営業日以内に提出する必要があり、実際の提出手続についても、一般的な大量保有報告書の提出手続と同様、EDINETを用いた電子開示手続による（株券等の発行者等への写しの送付は不要（金商法27条の30の6第1項～3項））。なお、一般的な大量保有報告書の提出手続と異なり、提出者のために株券等の売買その他の取引の媒介、取次ぎまたは代理を行った者の名称、所在地および連絡先を記載した書面の添付は要求されていない（大量保有府令15条）。提出された大量保有報告書は、5年間公衆縦覧に供される（金商法27条の28）。

ただし、特例報告制度による場合、大量保有府令第3号様式により、大量保有

---

[29] 大量保有Q&A問31（答）。

報告書を提出する必要があり、上記1のとおり記載内容が省略されている点につき、留意が必要である。

7　特例報告制度による変更報告書の提出

　特例報告制度においては、基準日において、以下の変更が生じている場合に、基準日から5営業日以内に変更報告書の提出が必要となる（金商法27条の26第2項各号。下記のほか、実際の提出方法等は上記6の大量保有報告書と同様である）。

> ①　特例報告に係る大量保有報告または変更報告書に記載すべき重要な事項の変更（変更報告書の提出を要しない列挙事由を除く）があった場合：基準日から5営業日以内
> ②　株券等保有割合が、一般報告により提出された大量保有報告書または変更報告書に記載された株券等保有割合より1％以上増加または減少した場合その他の大量保有報告書に記載すべき重要な事項の変更があった場合：基準日から5営業日以内
> ③　株券等保有割合が10％を下回り、当該株券等が特例対象株券等になった場合：特例対象株券等になった日から5営業日以内（大量保有府令第1号様式による一般報告として変更報告書の提出が必要）

　なお、上記②に関して、一般報告を行っていたものが特例対象となった場合には、特例対象となった後に迎える基準日時点において、1％以上の株券等保有割合の増減その他の重要な記載事項の変更があったか否かを、一般報告により提出済みの大量保有報告書および変更報告書の記載と比較して判断することになる。ここで想定されるのは、一般報告による大量保有報告書および変更報告書を提出していた金融商品取引業者等が、基準日の届出を行い、特例報告制度を利用することができるようになった場合、または重要提案行為等を行うことを保有目的としていたため一般報告により大量保有報告書および変更報告書を提出していた金融商品取引業者等が、保有目的を変更して重要提案行為等を行うことを保有目的としなくなった場合等である。

8　特例報告制度による訂正報告書の提出

　特例対象株券等に係る報告についても、一般報告に係る訂正報告書に関する規定の準用がある（金商法27条の26第6項、27条の25第3項）。詳細については、上記

第8章　インサイダー取引規制

I　インサイダー取引

ポイント
- 上場会社に未公表の重要事実や公開買付け等に関する事実がある場合、そのような事実を知って株式の売買等を行うことは、インサイダー取引に該当し、原則として禁止されている。

1　概要

　インサイダー取引は、会社の内部者または一定の関係者が、内部情報を知って、その公表前に対象となる会社の株券等の売買等を行うことをいう。このような取引が横行すると、人々は資本市場に対する信頼を失い、健全な投資家はそのような市場から退避することとなり、ひいては市場で資金調達をしようとする者に対する資金提供者がいなくなり、効率的な資源配分を行う資本市場の機能を失うおそれがある。そこで、このような危険を防止するため、インサイダー取引規制が設けられている[1]。

　インサイダー取引規制では、会社関係者等が未公表の重要事実を知って株券等の売買等をするという要件を充足すると、当該会社関係者等が、未公表の重要事実の取得と無関係に取引を行う場合や、当該取引により利益の獲得がない場合であっても、原則として、インサイダー取引に該当することとなる[2]。

　そのため、値上がり要因となる未公表の重要事実を知ったうえで、公表後の値上がりを予測して上場株式の買付けを行うような典型的なインサイダー取引事例だけでなく、値下がり要因となる未公表の重要事実を知りながら、あえて上場株式の買付けを行った場合のように、行為者が利益を獲得しない場合であっても、形式的にはインサイダー取引に該当する。後者の取引が、インサイダー取引に該当するという帰結は、一般的な「常識」とは必ずしも一致せず、また、金融庁・

---

1)　神田＝黒沼＝松尾 112 頁〔神作裕之〕。
2)　神田＝黒沼＝松尾 114 頁〔神作裕之〕。

証券取引等監視委員会が公表する「インサイダー取引規制に関するQ&A」においても、未公表の重要事実を利用する意図が明らかにないといえる場合にはインサイダー取引規制に該当しないとの見解が示されており、法的な判断としては悩ましい部分が存在する。そのため、会社関係者等は、未公表の重要事実が存する可能性があるタイミングで株券等の取引を行う場合には、法律の専門家に相談しつつ進めることが必要となる。

インサイダー取引規制は、典型的には、①会社関係者等が、上場会社等の未公表の重要事実を知って行う取引に対する規制（金商法166条）と②公開買付者等関係者等が、未公表の公開買付け等に関する事実を知って行う取引に対する規制（金商法167条）、さらには③外部への情報伝達と取引推奨の禁止があり、本章では、これらを中心に検討する。このほか、インサイダー取引規制を予防するための制度として、④売買報告と短期売買差益の提供（**第9章を参照のこと**）もインサイダー取引規制と整理されることがある。これらは、インサイダー取引を直接的に規制するものではないが、売買報告と6か月以内の反対売買に係る利益提供を認める制度を通じて、インサイダー取引の発生を抑止するための規制といえる。

2 会社関係者等によるインサイダー取引規制

(1) 総論

会社関係者等によるインサイダー取引規制（金商法166条）に該当するのは、以下の要件に該当する場合である。

> ① 行為者が、上場会社等の役員・従業員等の会社関係者等であること（下記(2)(i)）
> ② 当該上場会社等に係る未公表の業務等に関する重要事実があること（下記(2)(ii)）
> ③ 当該業務等に関する重要事実を知って当該上場会社等の株券等の売買等を行うこと（下記(2)(iii)）

(2) 各要件の検討

(i) 行為者が、上場会社等の役員・従業員等の会社関係者等であること

(a) 上場会社等

「上場会社等」（金商法163条1項）とは、典型的には、金融商品取引所に上場されている株券や新株予約権証券の発行者であるが、投信法上の投資証券の発行者等も含まれる。

(b) 「会社関係者」

「会社関係者」とは、下記**図表8-1**に掲げる者をいうが、会社関係者の類型に応じ、どのような経緯で業務等に関する重要事実を知った場合にインサイダー取

引に該当するかが異なる。なお、上場会社等の親会社や子会社[3]、上場投資法人等の場合には資産運用会社とその特定関係法人の会社関係者も含まれる（金商法166条1項1号）。

図表8-1：会社関係者の該当性

	会社関係者の類型	業務等に関する重要事実を知った経緯
1号[4]	役員、代理人、使用人その他の従業員（「役員等」）	その者の職務に関し知ったとき
2号、2号の2	会計帳簿閲覧請求権を有する株主等	当該権利の行使に関し知ったとき
3号	法令に基づく権限を有する者	当該権限の行使に関し知ったとき
4号	契約を締結している者または締結の交渉をしている者	当該契約の締結もしくはその交渉または履行に関し知ったとき
5号	2号、2号の2、4号の該当者が法人の場合にはその役員等	その者の職務に関し知ったとき

　行為者属性別の勧告状況は、下記**図表8-2**のとおりである。勧告件数を見ると、金商法166条違反の場合、上場会社等の役職員や契約締結者といった、会社関係者に対する勧告件数は第一次情報受領者に対する勧告件数と並んで多い。また、金商法167条違反の場合、第一次情報受領者に対する勧告件数の方が、会社関係者に対する勧告件数よりも多い。取引先や友人・同僚による事例も多いことから、社内におけるインサイダー情報の取扱いが必ずしも徹底できていない会社も多いことがうかがわれる。

図表8-2：インサイダー取引を行った違反行為者の属性

年度	17	18	19	20	21	22	23	24	25	26	27	28	29	30	計
会社関係者 (a1)	4	8	9	14	13	8	2	5	10	5	5	17	7	9	116
発行会社		2	1												3
発行会社役員		1	1	2	4	1		1	1	1	1	1	1		15
取締役		1	1	2	3	1		1	1	1	1	1	1		14
監査役					1										1
発行会社社員	4	3	3	4	7	2	1	3	3	2	1	12	4	9	58
執行役員						1									1

3)　上場会社等の子会社に係る会社関係者については、「業務等に関する重要事実」は、当該子会社の業務等に関する重要事実であって金商法166条2項5号から8号までに規定するものに限定される。
4)　金商法166条1項の該当する「号」を記載。

166条違反	部長等役席者	3	1	3	4	3	1		2		2	5	1	8	33
	その他社員	1	2			4		1	1	3		1	7	3	1	24
	契約締結者等			2	4	8	2	5	1	1	6	2	4	4	2	41
	第三者割当			1				5			2			2		10
	業務受託者					6			1	1		1	1	1	1	12
	業務提携者			1	1		2						2			6
	その他				3	2					4	1	1	1		13
	第一次情報受領者(b1)		3	4	2	12	10	6	9	17	4	10	13	6	6	102
	取引先			1	2	2	4	1	6	9	2		2	1	1	31
	親族					6	1		1	3			4	1		16
	友人・同僚		3				4	2	1	3	1	7	8	2	2	33
	知人等			3		4	1	3	1	2	1	3		1	3	22
	小計(c1)=(a1)+(b1)	4	11	13	16	25	18	8	14	27	9	15	30	13	15	218
167条違反	公開買付者等関係者(a2)				1	4			1		2	1	3	1		13
	買付者役員				1						1					2
	取締役										1					1
	監査役				1											1
	買付者社員					1							2	1		4
	執行役員															
	部長等役席者					1							2			3
	その他社員													1		1
	契約締結者等					3		1			1	1	1			7
	証券会社					1						1				2
	公開買付対象者					2		1								3
	役員					1										1
	社員					1		1								2
	その他					1					1		1			3
	第一次情報受領者(b2)			3	2	9		2	6	5	5	20	3	7	4	6	70
	取引先				2				3	1		9		3	1	1	20
	親族													1		1	3
	友人・同僚			3		8		1	2	3	4	11	3	2	2	1	40
	知人等							1		1				2	1	2	7
	小計(c2)=(a2)+(b2)			3	3	13	2	7	5	5	22	4	10	5	4	83
会社関係者等合計(a)=(a1)+(a2)		4	8	9	15	17	8	3	5	10	7	6	20	8	9	129
第一次情報受領者合計(b)=(b1)+(b2)			3	7	4	21	12	12	14	22	24	13	20	10	10	172
合計(c)=(a)+(b)		4	11	16	19	38	20	15	19	32	31	19	40	18	19	301

（注）一人の行為者が複数の属性でインサイダー取引を行っていたり、一人の行為者がインサイダー取引と情報伝達・取引推奨を行っている場合等があり、その場合、それぞれの属性を計上（表2-1及び2-2）している。

出典：証券取引等監視委員会事務局「金融商品取引法における課徴金事例集～不公正取引編～」（令和元年6月）17頁

　インサイダー取引の典型的な場面は、上場会社の役員や従業員が、業務等に関する重要事実を、その者の職務に関し知ったときである。職務に関し知ったときとは、職務に関し知れば足り、「誰から伝達を受けたか」といった当該重要事実を知った方法は問題とならない。ここで、取締役が取締役会で報告等された重要事実を知った場合がこれに該当することに争いはないが、ある従業員が、同じ部署で働く他の従業員の所持している資料を偶然見て重要事実を知ったという事例[5]等、その範囲は必ずしも明確でない。しかしながら、情報を管理する上場会社としては、このような事例は、「会社関係者」に該当すると整理することになろう。

(ⅽ)　元「会社関係者」および情報受領者

---

5)　木目田裕＝上島正道監修・西村あさひ法律事務所・危機管理グループ編『インサイダー取引規制の実務〔第2版〕』（商事法務、2014年）62頁。

者」は、会社関係者でなくなったとしても、会社関係者でなくなった後1年間は、会社関係者であった期間と同様にインサイダー取引規制の対象となる。たとえば、上場会社で重要なM&Aを担当していた従業員が、当該M&Aが公表される前に退職した場合には、当該M&Aが公表されるか、退職後1年間が経過するまでの間、従前と同様にインサイダー取引規制の対象となる。

また、会社関係者や会社関係者でなくなった後1年以内の者から業務等に関する重要事実の伝達を受けた者（金商法166条3項前段）および職務上当該伝達を受けた者が所属する法人の他の役員等であって、その者の職務に関し当該業務等に関する重要事実を知った者（同項後段）についても、インサイダー取引規制の対象となる。たとえば、会社関係者からの重要情報の伝達は下記**図表8-3**のように行われる。

図表8-3：情報受領者

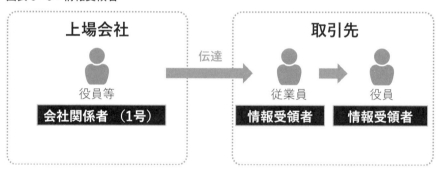

なお、伝達を受けた者がさらに第三者に伝達するような場面は、金商法166条3項後段に該当する場面を除き、インサイダー取引規制の対象ではないが、会社関係者から伝達を受けた者か、その者からさらに伝達を受けた者かは実質的に判断されており、形式的には、会社関係者からの「また聞き」といえる場合でも、「また聞き」した者が間に入った者を傀儡的に利用しているような場合には、「また聞き」した者もインサイダー取引規制の規制対象となる。

 (ii) 当該上場会社等に係る未公表の業務等に関する重要事実があること
  (a) 総論

「業務等に関する重要事実」には、決定事実、発生事実、決算情報、バスケット条項、子会社に関する事実および上場投資法人等に関する事実が存在する（金商法166条2項）。重要事実ごとの勧告の状況は下記**図表8-4**のとおりである。

図表8-4:重要事実等別の勧告件数

平成17年4月の課徴金制度導入以降、平成31年3月末までに勧告した各インサイダー取引規制違反（情報伝達規制違反は除く）の原因となった重要事実等を分類のうえ集計したもの

年度	17	18	19	20	21	22	23	24	25	26	27	28	29	30	計
新株等発行	2	3	3	1	4	6	3	6	10	1	1	8		1	49
自己株式取得						1		1				2	1	1	6
株式分割		2							1	1	1		1	1	7
剰余金の配当							1								1
株式交換					2	2	2								6
合併			2	1					3						6
会社の分割														1	1
事業の譲渡または事業の譲受け														6	6
新製品または新技術の企業化										1					1
業務提携・解消	3		5	8		3	2	3	5		4	15	7	2	57
固定資産の譲渡または取得												2			2
子会社異動を伴う株式譲渡等						1		1		2			1	1	6
民事再生・会社更生	1				8	2								3	14
新たな事業の開始							1								1
損害の発生							1				4				5
上場の廃止の原因となる事実													1		1
行政処分の発生					2										2
業績予想等の修正		5	3	3	2	1	2	3	6	4	8	8	3	5	53
バスケット条項					4	3	1	3			3	1			15
子会社に関する事実		1			3		2		2		1	1			10
うち子会社に係るバスケット条項												(1)			(1)
公開買付け等事実			3	3	13	2	7	5	5	22	4	10	5	5	84
うち公開買付けに準ずるもの					(1)		(1)								(2)
合計	6	11	16	18	38	21	19	22	33	31	26	45	21	26	333
年度別勧告件数	4	11	16	17	38	20	15	19	32	31	22	43	21	23	312

(注1)「年度」とは、当年4月～翌年3月をいう（以下表2～表4において同じ）。
(注2)「年度別勧告件数」とは、年度別に違反行為者の数を合算したものである。違反行為者が複数の重要事実等を知り（あるいは伝達を受け）違反行為に及んでいる場合があり、「合計」と「年度別勧告件数」は一致しないことがある。
(注3)情報伝達・取引推奨規制違反のうち、情報伝達に係る重要事実等については、インサイダー取引を行った違反行為者に係る重要事実等として計上されているため、本表から除いているが、取引推奨に係る重要事実等については、本表に計上している。

出典：証券取引等監視委員会事務局「金融商品取引法における課徴金事例集～不公正取引編～」（令和元年6月）16頁

ここで、インサイダー取引規制の対象となるのは、あくまで未公表の事実であるため、「業務等に関する重要事実」が存在する場合でも、それが「公表」（金商法166条4項）された後であれば、インサイダー取引には該当しない。そこで、「公表」の意味が重要となるが、「公表」の方法は法定されており、以下のいずれかの方法によることが必要である（同項、金商法施行令30条1項）。

① 少なくとも二の報道機関に対して重要事実を公開した時（実務上は、兜クラブへの投込み）から12時間が経過したこと
② TDnetへの掲載（金融商品取引所等への通知および電磁的方法による公衆縦覧）
③ 重要事実の記載された有価証券届出書等のEDINET登録完了（公衆縦覧）

上記のとおり、公表の方法が特定されているため、たとえば、報道機関によるスクープ報道がなされた場合であっても、重要事実等の「公表」がなされたことにはならない（最決平成28・11・28刑集70巻7号609頁は、上場会社の代表取締役等が行う伝達行為であっても、情報源を公にしないことを前提とした報道機関に対する重要情報の伝達は「公開」にあたらないと判断している）。一方、二以上の報道機関に対して重要事実を公開し、12時間以上が経過した場合には、当該報道機関が実際に報道しなくても、重要事実等の「公表」が行われたこととなる。

(b) 決定事実

決定事実は、業務等に関する重要事実のうち、金商法166条2項1号および金商法施行令28条に列挙される事項である。決定事実に応じて、軽微基準（取引規制府令49条1項）が定められていることから、インサイダー取引への該当性を確認するにあたっては、まず、これらの事項への該当性を確認することとなる。決定事実の詳細は下記**図表8-5**を参照のこと。

図表8-5：決定事実　　（特定上場会社等の場合は「**会社**」を企業集団と読み替える）

	対象事実	軽微基準
1	株式の発行、自己株式の処分、募集新株予約権の発行（金商法166条2項1号イ）	払込金額の総額が1億円未満（取引規制府令49条1項1号イ）
2	資本金の額の減少（金商法166条2項1号ロ）	なし
3	資本準備金または利益準備金の額の減少（金商法166条2項1号ハ）	なし

4	自己の株式の取得（金商法166条2項1号ニ）		なし
5	株式無償割当てまたは新株予約権無償割当て（金商法166条2項1号ホ）		
	a	株式無償割当てを行う場合	1株に対し割り当てる株式の数の割合が0.1未満（取引規制府令49条1項2号イ）
	b	新株予約権無償割当てを行う場合	割当新株予約権の行使価額の合計が1億円未満、かつ、1株に対し割り当てる新株予約権の目的である株式の数の割合が0.1未満（取引規制府令49条1項2号ロ）
6	株式の分割（金商法166条2項1号ヘ）		1株に対し増加する株式の数の割合が0.1未満（取引規制府令49条1項3号）
7	剰余金の配当（金商法166条2項1号ト）		1株当たりの配当額が、前事業年度の対応する期間に係る剰余金の配当額の80%超120%未満（取引規制府令49条1項4号）
8	株式交換（金商法166条2項1号チ）		
	a	株式交換完全親会社となる場合	① 完全子会社となる会社の最近事業年度の末日における<u>総資産</u>の帳簿価額が**会社**の最近事業年度の末日における<u>純資産額の30%未満</u>、<u>かつ</u>、完全子会社となる会社の最近事業年度の<u>売上高</u>が**会社**の最近事業年度の売上高の<u>10%未満</u>（取引規制府令49条1項5号イ） または ② <u>子会社</u>との間で行う<u>株式交換</u>（取引規制府令49条1項5号ロ）
	b	株式交換完全子会社となる場合	なし
9	株式移転（金商法166条2項1号リ）		なし
10	合併（金商法166条2項1号ヌ）		
	a	合併により解散しない場合（吸収合併において存続会社となる場合）	① **会社**の資産の増加額が**会社**の最近事業年度の末日における<u>純資産額の30%未満</u>、<u>かつ</u>、合併の予定

			日の属する事業年度および翌事業年度の各事業年度においていずれも売上高の増加額が最近事業年度の会社の売上高の10％未満 または ② 発行済株式または持分の全部を所有する子会社との合併（取引規制府令49条1項6号ロ）
	b	合併により解散する場合（新設合併、または消滅会社となる場合）	なし
11	会社の分割・事業譲渡または譲受け（金商法166条2項1号ル・ヲ）		
	a	分割会社・譲渡会社の場合	最近事業年度の末日における分割・譲渡対象資産の帳簿価額が同日における会社の純資産額の30％未満、かつ、 分割・事業譲渡の予定日の属する事業年度および翌事業年度の各事業年度においていずれも会社の売上高の減少額が会社の最近事業年度の売上高の10％未満（取引規制府令49条1項7号イ・8号イ）
	b	承継会社・譲受会社の場合	① 会社の資産の増加額が会社の最近事業年度の末日における純資産額の30％未満、かつ、分割・事業譲受けの予定日の属する事業年度および翌事業年度の各事業年度においていずれも会社の売上高の増加額が会社の最近事業年度の売上高の10％未満（取引規制府令49条1項7号ロ・8号ロ） または ② 発行済株式または持分の全部を所有する子会社からの事業譲受け（取引規制府令49条1項8号ハ）
12	解散（合併による解散を除く）（金商法166条2項1号ワ）		なし
13	新製品または新技術の企業化（金商法166条2項1号カ）		新製品の販売または新技術を利用する事業の開始予定日の属する事業年

			度開始の日から<u>3年以内</u>に開始する各事業年度においていずれも新製品または新技術の企業化による**会社**の<u>売上高の増加額</u>が**会社**の最近事業年度の<u>売上高の10％未満</u>、 かつ、 新製品の販売または新技術を利用する事業の開始のために<u>特別に支出する額の合計額</u>が**会社**の最近事業年度の末日における<u>固定資産の帳簿価額の10％未満</u>（取引規制府令49条1項9号）
14	業務上の提携または業務上の提携の解消（金商法施行令28条1号）		
	a	業務上の提携を行う場合	業務上の提携の予定日の属する事業年度開始の日から<u>3年以内</u>に開始する各事業年度においていずれも**会社**の<u>売上高の増加額</u>が**会社**の最近事業年度の売上高の10％未満、 かつ、 以下のⅰ～ⅲの場合には、以下に該当すること（取引規制府令49条1項10号イ）
		ⅰ 相手方の株式・持分を新たに取得する場合	新たに取得する相手方の株式または持分の<u>取得価額</u>が**会社**の最近事業年度の末日における<u>純資産額と資本金の額とのいずれか少なくない金額の10％未満</u>（取引規制府令49条1項10号イ(1)）
		ⅱ 相手方に株式を新たに取得される場合	取得される株式数が**会社**の最近事業年度の末日における<u>発行済株式の総数の5％以下</u>（取引規制府令49条1項10号イ(2)）
		ⅲ 共同して新会社を設立する場合	新会社の設立の予定日から<u>3年以内</u>に開始する新会社の各事業年度の末日における<u>総資産の帳簿価額</u>に新会社設立時の<u>出資比率[6]</u>を乗じて得た

---

6) 「出資比率」とは、所有する株式の数（持分の価額）を発行済株式の総数（出資の総額）で除して得た数値をいう。

			ものがいずれも**会社**の最近事業年度の末日における純資産額の30％未満、かつ、 新会社の各事業年度における売上高に出資比率を乗じて得たものがいずれも**会社**の最近事業年度の売上高の10％未満（取引規制府令49条1項10号イ(3)）
	b	業務上の提携の解消を行う場合	業務上の提携解消の予定日の属する事業年度開始の日から3年以内に開始する各事業年度においていずれも**会社**の売上高の減少額が**会社**の最近事業年度の売上高の10％未満、かつ、 以下のⅰ～ⅲの場合には、以下に該当すること（取引規制府令49条1項10号ロ）
		ⅰ 相手方の株式・持分を取得している場合	取得している相手方の株式または持分の帳簿価額が**会社**の最近事業年度の末日における純資産額と資本金の額とのいずれか少なくない金額の10％未満（取引規制府令49条1項10号ロ(1)）
		ⅱ 相手方に株式を取得されている場合	取得されている株式数が会社の最近事業年度の末日における発行済株式の総数の5％以下（取引規制府令49条1項10号ロ(2)）
		ⅲ 共同して新会社を設立している場合	新会社の最終事業年度の末日における総資産の帳簿価額に新会社設立時の出資比率を乗じて得たものが**会社**の最近事業年度の末日における純資産額の30％未満、かつ、 新会社の最近事業年度の売上高に出資比率を乗じて得たものが**会社**の最近事業年度の売上高の10％未満（取引規制府令49条1項10号ロ(3)）
15	子会社の異動を伴う株式または持分の譲渡または取得（金商法施行令28条2号）		

	a	既存の子会社（連動子会社（下記 c を参照のこと）を除く）の異動の場合	子会社または新たに子会社となる会社の最近事業年度の末日における**総資産**の帳簿価額が**会社**の最近事業年度の末日における**純資産額の30％未満**、 かつ、 子会社または新たに子会社となる会社の最近事業年度の**売上高**が**会社**の最近事業年度の**売上高の10％未満**（取引規制府令49条1項11号イ）
	b	新たに子会社（連動子会社を除く）を設立する場合	新たに設立する子会社の設立の予定日から**3年以内**に開始する子会社の各事業年度の末日における**総資産の帳簿価額**がいずれも**会社**の最近事業年度の末日における**純資産額の30％未満**、 かつ、 各事業年度における**売上高**がいずれも**会社**の最近事業年度の売上高の**10％未満**（取引規制府令49条1項11号ロ）
	c	剰余金の配当が特定の子会社の剰余金の配当に基づき決定される旨が定款で定められた株式についての当該特定の子会社（連動子会社）の異動の場合	なし （金商法施行令29条8号、取引規制府令49条1項11号本文かっこ書）
16	固定資産の譲渡または取得（金商法施行令28条3号）		
	a	譲渡の場合	**会社**の最近事業年度の末日における**固定資産の帳簿価額**が会社の同日における**純資産額の30％未満**（取引規制府令49条1項12号イ）
	b	取得の場合	**固定資産の取得価額**が**会社**の最近事業年度の末日における**純資産額の30％未満**（取引規制府令49条1項12号ロ）
17	事業の全部または一部の休止または廃止（金商法施行令28条4号）		事業の全部または一部の休止または廃止の予定日の属する事業年度の開始の日から**3年以内**に開始する各事業年度においていずれも**会社**の売上

		高の減少額が**会社**の最近事業年度の売上高の10%未満（取引規制府令49条1項13号）
18	株券の上場の廃止に係る申請（金商法施行令28条5号）	なし
19	株券の登録の取消しに係る申請（金商法施行令28条6号）	なし
20	株券の取扱有価証券としての指定の取消しに係る申請（金商法施行令28条7号）	なし
21	破産手続開始、再生手続開始または更生手続開始の申立て（金商法施行令28条8号）	なし
22	新たな事業の開始（新商品の販売または新たな役務の提供の企業化を含む。金商法施行令28条9号）	新たな事業の開始の予定日の属する事業年度開始の日から3年以内に開始する各事業年度においていずれも**会社**の売上高の増加額が**会社**の最近事業年度の売上高の10%未満、かつ、当該新たな事業の開始のために特別に支出する額の合計額が**会社**の最近事業年度の末日における固定資産の帳簿価額の10%未満（取引規制府令49条1項14号）
23	防戦買い（金商法166条6項4号、167条5項5号）の要請（金商法施行令28条10号）	なし
24	預金保険法74条5項の規定による申出（金商法施行令28条11号）	なし

　上記の決定事実を「業務執行を決定する機関」が行うことについての「決定」をしたこと、または当該機関が当該決定（公表されたものに限る）に係る事項を行わないことを「決定」していることが、金商法166条2項1号のインサイダー取引の要件となる。

　ここで、「業務執行を決定する機関」とは、会社法「所定の決定権限のある機関には限られず、実質的に会社の意思決定と同視されるような意思決定を行うことのできる機関であれば足りる」（最判平成11・6・10刑集53巻5号415頁〔日本織物加工事件〕）と解されている。過去の課徴金事例においては、当該会社の意思決

定の実情（たとえば、社長が進めることを了解した事案について、1度も、中止になったことがないなど）に照らして「業務執行を決定する機関」が判断されている。したがって、会社法上、取締役会や株主総会の決議事項とされる事項であっても、経営会議等の社内機関が「業務執行を決定する機関」に該当する場合もある。また、社長が決定した場合に、「他の取締役から異論が出ることはなく、会社としての意思決定とみなされる実態」（上記最判平成11・6・10）にあるような場合には、社長が「業務執行を決定する機関」に該当することとなる。ただし、「機関」である以上、役員以上の「決定」であることが求められているものと考えられている。

さらに、かかる機関の「決定」について、株式の発行の事例では、株式の発行それ自体や株式の発行に向けた作業等を会社の業務として行う旨を決定したことをいうとされ、かつ、かかる決定をしたというためには株式の発行の実現を意図して行ったことを要するが、当該株式の発行が確実に実行されるとの予測が成り立つことは要しないとされている（上記最判平成11・6・10）。かかる裁判例を前提として、実務上は、重要事実や公開買付け等事実に該当する行為の実施に向けた準備行為、たとえば、実施のための秘密保持契約の締結やファイナンシャル・アドバイザー等の選任等も法文上の「決定」に該当しうる。

一方で、中止の決定については、いったん行うことを決定した事項について、行わないことを決定した場合に重要事実に該当するが、これは、あくまで公表がなされているものに限られる。ここでの公表とは、金商法166条4項に規定する公表をいうところ、新聞のスクープ報道がなされたものの、法定の公表を行っていない事項を中止したような場面は、インサイダー取引規制の対象とはならない。「公表」については、上記(a)を参照のこと。

実務上、会社が自社株買いを行う場合に、未公表の潜在的なM&A取引の検討を行っているといった状況が見られる。潜在的なM&A取引の検討状況次第ではあるが、当該M&Aについて、すでに「決定」している場合、当該M&Aについて「公表」しなければ、自社株買いがインサイダー取引規制に違反することとなってしまうため、当該時点で基本合意書等を締結して、重要事実を公表することが考えられる。また、かかる公表ができない場合には、自社株買いと検討中のM&Aのいずれかを取りやめることを検討することとなる。自社株買いを優先して、検討中のM&Aを取りやめる場合、当該M&Aは「公表」されていないため、当該中止についての「決定」も問題とならない。

ここで、証券取引等監視委員会は、いったん公募増資の計画が中止され、その後発行決議の日程を異にする公募増資を再度計画し実施した事案において、①中止段階において、公募増資計画の再開時期について話題にするなど、公募増資計

画の続行を前提にしていたこと、②両増資計画の内容は、日程が異なるだけで、それ以外の新規発行株数等の内容には差異がないこと、③増資計画の中止から再開までに1か月しか経過していないことを理由に、中止前の計画の内容と再度計画された内容の同一性を認定している。そのため、実務上、M&Aを取りやめたというためには、自社株買い後に検討を開始することを想定した一時的な中断では足りず、互いにその時点までに提供された情報の返還・破棄を行い、プロジェクトチームを解散するなど、両者において、当該M&Aの検討前の状態に戻すことが必要となる[7]。

(c) 発生事実

発生事実は、業務等に関する重要事実のうち、金商法166条2項2号および金商法施行令28条の2に列挙される事項である。発生事実に応じて、軽微基準（取引規制府令50条）が定められていることから、インサイダー取引への該当性を確認するにあたっては、まず、これらの事項への該当性を確認することとなる。発生事実の詳細は下記図表8-6を参照のこと。

図表8-6：発生事実　　（特定上場会社等の場合は「**会社**」を企業集団と読み替える）

	対象事実	軽微基準
1	災害に起因する損害または業務遂行の過程で生じた損害（金商法166条2項2号イ）	損害の額が**会社**の最近事業年度末日における純資産額の3％未満（取引規制府令50条1号）
2	主要株主の異動（金商法166条2項2号ロ）	なし
3	特定有価証券または特定有価証券に係るオプションの上場廃止または登録取消しの原因となる事実（金商法166条2項2号ハ）	社債券または優先株に係る上場廃止・登録取消しの原因となる事実（優先株以外の株券または優先出資法に規定する優先出資証券の上場廃止の原因となる事実を除く）が生じたこと（取引規制府令50条2号）
4	財産権上の請求に係る訴えの提起または当該訴えの判決もしくは当該訴えに係る訴訟の全部もしくは一部の裁判によらない完結（「判決等」。金商法施行令28条の2第1号）	

---

7) 戸嶋浩二＝久保田修平編著『事例でわかるインサイダー取引』（商事法務、2013年）162頁。

	a	財産権上の請求に係る訴えの提起がされた場合	訴訟の目的の価額が**会社**の最近事業年度末日における<u>純資産額の15%未満</u>であり、 かつ、 請求が訴えの提起後ただちに訴えのとおり認められて敗訴したとした場合、訴えの提起日の属する事業年度開始日から<u>3年以内</u>に開始する<u>各事業年度</u>においていずれも敗訴による**会社**の売上高の減少額が**会社**の最近事業年度の<u>売上高の10%未満</u>（取引規制府令50条3号イ）
	b	財産権上の請求に係る訴えの判決等があった場合	<u>上記aに掲げる軽微基準に該当する訴えの提起に係る判決または裁判によらない完結の場合または上記aに掲げる軽微基準に該当しない訴えの提起に係る訴訟の一部が裁判によらずに完結した場合</u>で、判決等により**会社**の給付する財産の額が**会社**の最近事業年度末日における<u>純資産額の3％未満</u>、 かつ、 判決等の日の属する事業年度開始日から<u>3年以内</u>に開始する<u>各事業年度</u>においていずれも判決等による**会社**の売上高の減少額が**会社**の最近事業年度の売上高の<u>10％未満</u>（取引規制府令50条3号ロ）
5		事業の差止めその他これに準ずる処分を求める仮処分命令の申立てまたは当該申立ての裁判もしくは裁判によらない完結（「裁判等」。金商法施行令28条の2第2号）	
	a	事業の差止めその他これに準ずる処分を求める仮処分命令の申立てがされた場合	仮処分命令が申立て後ただちに申立てのとおり発せられたとした場合、申立ての日の属する事業年度開始日から<u>3年以内</u>に開始する<u>各事業年度</u>においていずれも仮処分命令による**会社**の売上高の減少額が**会社**の最近事業年度の売上高の<u>10％未満</u>（取引規制府令50条4号イ）

	b	事業の差止めその他これに準ずる処分を求める仮処分命令申立ての裁判等があった場合	裁判等の日の属する事業年度開始日から3年以内に開始する各事業年度においていずれも裁判等による**会社**の売上高の減少額が**会社**の最近事業年度の売上高の10%未満（取引規制府令50条4号ロ）
6		免許の取消し、事業の停止その他これらに準ずる行政庁による法令に基づく処分（金商法施行令28条の2第3号）	処分を受けた日の属する事業年度開始日から3年以内に開始する各事業年度においていずれも当該処分による**会社**の売上高の減少額が**会社**の最近事業年度の売上高の10%未満（取引規制府令50条5号）
7		親会社の異動（金商法施行令28条の2第4号）	なし
8		当該上場会社等以外の者による破産手続開始、再生手続開始、更生手続開始または企業担保権の実行の申立てまたは通告（「破産手続開始の申立て等」。金商法施行令28条の2第5号）	なし
9		手形もしくは小切手の不渡り（支払資金の不足を事由とするものに限る）または手形交換所による取引停止処分（「不渡り等」。金商法施行令28条の2第6号）	なし
10		親会社に係る破産手続開始の申立て等（金商法施行令28条の2第7号）	なし
11		債務者または保証債務に係る主たる債務者について不渡り等、破産手続開始の申立て等その他これらに準ずる事実が生じたことにより、当該債務者に対する債権または当該主たる債務者に対する求償権について債務不履行のおそれが生じたこと（金商法施行令28条の2第8号）	債務不履行のおそれのある額が**会社**の最近事業年度末日における純資産額の3%未満（取引規制府令50条6号）
12		主要取引先（前事業年度における売上高または仕入高が売上高の総額または仕入高の総額の10%以上の取引先）との取引停止（金商法施行令28条の2第9号）	主要取引先との取引の停止の日の属する事業年度開始日から3年以内に開始する各事業年度においていずれも取引の停止による**会社**の売上高の減少額が**会社**の最近事業年度の売上高の10%未満（取引規制府令50条7号）

13	債権者による債務の免除または第三者による債務の引受けもしくは弁済（金商法施行令28条の2第10号）	債務の免除の額または債務の引受けもしくは弁済の額が**会社**の最近事業年度末日における**債務総額の10％未満**（取引規制府令50条8号）
14	資源の発見（金商法施行令28条の2第11号）	発見された資源の採掘または採取を開始する事業年度開始日から**3年以内**に開始する**各事業年度**においていずれも資源を利用する事業による**会社**の売上高の増加額が**会社**の最近事業年度の**売上高の10％未満**（取引規制府令50条9号）
15	特定有価証券または特定有価証券に係るオプションの取扱有価証券としての指定の取消しの原因となる事実（金商法施行令28条の2第12号）	**優先株**に係る取扱有価証券としての指定の取消しの原因となる事実（優先株以外の株券の取扱有価証券としての指定の取消しの原因となる事実を除く）が生じたこと（取引規制府令50条10号）
16	特別支配株主が上場会社に係る株式等の売渡請求を行うことについて決定したことまたは当該決定（公表がされたものに限る）に係る株式等売渡請求を行わないことを決定したこと（金商法施行令28条の2第13号）	なし

(d) 決算情報

　上場会社等の売上高、経常利益若しくは純利益（以下「売上高等」という）もしくは剰余金の配当または当該上場会社等の属する企業集団の売上高等について、公表がされた直近の予想値（当該予想値がない場合は、公表がされた前事業年度の実績値）に比較して当該上場会社等が新たに算出した予想値または当事業年度の決算において差異が生じたことは、業務等に関する重要事実となる（金商法166条2項3号）。ここで、「上場会社等が新たに算出した」とは、公表数値が具体的に確定しているまでの必要はなく、取締役会において予想値の修正公表が避けられない事態に立ち至っていることについての報告がなされ、その承認がなされたことをもって足りる（東京地判平成4・9・25判時1438号151頁〔マクロス事件〕）。

　なお、差異の内容に応じて、**基準値**（取引規制府令51条）が定められていることから、インサイダー取引への該当性を確認するにあたっては、まず、これらの事項への該当性を確認することとなる。決算情報の詳細は下記**図表8-7**を参照のこと。

図表 8-7：決算情報

	対象項目[8]	重要基準
1	単体売上高 または 連結売上高	新たに算出した予想値または当事業年度の決算における数値の、公表がされた直近の予想値（当該予想値がない場合は、公表がされた前事業年度の実績値）からの増減額が<u>10%以上</u>（取引規制府令51条1号）
2	単体経常利益 または 連結経常利益	新たに算出した予想値または当事業年度の決算における数値の、公表がされた直近の予想値（当該予想値がない場合は、公表がされた前事業年度の実績値）からの増減額が<u>30%以上</u>（公表がされた直近の予想値または当該予想値がない場合における公表がされた前事業年度の実績値が0の場合はすべてこの基準に該当することとする）であり、 <u>かつ、</u> 新たに算出した予想値または当事業年度の決算における数値と公表がされた直近の予想値（当該予想値がない場合は、公表がされた前事業年度の実績値）の差額が前事業年度の末日における<u>純資産額</u>と<u>資本金の額</u>とのいずれか少なくない金額の<u>5％以上</u>であること（取引規制府令51条2号）
3	単体純利益 または 連結純利益	新たに算出した予想値または当事業年度の決算における数値の、公表がされた直近の予想値（当該予想値がない場合は、公表がされた前事業年度の実績値）からの増減額が<u>30%以上</u>（公表がされた直近の予想値または当該予想値がない場合における公表がされた前事業年度の実績値が0の場合はすべてこの基準に該当することとする）であり、 <u>かつ、</u> 新たに算出した予想値または当事業年度の決算における数値と公表がされた直近の予想値（当該予想値がない場合は、公表がされた前事業年度の実績値）の差額が前事業年度の末日における<u>純資産額</u>と<u>資本金の額</u>とのいずれか少なくない金額の<u>2.5％以上</u>であること（取引規制府令51条3号）
4	剰余金の配当	新たに算出した予想値または当事業年度の決算における数値（決算によらないで確定した数値を含む）の、公表がされた直近の予想値（当該予想値がない場合は、公表がされた前事業年度の対応する期間に係る剰余金の配当の実績値）からの増減額が<u>20%以上</u>（公表がされた直近の予想値または当該予想値がない場合における公表がされた前事業年度の実績値が0の場合はすべてこの基準に該当することとする）であること（取引規制府令51条4号）

8) 特定上場会社等については、単体の売上高、経常利益および純利益が除外される。

(e) バスケット条項

　決定事実、発生事実、決算情報以外の事実であっても、当該上場会社等の運営、業務または財産に関する重要な事実であって投資家の投資判断に著しい影響を及ぼすものは、業務等に関する重要事実に該当する（金商法166条2項4号）。決定事実、発生事実および決算情報については、上記のとおり客観的な基準で判断することができるが、バスケット条項については、これらに包摂・評価されえない（最判平成11・2・16刑集53巻2号1頁〔日本商事事件〕）事実がバスケット条項に該当しないかといった観点から個別の検証を行う必要が生じる。実務上、バスケット条項への該当性の判断に際しては、金融商品取引所の適時開示基準のうち、バスケット条項で列挙された定量的な基準への該当性や過去の裁判例のほか、証券取引等監視委員会が公表している過去事例（下記**図表8-8**）が参考になる。証券取引等監視委員会が公表している過去事例において、バスケット条項適用の判断要素としては、①上場廃止のおそれ、②信用低下のおそれ、③業務展開に重大な支障が生じるおそれ、④財務悪化のおそれ、⑤業績悪化のおそれといった要素があげられている。

図表8-8：過去にバスケット条項が適用された個別事例

参考事例	分類	重要事実の概要	上場廃止の恐れ	信用低下の恐れ	業務展開に重大な支障が生じる恐れ	財務悪化の恐れ	業績悪化の恐れ	その他
1	決算・財務等関連	過年度の決算数値に過誤があることが発覚したこと	○	○	○			
2		複数年度にわたる不適切な会計処理が判明したこと	○	○				
3		第三者割当による転換社債型新株予約権付社債の発行が失権となる蓋然性が高まり、継続企業の前提に関する重要な疑義を解消するための財務基盤を充実させるのに必要な資金を確保することが著しく困難となったこと	○			○	○	
4		会計監査人の異動、それに伴い有価証券報告書の提出が遅延し、株式が監理銘柄に指定される見込みとなったこと	○	○				
5		発行会社の債務不履行により、契約解除が前提となる他社からの支払催告書が到達したこと			○	○		

6	製品等の提供関連	他社から、両社間の業務提携に係る不動産検索サービスの提供を停止するとの一方的な通告を受けたこと				○	
7		新薬開発のための第3相臨床試験の中止を決定したこと				○	
8	製品等のデータ関連	発行会社が製造、販売する製品の強度試験の検査数値の改ざん及び板厚の改ざんが確認されたこと	○	○			
9		発行体が子会社を通じ製造、販売していた製品の一部が、国の性能評価基準に適合していないこと等が判明したこと	○	○			
10		発行会社子会社が施工した工事の一部について、施工データの転用及び加筆があったことが判明したこと	○	○	○		
11	企業再編関連	発行会社が全部取得条項付種類株式を利用する方法により、発行会社を他社の完全子会社とする決定をしたこと					○
12	行政庁による調査関連	発行会社が、有価証券報告書虚偽記載の嫌疑による証券取引等監視委員会の強制調査を受けたこと					○

※ 過去事例において、バスケット条項該当性に記載されている判断要素をとりまとめたもの

出典：証券取引等監視委員会事務局「金融商品取引法における課徴金事例集〜不公正取引編〜」（令和元年6月）104頁

　(f)　子会社に関する事実
　子会社に関する事実も、親会社である上場会社等の業務等に関する重要事実に該当する可能性がある。子会社についても、決定事実（金商法166条2項5号、金商法施行令29条）、発生事実（金商法166条2項6号、金商法施行令29条の2）、決算情報[9]（金商法166条2項7号、取引規制府令55条）およびバスケット条項（金商法166条2項8号）に列挙される事項である。上場会社等と同様、軽微基準（取引規制府令52条、53条）も定められていることから、インサイダー取引への該当性を確認するにあたっては、まず、これらの事項への該当性を確認することとなる。子会社に関する事実の詳細は下記図表8-9を参照のこと。

---

9)　子会社の決算情報が業務等に関する重要事実に該当するのは、当該子会社自身が「上場会社等」に該当する場合および子会社連動株式に係る売買等をする場合の当該連動子会社に該当する場合に限られる。

図表8-9：子会社の決定事実

		対象事実	軽微基準
1		株式交換・株式移転（金商法166条2項5号イ・ロ）	上場会社等の属する企業集団の資産の増減額が企業集団の最近事業年度の末日における純資産額の30％未満、かつ、 企業集団の売上高の増減額が企業集団の最近事業年度の売上高の10％未満（取引規制府令52条1項1号イ・ロ・2号イ・ロ）
2		合併（金商法166条2項5号ハ）	上場会社等の属する企業集団の資産の増減額が企業集団の最近事業年度の末日における純資産額の30％未満、かつ、 合併の予定日の属する企業集団の事業年度および翌事業年度の各事業年度においていずれも企業集団の売上高の増減額が企業集団の最近事業年度の売上高の10％未満（取引規制府令52条1項3号イ・ロ）
3		会社の分割・事業譲渡または譲受け（金商法166条2項5号ニ・ホ）	
	a	承継会社・譲受会社の場合	上場会社等の属する企業集団の資産の増加額が企業集団の最近事業年度の末日における純資産額の30％未満、かつ、 分割・事業譲受の予定日の属する企業集団の事業年度および翌事業年度の各事業年度においていずれも企業集団の売上高の増加額が企業集団の最近事業年度の売上高の10％未満（取引規制府令52条1項4号イ・5号イ）
	b	分割会社・譲渡会社の場合	上場会社等の属する企業集団の資産の減少額が企業集団の最近事業年度の末日における純資産額の30％未満、かつ、 分割・事業譲渡の予定日の属する企業集団の事業年度および翌事業年度の各事業年度においていずれも分

			割・事業譲渡による企業集団の売上高の減少額が当該企業集団の最近事業年度の売上高の10%未満（取引規制府令52条1項4号ロ・5号ロ）
4	解散（合併による解散を除く。金商法166条2項5号ヘ）		上場会社等の属する企業集団の資産の減少額が企業集団の最近事業年度の末日における純資産額の30%未満、かつ、解散の予定日の属する企業集団の事業年度および翌事業年度の各事業年度においていずれも解散による企業集団の売上高の減少額が企業集団の最近事業年度の売上高の10%未満（取引規制府令52条1項5号の2）
5	新製品または新技術の企業化（金商法166条2項5号ト）		新製品の販売または新技術を利用する事業の開始予定日の属する事業年度開始の日から3年以内に開始する各事業年度においていずれも新製品または新技術の企業化による上場会社等の属する企業集団の売上高の増加額が当該企業集団の最近事業年度の売上高の10%未満、かつ、新製品の販売または新技術を利用する事業の開始のために特別に支出する額の合計額が企業集団の最近事業年度の末日における固定資産の帳簿価額の10%未満（取引規制府令52条1項6号）
6	業務上の提携または業務上の提携の解消（金商法施行令29条1号）		
	a	業務上の提携を行う場合	業務上の提携の予定日の属する当該上場会社等の属する企業集団の事業年度開始の日から3年以内に開始する各事業年度においていずれも業務上の提携による企業集団の売上高の増加額が企業集団の最近事業年度の売上高の10%未満、かつ、以下のi〜iiiの場合には、以下に該

Ⅰ　インサイダー取引　233

			|当すること（取引規制府令52条1項7号イ）
		ⅰ	相手方の株式・持分を新たに取得する場合	取得する相手方の株式または持分の<u>取得価額</u>が上場会社等の属する企業集団の最近事業年度の末日における<u>純資産額と資本金の額とのいずれか少なくない金額の10％未満</u>（取引規制府令52条1項7号イ(1)）
		ⅱ	相手方に株式を新たに取得される場合	取得される株式の<u>取得価額</u>が上場会社等の属する企業集団の最近事業年度の末日における<u>純資産額と資本金の額とのいずれか少なくない金額の10％未満</u>（取引規制府令52条1項7号イ(2)）
		ⅲ	共同して新会社を設立する場合（孫会社の設立に該当する場合を除く）	新会社の設立の予定日から<u>3年以内</u>に開始する新会社の各事業年度の末日における<u>総資産の帳簿価額に新会社設立時の出資比率を乗じて得たものがいずれも上場会社等の属する企業集団の最近事業年度の末日における純資産額の30％未満</u>、 かつ、 新会社の各事業年度における<u>売上高に出資比率を乗じて得たものがいずれも企業集団の最近事業年度の売上高の10％未満</u>（取引規制府令52条1項7号イ(3)）
	b	業務上の提携の解消を行う場合		業務上の提携解消の予定日の属する上場会社等の属する企業集団の事業年度開始の日から<u>3年以内</u>に開始する各事業年度においていずれも業務上の提携解消による当該企業集団の<u>売上高の減少額</u>が当該企業集団の最近事業年度の<u>売上高の10％未満</u>、 かつ、 以下のⅰ～ⅲの場合には、以下に該当すること（取引規制府令52条1項7号ロ）
		ⅰ	相手方の株式[10]・持分を取得している場合	取得している相手方の株式または持分の<u>帳簿価額</u>が上場会社等の属する

				企業集団の最近事業年度の末日における純資産額と資本金の額とのいずれか少なくない金額の10％未満（取引規制府令52条1項7号ロ(1)）
		ii	相手方に株式を取得されている場合	取得されている株式の相手方の取得価額が上場会社等の属する企業集団の最近事業年度の末日における純資産額と資本金の額とのいずれか少なくない金額の10％未満（取引規制府令52条1項7号ロ(2)）
		iii	共同して新会社を設立している場合	新会社の最終事業年度の末日における総資産の帳簿価額に出資比率を乗じて得たものが上場会社等の属する企業集団の最近事業年度の末日における純資産額の30％未満であり、かつ、新会社の最近事業年度の売上高に出資比率を乗じて得たものが企業集団の最近事業年度の売上高の10％未満（取引規制府令52条1項7号ロ(3)）
7	孫会社の異動を伴う株式または持分の譲渡または取得（金商法施行令29条2号）			
		a	既存の会社の異動の場合	孫会社または新たに孫会社となる会社の最近事業年度の末日における総資産の帳簿価額が上場会社等の属する企業集団の最近事業年度の末日における純資産額の30％未満、かつ、孫会社または新たに孫会社となる会社の最近事業年度の売上高が企業集団の最近事業年度の売上高の10％未満（取引規制府令52条1項8号イ）
		b	新たに孫会社を設立する場合	新たに設立する孫会社の設立の予定日から3年以内に開始する当該孫会社の各事業年度の末日における総資産の帳簿価額がいずれも上場会社等の属する企業集団の最近事業年度の末日における純資産額の30％未満、

10) iおよびiiにおいては、「株式」に優先出資を含む。

Ⅰ　インサイダー取引　235

		かつ、 新たに設立する孫会社の各事業年度における<u>売上高</u>がいずれも企業集団の最近事業年度の<u>売上高</u>の<u>10％未満</u>（取引規制府令52条1項8号ロ）
8	固定資産の譲渡または取得（金商法施行令29条3号）	固定資産の譲渡または取得による上場会社等の属する企業集団の<u>資産の増減額</u>が企業集団の最近事業年度の末日における<u>純資産額の30％未満</u>（取引規制府令52条1項9号）
9	事業の全部または一部の休止または廃止（金商法施行令29条4号）	事業の全部または一部の休止・廃止の予定日の属する事業年度の開始の日から<u>3年以内</u>に開始する各事業年度においていずれも休止・廃止による上場会社等の属する企業集団の<u>売上高の減少額</u>が上場会社等の属する企業集団の最近事業年度の<u>売上高の10％未満</u>（取引規制府令52条1項10号）
10	破産手続開始、再生手続開始または更生手続開始の申立て（金商法施行令29条5号）	なし
11	新たな事業の開始（新商品の販売または新たな役務の提供の企業化を含む。金商法施行令29条6号）	新たな事業の開始予定日の属する事業年度の開始の日から<u>3年以内</u>に開始する各事業年度においていずれも新たな事業の開始による上場会社等の属する企業集団の売上高の<u>増加額</u>が上場会社等の属する企業集団の最近事業年度の<u>売上高の10％未満</u>、 かつ、 新たな事業開始のために<u>特別に支出</u>する額の合計額が企業集団の最近事業年度の末日における<u>固定資産の帳簿価額の10％未満</u>（取引規制府令52条1項11号）
12	預金保険法74条5項の規定による申出（金商法施行令29条7号）	なし
13	剰余金の配当（連動子会社に係るものに限る。金商法施行令29条8号）	<u>子会社連動株式以外の特定有価証券等に係る売買等</u>を行う場合における連動子会社の剰余金の配当について

図表 8-10：子会社の発生事実

	対象事実	軽微基準
1	災害に起因する損害または業務遂行の過程で生じた損害（金商法166条2項6号イ）	損害の額が上場会社等の属する企業集団の最近事業年度末日における<u>純資産額の3％未満</u>（取引規制府令53条1項1号）
2	財産権上の請求に係る訴えの提起または訴えの判決もしくは訴えに係る訴訟の全部・一部の裁判によらない完結（金商法施行令29条の2第1号）	
2 a	財産権上の請求に係る訴えの提起がされた場合	訴訟の目的の価額が上場会社等の属する企業集団の最近事業年度末日における<u>純資産額の15％未満</u>、かつ、請求が訴えの提起後ただちに訴えのとおり認められて敗訴したとした場合、訴えの提起日の属する事業年度開始日から3年以内に開始する<u>各事業年度</u>においていずれも敗訴による企業集団の売上高の減少額が企業集団の最近事業年度の<u>売上高の10％未満</u>（取引規制府令53条1項2号イ）
2 b	財産権上の請求に係る訴えの判決等があった場合	上記 a に掲げる軽微基準に該当する<u>訴えの提起に係る判決または裁判によらない完結</u>の場合または上記 a に掲げる軽微基準に該当しない訴えの提起に係る訴訟の一部が裁判によらずに完結した場合で、判決等により子会社の給付する財産の額が上場会社等の属する企業集団の最近事業年度末日における<u>純資産額の3％未満</u>、

の決定（取引規制府令52条1項12号）[11]

---

11) 子会社連動株式に係る売買等をする場合における軽微基準は、1株あたりの剰余金の配当額が、<u>前事業年度</u>の対応する期間に係る剰余金の配当額の80％超120％未満（当該連動子会社の最近事業年度の1株あたりの剰余金の配当額と上場会社等が当該連動子会社の剰余金の配当に基づき決定した最近事業年度の1株あたりの剰余金の配当額が同額の場合に限る。取引規制府令52条2項12号）。

Ⅰ インサイダー取引　237

			かつ、判決等の日の属する事業年度開始日から<u>3年以内</u>に開始する<u>各事業年度</u>においていずれも判決等による企業集団の売上高の減少額が企業集団の最近事業年度の<u>売上高の10％未満</u>（取引規制府令53条1項2号ロ）
3		事業の差止めその他これに準ずる処分を求める仮処分命令の申立てまたは申立ての裁判または裁判によらない完結（金商法施行令29条の2第2号）	
	a	事業の差止めその他これに準ずる処分を求める仮処分命令の申立てがされた場合	仮処分命令が申立て後ただちに申立てのとおり発せられたとした場合、申立ての日の属する事業年度開始日から<u>3年以内</u>に開始する<u>各事業年度</u>においていずれも仮処分命令による上場会社等の属する企業集団の売上高の減少額が当該企業集団の最近事業年度の<u>売上高の10％未満</u>（取引規制府令53条1項3号イ）
	b	事業の差止めその他これに準ずる処分を求める仮処分命令申立ての裁判等があった場合	裁判等の日の属する事業年度開始日から<u>3年以内</u>に開始する<u>各事業年度</u>においていずれも裁判等による上場会社等の属する企業集団の売上高の減少額が企業集団の最近事業年度の<u>売上高の10％未満</u>（取引規制府令53条1項3号ロ）
4		免許の取消し、事業の停止その他これらに準ずる行政庁による法令に基づく処分（金商法施行令29条の2第3号）	処分を受けた日の属する事業年度開始日から<u>3年以内</u>に開始する<u>各事業年度</u>においていずれも処分による上場会社等の属する企業集団の売上高の減少額が企業集団の最近事業年度の<u>売上高の10％未満</u>（取引規制府令53条1項4号）
5		債権者その他の当該子会社以外の者による破産手続開始、再生手続開始、更生手続開始または企業担保権の実行の申立てまたは通告（「破産手続開始の申立て等」。金商法施行令29条の2第4号）	なし

6	手形もしくは小切手の不渡り（支払資金の不足を事由とするものに限る）または手形交換所による取引停止処分（「不渡り等」。金商法施行令29条の2第5号）	なし
7	孫会社に係る破産手続開始の申立て等（金商法施行令29条の2第6号）	なし
8	債務者または保証債務に係る主たる債務者について不渡り等、破産手続開始の申立て等その他これらに準ずる事実が生じたことにより、債務者に対する債権または主たる債務者に対する求償権について債務不履行のおそれが生じたこと（金商法施行令29条の2第7号）	債務不履行のおそれのある額が当該上場会社等の属する企業集団の最近事業年度末日における純資産額の3％未満（取引規制府令53条1項5号）
9	主要取引先（前事業年度における売上高または仕入高が売上高の総額または仕入高の総額の10％以上の取引先）との取引停止（金商法施行令29条の2第8号）	主要取引先との取引停止の日の属する事業年度開始日から3年以内に開始する各事業年度においていずれも取引停止による上場会社等の属する企業集団の売上高の減少額が企業集団の最近事業年度の売上高の10％未満（取引規制府令53条1項6号）
10	債権者による債務の免除または第三者による債務の引受けもしくは弁済（金商法施行令29条の2第9号）	債務の免除の額または債務の引受けもしくは弁済の額が上場会社等の属する企業集団の最近事業年度末日における債務総額の10％未満（取引規制府令53条1項7号）
11	資源の発見（金商法施行令29条の2第10号）	発見された資源の採掘または採取を開始する事業年度開始日から3年以内に開始する各事業年度においていずれも資源を利用する事業による上場会社等の属する企業集団の売上高の増加額が企業集団の最近事業年度の売上高の10％未満（取引規制府令53条1項8号）

図表 8-11：子会社の決算情報

	対象項目	重要基準
1	売上高	新たに算出した予想値または当事業年度の決算における数値の、公表がされた直近の予想値（当該予想値がない場合

		は、公表がされた前事業年度の実績値）からの増減額が<u>10％以上</u>（取引規制府令55条2項1号）。
2	経常利益	新たに算出した予想値または当事業年度の決算における数値の、公表がされた直近の予想値（当該予想値がない場合は、公表がされた前事業年度の実績値）からの増減額が<u>30％以上</u>（公表がされた直近の予想値または当該予想値がない場合における公表がされた前事業年度の実績値が0の場合はすべてこの基準に該当することとする）であり、 かつ、 新たに算出した予想値または当事業年度の決算における数値と公表がされた直近の予想値（当該予想値がない場合は、公表がされた前事業年度の実績値）の差額が前事業年度の末日における<u>純資産額</u>と<u>資本金の額</u>とのいずれか少なくない金額の<u>5％以上</u>であること（取引規制府令55条2項2号）。
3	純利益	新たに算出した予想値または当事業年度の決算における数値の、公表がされた直近の予想値（当該予想値がない場合は、公表がされた前事業年度の実績値）からの増減額が<u>30％以上</u>（公表がされた直近の予想値または当該予想値がない場合における公表がされた前事業年度の実績値が0の場合はすべてこの基準に該当することとする）であり、 かつ、 新たに算出した予想値または当事業年度の決算における数値と公表がされた直近の予想値（当該予想値がない場合は、公表がされた前事業年度の実績値）の差額が前事業年度の末日における<u>純資産額</u>と<u>資本金の額</u>とのいずれか少なくない金額の<u>2.5％以上</u>であること（取引規制府令55条2項3号）。

(iii) 当該業務等に関する重要事実を知って当該上場会社等の株券等の売買等を行うこと

インサイダー取引において、上記(i)記載のとおり、会社関係者等の類型ごとに、どのような経緯で業務等に関する重要事実を知ることになったかが定められている。たとえば、上場会社等の役員等の場合は、その者の職務に関し知ったか否かが判断基準となり、また、情報受領者の場合には、会社関係者等から伝達を受けた第一次情報受領者に該当するか否かが判断基準となる。

「売買等」とは、売買その他の有償での所有権の移転、合併または分割により承継させ、または承継することまたはデリバティブ取引をいう。たとえば、現物出資や代物弁済はこれに該当する。一方、負担のない贈与等の無償での所有権を

移転する行為や持株会から脱退するに際しての持株会口座から脱退者の口座への移管は、売買等には該当しない。また、有価証券の発行やこれに伴う原始取得は、「譲受け」に該当しないため、「売買等」に該当しないが、上場会社が第三者割当てに際し、自己株式の処分を行うことは、原始取得ではなく「売買等」に該当する。

(3) 適用除外

上記のインサイダー取引規制に該当する場合でも、以下のいずれかに該当する場合には、インサイダー取引規制の適用除外となる（金商法166条6項）。

① 株式の割当てを受ける権利を有する株主が当該権利を行使することにより株券を取得する場合
② 新株予約権等を有する者が当該新株予約権等を行使することにより株券等を取得する場合
③ 特定有価証券等に係るオプションを取得している者が当該オプションを行使することにより特定有価証券等に係る売買等をする場合
④ 会社法もしくは投信法上の買取請求または法令上の義務に基づき売買等をする場合
⑤ 公開買付け等に対抗するための防戦買いをする場合
⑥ 自己の株式等の取得について、株主総会決議等の公表後、当該株主総会決議等に基づいて当該自己の株式等に係る株券等の買付けをする場合
⑦ 金商法159条3項の政令で定めるところにより安定操作取引をする場合
⑧ 普通社債券等の売買等をする場合
⑨ 業務等に関する重要事実を知る者同士の間で売買等を市場外で行う場合
⑩ 合併、分割または事業の全部もしくは一部の譲渡もしくは譲受け（以下「合併等」という）により特定有価証券等を承継させ、または承継する場合であって、当該特定有価証券等の帳簿価額の当該合併等により承継される資産の帳簿価額の合計額に占める割合が20％未満であるとき
⑪ 合併等の契約（新設分割にあっては、新設分割計画）の内容の決定についての取締役会の決議が業務等に関する重要事実を知る前にされた場合
⑫ 単独新設分割により新設分割設立会社に特定有価証券等を承継させる場合
⑬ 合併等または株式交換に際して自己株式等を交付し、または自己株式等の交付を受ける場合
⑭ 業務等に関する重要事実を知る前に締結された契約の履行等、特別の事情に基づく売買等であることが明らかな売買等をする場合

3 公開買付者等関係者等によるインサイダー取引規制

(1) 総論

公開買付者等関係者等によるインサイダー取引規制（金商法167条）に該当するのは、以下の要件に該当する場合である。

① 行為者が、公開買付者等関係者等であること（下記(2)(i)）。
② 未公表の公開買付け等の実施に関する事実または公開買付け等の中止に関する事実を知って株券等の買付け等を行うこと（下記(2)(ii)）。

(2) 各要件の検討
　(i) 行為者が、公開買付者等関係者等であること
　　(a) 「公開買付者等関係者」

「公開買付者等関係者」（金商法167条1項）とは、下記**図表8-12**に掲げる者をいうが、公開買付者等関係者の類型に応じ、どのような経緯で公開買付け等に関する重要事実を知った場合にインサイダー取引に該当するかが異なる。なお、公開買付者自身は、公開買付者等関係者に該当せず、金商法167条の適用を受けない。また、「公開買付者等」が法人のときは、「公開買付者等」には、その親会社も含まれる。

図表8-12：公開買付者等関係者への該当性

	公開買付者等関係者の類型	重要事実を知った経緯
1号[12]	役員等[13]	その者の職務に関し知ったとき
2号	会計帳簿閲覧請求権を有する株主等[14]	当該権利の行使に関し知ったとき
3号	法令に基づく権限を有する者	当該権限の行使に関し知ったとき
4号	契約を締結している者または締結の交渉をしている者[15]	当該契約の締結もしくはその交渉または履行に関し知ったとき
5号	公開買付け等の対象企業（その役員等を含む）	公開買付者等からの伝達により知ったとき（当該役員等の職務に関し公開買付者等からの伝達により知ったとき）
6号	2号、4号または5号の該当者が法人の場合にはその役員等	その者の職務に関し知ったとき

行為者属性別の勧告状況は、上記**図表8-2**のとおりである。

---

12) 金商法167条1項の該当する「号」を記載。
13) 公開買付者等が法人以外の場合は、その代理人・使用人。
14) 株主等が法人の場合には、その役員等、法人以外の場合には、その代理人・使用人を含む。
15) 当該者が法人の場合には、その役員等、法人以外の場合には、その代理人・使用人を含む。

(b)　元「公開買付者等関係者」および情報受領者

　公開買付け等に関する重要事実を上記**図表 8-12**の経緯で知った「公開買付者等関係者」は、公開買付者等関係者でなくなったとしても、公開買付者等関係者でなくなった後 6 か月間は、公開買付者等関係者であった期間と同様にインサイダー取引規制の対象となる。さらに、公開買付者等関係者や公開買付者等関係者でなくなった後 6 か月以内の者から公開買付け等に関する重要事実の伝達を受けた者（金商法167条 3 項前段）および職務上当該伝達を受けた者が所属する法人の他の役員等であって、その者の職務に関し当該公開買付け等に関する重要事実を知った者（同項後段）についても、インサイダー取引規制の対象となる。なお、伝達を受けた者がさらに第三者に伝達するような場面は、金商法167条 3 項後段に該当する場面を除き、インサイダー取引規制の対象ではない。これらの範囲は、業務等に関する重要事実における会社関係者の範囲と同様である。

　(ii)　未公表の公開買付け等の実施に関する事実または公開買付け等の中止に関する事実を知って株券等の買付け等または売付け等を行うこと

　(a)　「公開買付け等」

　「公開買付け等」（金商法167条 1 項）とは、上場等株券等の金商法27条の 2 第 1 項に規定する公開買付け、議決権総数の 5 ％以上の株券等の買集め行為または上場株券等の金商法27条の22の 2 第 1 項に規定する公開買付けをいう。議決権総数の 5 ％以上の株券等の買集め行為は、買集め行為を開始する直前の議決権割合が 5 ％未満の場合には、当該買集め行為のうち株券等所有割合[16]が 5 ％を超える部分に係るものに限られる（金商法施行令31条ただし書）。そのため、公開買付規制が適用されない行為（市場内での買付け等や著しく少数の者から株券等所有割合が 3 分の 1 以下の範囲で行われる買付け等）であっても、当該行為後の株券等所有割合が 5 ％を超える場合には、金商法167条における公開買付け等に該当する。また、共同して買い集める者も含めるとされているため、そのような者がいる場合には、買集め行為の対象となる議決権割合の算定に際し、留意が必要である。

　(b)　軽微基準

　買集め行為のうち、以下のいずれかに該当する行為は、投資家の投資判断に及ぼす影響が軽微なものとして、公開買付け等事実に該当しない（金商法167条 2 項ただし書、取引規制府令62条）。

---

16)　自己または他人の名義をもって所有する当該株券等に係る議決権の数の合計を当該発行者の総株主等の数で除して得た割合であり、公開買付規制の該当性を検討する際に用いられる株券等所有割合（金商法27条の 2 第 8 項）と異なり、特別関係者の所有に係る議決権の数や潜在株式に係る議決権の数は考慮されない。

① 各年において買い集める株券等の数が当該株券等の発行者の総株主等の議決権の2.5％未満である場合
② 有価証券関連業を行う金融商品取引業者が有価証券の流通の円滑を図るために顧客を相手方として行うものであって、当該買集め行為により買い集めた株券等を当該買集め行為後ただちに転売する場合（証券会社が大株主から買い付け、他社に売り付けるブロックトレードといわれる方法による転売を想定している）

(c) 禁止される行為について

業務等に関する重要事実に係るインサイダー取引規制と異なり、売買等のすべての禁止ではなく、①公開買付け等の実施に関する事実の場合には、買付け等が、②公開買付け等の中止に関する事実の場合には、売付け等が、それぞれ禁止される。なお、公開買付け等の中止に関する事実とは、公開買付者等がいったん公表した公開買付け等について中止を決定したことをいう。

(d) 「公表」

インサイダー取引規制の対象となるのは、あくまで未公表の事実であるため、「公開買付け等に関する重要事実」が存在する場合でも、それが「公表」（金商法167条4項）された後であれば、インサイダー取引には該当しない。そこで、「公表」の意味が重要となるが、「公表」は、以下の方法のいずれかによることが必要である（同項、金商法施行令30条1項）。

① 少なくとも二の報道機関に対して重要事実等を公開した時から12時間が経過したこと
② 公開買付開始公告、公開買付けの撤回等の公告・公表がなされたこと
③ 公開買付届出書、公開買付撤回届出書の公衆縦覧
④ 金融商品取引所等への通知および電磁的方法による公衆縦覧

(3) 適用除外

金商法167条の適用除外は、金商法166条の適用除外とされる取引と同様の趣旨で設けられている。ただし、金商法167条が公開買付け等の実施または中止に関する事実を対象としていることから、いわゆる「応援買い」（金商法167条5項4号）についても除外されている。

金商法167条の適用除外とされる取引は、以下のとおりである（理由は167条5項）。

① 株式の割当てを受ける権利を有する株主が当該権利を行使することにより株券を取得する場合
② 新株予約権を有する者が当該新株予約権を行使することにより株券を取得する場合
③ 株券等に係るオプションを取得している者が当該オプションを行使することにより株券等に係る買付け等または売付け等をする場合
④ 会社法の規定による株式の買取請求または法令上の義務に基づき株券等に係る買付け等または売付け等をする場合
⑤ 公開買付者等の要請に基づいて当該公開買付け等に係る上場等株券等の買付け等をする場合（応援買い）
⑥ 公開買付け等に対抗するための防戦買いをする場合
⑦ 金商法159条3項の政令で定めるところにより安定操作取引をする場合
⑧ 公開買付け等に関する事実を知る者同士の間で売買等を市場外で行う場合
⑨ 公開買付け等の実施に関する事実の情報受領者が、公開買付開始公告等および公開買付届出書に所定の事項を明示・記載して買付け等をする場合
⑩ 公開買付者等関係者であって、公開買付者等の役員等以外の者または公開買付け等の実施に関する事実の情報受領者が、公開買付け等の実施に関する事実を知った日または伝達を受けた日から6か月が経過している場合
⑪ 合併等により株券等を承継し、または承継させる場合であって、当該株券等の帳簿価額の当該合併等により承継される資産の帳簿価額の合計額に占める割合が20％未満であるとき
⑫ 合併等の契約（新設分割にあっては、新設分割計画）の内容の決定についての取締役会の決議が公開買付者等の公開買付け等事実を知る前にされた場合
⑬ 単独新設分割により新設分割設立会社に株券等を承継させる場合
⑭ 合併等または株式交換に際して自己株式等の交付を受け、または自己株式等を交付する場合
⑮ 公開買付け等事実を知る前に締結された契約の履行等、特別の事情に基づく買付け等または売付け等であることが明らかな買付け等または売付け等をする場合

II　情報伝達・取引推奨の禁止

ポイント
- インサイダー取引の発生を抑止するための規制として、インサイダー取引規制における重要事実や公開買付け等に関する事実を、未公表の段階で、他人の利益を得させまたは損失を回避させる目的で、他人に伝達しまたは売買等を推奨する行為が規制されている。

1 総論

平成25年の金商法の改正により、金商法167条の2が新設され、インサイダー取引規制上の重要事実や公開買付け等に関する事実を、未公表の段階で、他人の利益を得させまたは損失を回避させる目的で、他人に伝達または売買等を推奨する行為が規制されることとなった。

2 規制の要件

以下の①～③の要件を満たした場合には、情報伝達・取引推奨の禁止に係る規制に抵触することとなる。したがって、M&Aや業務提携の交渉等において関係者に重要事実等を伝える行為は、業務上の正当な目的があるため、通常、②の要件を満たさないことになる。そのため、業務上、未公表の重要事実や公開買付け等事実を伝達する必要がある場合には、秘密保持契約等でその伝達目的・利用目的等を明示することが重要となる。なお、社内の者でも伝達や推奨をする場合の「他人」に該当することから、社内の者だからといって安易に情報を伝えることは厳に慎む必要がある。

> ①主体：会社関係者・公開買付者等関係者（会社関係者でなくなった後1年以内（公開買付者等関係者であった者は、該当しなくなった後6か月以内）の者も含まれるが、情報受領者は、含まれない）
> ②目的：売買等をさせることにより他人に利益を得させ、または損失の発生を回避させる目的
> ③行為：重要事実・公開買付け等事実を伝達することまたは売買等をすることを推奨すること

3 効果

本規制に抵触した場合には、情報伝達または取引推奨を受けた者が取引をした場合にのみ、情報伝達者や取引推奨者に対し、課徴金・刑事罰が適用される。情報伝達または取引推奨を受けた者が取引をしていない場合には、課徴金・刑事罰は適用されないものの、金商法違反となり、上場会社の役員であれば、役員としての適格性に問題があるとして退任・解任の事由に、従業員であれば懲戒処分の対象となりうる。特に、金融商品取引業者のうち証券外務員であれば、不都合行為者として資格はく奪の原因ともなりうる。

本規制をふまえ、情報管理については慎重な対応が必要となる。

Ⅲ　フェア・ディスクロージャー・ルール

ポイント
- 平成30年4月1日からフェア・ディスクロージャー・ルールが施行され、投資家に対する公平な情報開示を確保するため、発行者側の重要情報に関する情報開示ルールが整備・明確化された。

1　総論

　フェア・ディスクロージャー・ルール（以下「FDR」という）とは、平成30年4月1日から施行された重要情報の公表に関する規則であり、投資家に対する公平な情報開示を確保するために導入されたものである（金商法2章の6を参照のこと）。FDRの導入により、発行者側の情報開示ルールが整備・明確化され、発行者による早期の情報開示、ひいては投資家との対話が促進されるといった積極的意義が期待されている。法制上は、情報開示規制の一環として導入されているが、管理対象となる情報の比較や情報管理に関する規制ととらえた場合には、インサイダー取引規制とあわせて論じた方が理解しやすいと思われることから、本書では、この章で論じることとしている。

　FDRでは、上場会社等またはこれらの役員等が、その業務に関して、取引関係者に、未公表の重要情報の伝達を行う場合、当該上場会社等は、当該伝達と同時に当該重要情報を公表する義務を負う（金商法27条の36第1項本文）。

　ただし、伝達した情報が重要情報に該当することを知らなかった場合または重要情報の伝達と同時にこれを公表することが困難な場合（役員等が、意図せず重要情報を伝達した場合または当該伝達の相手方が取引関係者であることを知らなかった場合をいう（重要情報府令8条各号））には、取引関係者に当該伝達が行われたことを知った後、すみやかに、当該重要情報を公表すれば足りる（金商法27条の36第2項）。

2　対象となる重要情報と公表

　「重要情報」（金商法27条の36第1項）とは、上場会社等の運営、業務または財産に関する公表されていない重要な情報であって、投資家の投資判断に重要な影響を及ぼすものとされている。また、FDRガイドラインでは、未公表の確定的な情報であって、公表されれば有価証券の価額に重要な影響を及ぼす蓋然性のある情報とされている（FDRガイドライン問2（答））。これについて、具体的な定義はないものの、インサイダー取引規制等に沿ってIR実務を行っている会社（通

常の上場会社)については、当面、①インサイダー取引規制の対象となる情報、および、②決算情報(年度または四半期の決算に係る確定的な財務情報)であって、有価証券の価額に重要な影響を与える情報(具体的には、インサイダー取引規制上の決算情報の重要基準を満たさない確定的な財務情報であって、株価に重要な影響を与える情報ということになる)を管理することが考えられるとされている。

また、会社の将来情報に関する議論の取扱いとして、①中長期的な企業戦略・計画等に関する経営者との議論のなかで交わされる情報、②すでに公表した情報の詳細な内訳や補足説明、公表済みの業績予想の前提となった経済の動向の見込み、③他の情報と組み合わさることによって投資判断に影響を及ぼしうるものの、その情報のみでは、ただちに投資判断に影響を及ぼすとはいえない情報(いわゆる「モザイク情報」)は、いずれも、一般的にはそれ自体では重要情報には該当しないと考えられている(FDRガイドライン問4(答))。

FDRにおける「公表」には、インサイダー取引規制上の「公表」(TDnetによる開示等)のほか、上場会社等のウェブサイト(一覧性のあるもの)における掲載も含まれる。もっとも、上記のとおり「重要情報」については、インサイダー取引規制上の重要事実も含まれることから、少なくとも、これに該当するものについては、TDnetによる開示等のインサイダー取引規制上の「公表」要件を満たす必要がある。

3 対象となる取引関係者

「取引関係者」(金商法27条の36第1項各号)として、①金融商品取引業者、登録金融機関、信用格付業者、投資法人、アナリスト、高速取引行為者等またはこれらの役員等(重要情報府令4条各号)および②上場会社等の投資者に対する広報に係る業務に関して重要情報の伝達を受ける株主等、適格機関投資家、有価証券に対する投資を行うことを主たる目的とする法人等、上場会社等の運営、業務または財産に関する情報を特定の投資者等に提供することを目的とした会合の出席者(重要情報府令7条各号)が規定されている。

ここで、上場会社等が、当該上場会社等の属する企業グループの経営管理のために株主である親会社に重要情報を伝達する場合、株主に対する重要情報の伝達として公表が義務づけられるかが問題となるが、このような伝達は、通常、「投資者に対する広報に係る業務に関して」行われるものではないことから、FDRの対象とはならないものと考えられている(FDRガイドライン問6(答))。

また、株主総会における株主に対する回答は、会社法上の説明義務に基づくものであることから、「上場会社等の投資者に対する広報に係る業務に関して重要情報の伝達を受ける株主等」に該当しないという議論もありうるものの、個別に

該当性を判断するのは困難であることから、これに該当するものとして、株主に対する回答には、未公表の重要情報を含まないように回答するのが実務上の対応となっている。

4　適用除外

取引関係者に、未公表の重要情報の伝達を行う場合、上場会社等は、当該伝達と同時に当該重要情報を公表する義務を負うが、正当な業務行為として、取引関係者への未公表の重要事実の伝達が必要な場面もありうる。そのため、当該取引関係者が、法令または契約により、守秘義務および売買等してはならない義務を負う場合には、例外として、当該重要情報を公表する義務を負わない（金商法27条の36第1項ただし書）。

ここで「売買等」とは、売買その他の有償の譲渡もしくは譲受け、合併もしくは分割による承継またはデリバティブ取引をいうが（金商法27条の36第1項ただし書）、以下の各行為は除外されている（重要情報府令3条各号）。

① 上場有価証券等に係るオプションを取得している者が当該オプションを行使することにより上場有価証券等を取得することその他当該重要情報の伝達を受けたことと無関係に行うことが明らかな売買、権利の行使その他これに類する行為
② 株式併合等の反対株主による株式の買取りの請求（会社法116条1項）もしくはこれに類する行為または法令上の義務に基づく行為
③ 投資家を保護するための法令上の手続に従い行う行為であって、上場会社等において、当該行為以前に、当該取引関係者に対して重要情報を伝達する合理的な理由があり、かつ、当該重要情報を公表することができない事情があるもの（いわゆる防戦買い等）
④ 合併、分割または事業の全部もしくは一部の譲渡もしくは譲受けにより上場有価証券等を承継させ、または承継する行為

第9章　売買報告と短期売買差益の提供

> **ポイント**
> ● インサイダー取引を直接的に規制するものではないが、インサイダー取引の発生を抑止するため、上場会社の役員や主要株主に対し売買報告書の提出義務が課されるとともに、短期売買差益の提供を求めることができる制度が設けられている。

I　売買報告

1　総論

　上場会社等の役員および主要株主は、自己の計算において当該上場会社等の特定有価証券または関連有価証券に係る買付け等または売付け等をした場合には、その売買等に関する報告書を翌月15日までに提出する義務を負う（金商法163条1項）。「買付け」または「売付け」とは、いずれも金銭を対価として所有権を移転させることをいい、相続・代物弁済等は含まず[1]、持株会から脱退するに際しての持株会口座から脱退者の口座への移管も含まない。また、新株発行は原始取得であることから、「買付け」には該当しない。

　金商法164条は、上場会社等の役員または主要株主に対し株主等からの短期売買利益の提供を求めることができるとしているところ、この規定の実効性を補完するために、売買報告書の提出義務が課されている[2]。

2　報告義務を負う者

　売買報告書の提出義務を負う者は、上場会社等の役員および主要株主である。ここで、「役員」とは、株式会社については、取締役、会計参与、監査役または

---

1) 河本一郎＝関要監修『〔三訂版〕逐条解説　証券取引法』（商事法務、2008年）1307頁。
2) 神田＝黒沼＝松尾69頁〔中東正文〕。

執行役のみをいい、顧問、相談役、本支店の支配人等は含まれない[3]。

また、「主要株主」とは、自己または他人（仮設人を含む）の名義をもって総株主等の議決権の10%以上の議決権を保有している株主をいう。ただし、①信託業を営む者が信託財産として所有する株式、②有価証券関連業を行う者が有価証券の引受けまたは売出しもしくは特定投資家向け売付け勧誘等を行う業務により取得した株式、または③金商法156条の24第1項に規定する業務を行う者がその業務として所有する株式は除外される（取引規制府令24条）。

なお、主要株主でなかった者が買付け等によって新たに主要株主になる場合、その買付け等は主要株主によるものではないため、本条の報告義務は生じない[4]。

3　適用除外

売買報告書の提出義務は、以下の場合には課されない（取引規制府令33条、30条1項）。

一　単元未満株式のみに係る株券の買付けまたは売付け
二　信託会社方式の役員・従業員持株会による買付け
三　信託銀行方式の役員・従業員持株会による買付け
四　証券会社方式の関係会社持株会による買付け
五　信託銀行方式の関係会社持株会による買付け
六　証券会社方式の取引先持株会による買付け
六の二　持投資口会による買付け
七　累積投資契約による買付け
八　株券または投資証券の集合体の先物取引
九　金商法159条3項の政令で定めるところにより安定操作取引をした場合
十　買戻条件付売買であって買戻価格があらかじめ定められているものを行う場合
十一　募集新株予約権を取得した場合
十二　新株予約権等を有する者が当該新株予約権等を行使することにより株券または投資証券の買付けを行った場合
十三　上場会社等の役員が、当該上場会社等に対し役務の提供をする場合において、当該役務の提供の対価として当該役員に生ずる債権の給付と引換えに取得することとなる当該上場会社等の株券の買付けをした場合
十四　特定有価証券等に係るスワップ取引または店頭スワップ取引を行った場合
十五　銀行等保有株式取得機構が上場会社等の株券もしくは投資証券の買付けを行った場合または当該買い付けた株券もしくは投資証券の売付けを行った場合

---

3)　神田＝黒沼＝松尾71頁〔中東正文〕。
4)　神崎克郎＝志谷匡史＝川口恭弘『金融商品取引法』（青林書院、2012年）1278頁。

Ⅱ 短期売買差益の返還

1 総論

　上場会社等の役員および主要株主が、その職務または地位により取得した秘密を不当に利用することを防止するため、その者が当該上場会社等の特定有価証券等について、6か月以内の短期に売買をして利益を得た場合、上場会社等は、その利益を上場会社等に提供すべきことを請求できる（金商法164条1項）。このような利益の提供を通じ、間接的にインサイダー取引の防止が図られている。売買報告書の提出から短期売買差益の返還（公衆縦覧）までの流れは、下記**図表9-1**を参照のこと。

図表9-1：売買報告書提出から公衆縦覧までの流れ

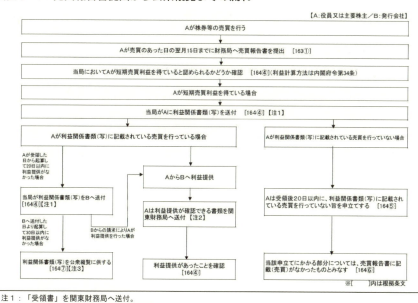

出典：財務省関東財務局理財部統括証券監査官「『役員及び主要株主の売買報告制度』と『短期売買利益の提供制度』について」10頁

2 短期売買利益の発生

　上場会社等の役員または主要株主が、当該上場会社等の特定有価証券等の買付

け等をした後 6 か月以内に売付け等をし、または、売付け等をした後 6 か月以内に買付け等をして利益を得た場合において、当該上場会社等は、その利益を上場会社等に提供すべきことを請求することができる。

ここで「役員」や「主要株主」の意義については、上記 I を参照のこと。

また、買付け等または売付け等をしたいずれかの時期において主要株主でなかった場合等、一定の場合には、適用が除外される（金商法164条 8 項）。一方で、役員についてはこのような特則がないため、買付け等または売付け等のいずれかの時に役員であれば、本条の適用は妨げられない。

3 短期売買利益の算定方法

短期売買利益の算定方法は、以下のとおりである（金商法164条 8 項、取引規制府令34条）。

(1) 6 か月以内に買付け等および売付け等が 1 回ずつ行われた場合

> （売付け等の単価 − 買付け等の単価）× 売買合致数量 − 売買合致数量に係る手数料

なお、売買合致数量とは、特定有価証券等の売付け等の数量と買付け等の数量のうち、いずれか大きくない数量をいう（取引規制府令34条 4 項）。

(2) 6 か月以内に買付け等および売付け等が複数回行われた場合

最も早い時期に行われた売付け等と最も早い時期に行われた買付け等から、順次売買合致数量に達するまで割り当てる方法で計算される。なお、同一日に複数の買付け等・売付け等が行われた場合、買付け等については、最も単価が低いものから順に買付け等を行ったものとみなし、売付け等については、最も単価が高いものから順に売付け等を行ったものとみなすとされている（取引規制府令34条 2 項）。

第10章　風説の流布／相場操縦／空売規制

I　有価証券の取引等に関する規制

　金商法第6章は「有価証券の取引等に関する規制」として不公正取引の規制を定めている。本章は、不公正取引のうち、重要度の高い風説の流布、相場操縦および空売規制を中心に概説する。
　なお、インサイダー取引規制については**第8章**で述べる。

II　風説の流布等

> **ポイント**
> - 行為者が合理的な根拠なく公表した事実は風説に該当し、将来の事実を現在の事実として公表することも風説の流布に該当し、過去に適時開示や法定開示の内容について刑事罰が適用された事案もあるので留意する必要がある。
> - 流布は不特定または多数の者に伝達することをいうが、少数に対して伝達したとしても不特定または多数の者に伝達する可能性があれば流布に該当しうる。

1　概要

　金商法158条は、有価証券の募集・売出し、売買等の取引またはデリバティブ取引等のため、または有価証券等[1]の相場の変動を図る目的で、風説を流布し、偽計を用い、暴行を行い、または脅迫することを禁止している。
　たとえば、上場会社が、株価に一定の影響を及ぼす目的で確定的でないことをあたかも確定したかのように適時開示を行った場合には風説の流布に該当しうる（詳細は下記4の裁判例を参照のこと）。
　なお、金商法158条は「何人」と規定されており、主体を限定していない。

---

1) 有価証券もしくはオプションまたはデリバティブ取引に係る金融商品（有価証券を除く）もしくは金融指標をいう。

2 規制行為

(1) 目的

金商法158条は、禁止の要件として、①有価証券の募集・売出し、売買等の取引もしくはデリバティブ取引等のため、または②有価証券等の相場の変動を図る目的という要件を定めている。

①の目的に関しては、取引等を自己または第三者が有利に行うためや他人の取引等を不利に行わせる目的がある場合に限られず、これら取引等を促進する目的があれば足りると解される[2]。

②の目的に関しては、現実に相場が変動することは必要ない。なお、「相場」とは、取引所金融商品市場等の相場に限られず、事実上、需給の動向が客観的に反映される価格が形成されていれば足りると解される[3]。

(2) 行為

(i) 風説の流布の禁止

「風説」とはうわさ、合理的な根拠のない風評等をいい、虚偽であることは要件とされておらず、行為者が合理的根拠のないことを認識していれば足りる。

したがって、行為者が行為時に合理的な根拠なく公表した事実が事後的に客観的事実に合致していたことが明らかになったとしても、「風説」に該当する。他方、行為時に合理的な根拠があった場合には、事後的に客観的事実に合致していなかったとしても、「風説」に該当しない。

たとえば、上場会社が、株価に一定の影響を及ぼす目的で確定的でないことをあたかも確定したかのように適時開示を行った場合には風説の流布に該当しうる。

実際、エイズワクチン開発事件に関する裁判例（東京地判平成8・3・22判時1566号143頁）は、自らが代表取締役を務める株式会社の株価高騰を企て、同社が関与するエイズワクチンの開発に関する虚偽の事実を公表したとされる事案において、将来の事実を現在の事実として公表することは「風説の流布」に該当すると判示した。

したがって、将来予測に関する事項を開示する場合には、開示する内容について投資家の誤解を招くような表現をせず、極力、客観的に記載するとともに、将来に関する事項について、未確定で今後変更がありうるなどの注意喚起の表現を記載するなど慎重な対応が必要となる。

---

[2] 松尾571頁。
[3] 松尾571頁。

「流布」とは、不特定または多数の者に伝達することをいい、文書、電子的方法や口頭等手段を問わない。また、不特定または多数の者に伝達される可能性があれば、特定の少数人に伝達した場合でも該当する[4]。

たとえば、特定の新聞記者に「風説」に該当する情報を伝えることは、不特定または多数の者に伝達される可能性のある行為であり、「流布」に該当しうる。実際に、上記東京地判平成8・3・22では、虚偽の内容の文書を東京証券取引内の記者クラブの幹事社にあててファクシミリ送信したことが「流布」に該当するとされている。

(ii) 偽計の禁止

「偽計」とは、他人に錯誤を生じさせる詐欺的ないし不公正な策略、手段を用いることをいう。

(iii) 暴行・脅迫の禁止

「暴行」とは不法な有形力の行使、「脅迫」とは人を畏怖させるに足りる害悪の告知をいうとそれぞれ解されている[5]。

3 責任

(1) 刑罰

金商法158条の規定に違反した者は10年以下の懲役もしくは1000万円以下の罰金に処し、またはそのいずれもが科される（金商法197条1項5号）[6]。法人等の代表者、代理人、使用人等が、その法人の業務等に関し、本条の違反行為をしたときは、当該法人等に対して7億円以下の罰金刑が科される（金商法207条1項1号）。

(2) 課徴金

金商法158条に違反し、当該風説の流布または偽計により有価証券等の価格に影響を与えた者は課徴金納付命令の対象となる（金商法173条）。

4 裁判例

風説の流布等が認められた事案としては、以下のような事案がある。

① 自らが代表取締役を務める株式会社の株価高騰を企て、同社が関与するエイズワクチン開発事件の臨場試験等に関する虚偽の事実を公表した事案（上記東京地判平成8・3・22）

---

4) 松尾573頁。
5) 松尾575頁。
6) ただし、当該違反が商品関連市場デリバティブ取引のみに係るものである場合は5年以下の懲役もしくは500万円以下の罰金または併科となる（金商法197条の2）。

② 株価高騰等を目論み、投資家が公開買付けを行う意思がなかったにもかかわらず、公開買付けを行う旨の記者発表を行うとの文書を報道機関にファクシミリで送信した事案（東京地判平成14・11・8判時1828号142頁）
③ 株式売買および株価の維持上昇を図る目的で、自らが取締役を務める株式会社の業績状況および株式交換により別会社を買収するにあたっての株式交換比率に関する事項について虚偽の事実を公表した事案（東京高判平成20・7・25判時2030号127頁）
④ 株価の大幅下落を阻止する目的で、実際には増資に伴う新株引受に際しての払込金の大半を実体のない売買によってただちに流出されることが当社から予定されており、現に流出させたにもかかわらず、増資がなされた旨および増資により資本増強が行われていると公表した事案（東京地判平成22・2・18判タ1330号275頁）

Ⅲ　相場操縦

ポイント
- 相場を人為的に変動させ、他人を誤解させる行為は投資家に不測の損害を与えるものとして禁止されている。
- 相場操縦として禁止されている類型には、仮装取引・馴合取引、変動操作取引、違法な安定操作取引があり、各類型の具体的内容を把握し、これに該当することがないよう留意する必要がある。

1　概要

市場において相場を人為的に変動させるにもかかわらず、その相場があたかも自然の需給によって形成されたものであるかのように他人を誤解させるなどによって自己の利益を図ろうとする行為を相場操縦という。

このような行為は、公正な価格形成を阻害し、投資家に不測の損害を与えることとなる。そのため、金商法159条は、何人に対しても、一定の目的をもってなされるいくつかの行為を相場操縦行為等として禁止している。

また、相場操縦行為等の禁止の実効性確保の観点から、金融商品取引業者等は、作為的な相場を形成させる取引の受託等が禁止されている（金商法40条2号、金商業等府令123条1項12号）。

2　相場操縦取引類型

金商法159条の条項に対応した目的等の規定関係は、下記**図表10-1**のとおりである。相場操縦行為等の具体例は下記3を参照のこと。

図表 10 - 1：相場操縦取引類型

条項	類型	目的	行為例
1項1号～3号	仮装取引	有価証券の売買等の取引の状況に関し他人に誤解を生じさせる目的	同一人が、権利の移転を目的とせず、同一の有価証券について同時期に同価格で売りと買いの注文を発注して売買をすること等
1項4号～8号	馴合取引		複数の者が、あらかじめ通謀し、同一の有価証券について、ある者の売付け（買付け）と同時期に同価格で他人が買い付ける（売り付ける）こと等
1項9号	1項1号から8号の受委託		仮装取引、馴合取引の受委託等をすること
2項	変動操作取引	有価証券売買等の取引を誘引する目的	他人を有価証券の売買に誘引する目的をもって、有価証券の売買が活発に行われていると誤解させ、あるいは、株価を人為的に変動させるような一連の売買等をすること等
3項	違法な安定操作取引	政令に違反して、売買有価証券等の相場をくぎ付けし、固定し、または安定させる目的	有価証券等の相場をくぎ付けし、固定し、または安定させる目的をもって、一連の有価証券の売買等またはその委託もしくは受託をすること等

3 相場操縦等の不公正取引例

　日本取引所グループでは、相場操縦等の不公正取引につながるおそれのある取引として、以下のとおり、対当売買（売り注文と買い注文を対当させることで相場を変動される取引等）、見せ玉（約定させる意思のない発注等）の例があげられている[7]。

(1) 株価を引き上げる対当売買

　現在値が500円のところ、少しでも高く保有株を売りたい投資家Aは、
　① 売注文と買注文（いずれも505円に10単位）を自ら発注して約定（対当売買）

---

7) 日本取引所グループホームページ上の「相場操縦取引」より引用。

させることで、株価を505円に引き上げる。併せて現在値より8円高い508円で10単位の売注文を発注。
② Aの対当売買による株価引上げを見て、引続き株価が上昇するものと誤解した第三者の買注文が発注されたことで、より高い値段（508円）での保有株売却に成功。

(2) 売買を活発に見せる対当売買

現在値が500円のところ、少しでも高く保有株を売りたい投資家Aは、
① 売注文と買注文（いずれも500円に100単位）を自ら発注して約定（対当売買）させることで、売買高を増加させる。
② Aの対当売買による売買高の増加を見て、売買が活発に行われていると誤解した多数の第三者が当該銘柄の売買に参入し、株価が上昇したところで、より高い値段（550円）での保有株売却に成功。

(3) 売り買い不均衡な対当売買

寄付き前の予想対当値段が500円のところ、投資家Aは、
① 成行売注文100単位と成行買注文110単位を自ら発注して、寄付きで約定（対当売買）させることで、売買高を増加させつつ、寄付きの株価を505円まで引き上げる（Aは実質的に差引き10単位を505円で買付け）。
② Aの対当売買による株価引上げを見て、引続き株価が上昇するものと誤解した第三者の買注文が発注されることで、さらに株価が上昇したところで、寄付きで買い付けた10単位について、より高い値段（510円）での売却に成功。

(4) 見せ玉

現在値が500円のところ、少しでも高く保有株を売りたい投資家Aは、
① 「約定させる意思のない買注文（見せ玉）」を496円〜499円で合計400単位発注することで、買い側が優勢なように見せかける。併せて現在値より5円高い505円で10単位の売注文を発注。
② Aの買注文（見せ玉）を見て、株価が上昇するものと誤解した第三者の買注文が発注されることで株価が上昇し、より高い値段（505円）での保有株売却に成功。
③ 不要となった買注文（見せ玉）を取消し。

(5) 寄付き前の見せ玉

寄付き前の予想対当値段が500円のところ、少しでも高く保有株を売りたい投資家Aは、
① 寄付き前に「約定させる意思のない成行買注文（見せ玉）」を100単位発注することで、予想対当値段を505円に引き上げる。併せて元の予想対当値段より5円高い505円に10単位の売注文を発注。

② Aの成行買注文（見せ玉）による予想対当値段の上昇を見て、寄付きの株価が上昇するものと誤解した第三者の買注文が発注されると、不要となった成行買注文（見せ玉）を寄付き直前に取消し。
③ より高い値段（505円）で寄付きでの保有株売却に成功。

(6) 特殊見せ玉

第三者の引成買注文により、引けでの株価上昇が見込まれる中（現在値500円、予想対当値段505円）、投資家Aは、
① 「約定させる意思のない引成売注文（特殊見せ玉）」を100単位発注して、引けの予想対当値段を現在値と同じ500円に下落させ、引けで株価が上昇しないように見せかけることで、第三者による新たな売買を手控えさせ、現在値（500円）で10単位を買付け。
② 引け直前に、不要となった引成売注文（特殊見せ玉）を100単位から10単位に数量訂正することで、引けの予想対当値段が再び505円に上昇。
③ あらかじめ500円で買い付けておいた10単位について、より高い値段（505円）で引けでの売却に成功。

4　仮装取引・馴合取引

　金商法159条1項は、いわゆる仮装取引・馴合取引について禁止している。
　「仮装取引」とは、単一の者が同一の有価証券等について同時期に同価格で買付けおよび売付け等の取引をして、他の投資家には、正常な取引と区別することができない記録上の取引を作り出すことをいう[8]。
　「馴合取引」とは、複数の者があらかじめ通謀のうえ、同一の有価証券等について、同時期に同価格で買付けおよび売付けをして、仮装取引と実質的に同様の結果を作り出すことである[9]。

5　変動操作取引

　金商法159条2項は、変動操作取引[10]について禁止している。各号の規定内容については、下記**図表10-2**を参照のこと。

---

8) 神田＝黒沼＝松尾24頁。
9) 神田＝黒沼＝松尾25頁。
10) 1号については「現実売買による相場操縦」、2号および3号については「表示等による相場操縦」とも呼ばれる。

図表10-2：変動操作取引類型

号	目的	類型		行為例
1号	有価証券売買等の取引を誘引する目的	現実売買等による相場操縦	繁盛取引（前段）	有価証券売買等が繁盛であると誤解させるべき一連の有価証券売買等またはその申込み、委託等もしくは受託等をすること
			変動取引（後段）	相場を変動させるべき一連の有価証券売買等またはその申込み、委託等もしくは受託等をすること
2号		表示等による相場操縦	相場操縦に関する情報の流布	取引所金融商品市場における上場金融商品等または店頭売買有価証券市場における店頭売買有価証券の相場が自己または他人の操作によって変動するべき旨を流布すること
3号			虚偽あるいは誤解を生じさせる表示	有価証券売買等を行うにつき、重要な事項について虚偽であり、または誤解を生じさせるべき表示を故意にすること

6 違法な安定操作取引

　法令で定められた要件[11]を満たす場合を除き、取引所金融商品市場における上場金融商品等の相場を安定等させる目的をもっての有価証券売買等（その委受託を含む）は禁止されている（金商法159条3項。違法な安定操作取引の禁止）。

　したがって、公募増資の場面等で元引受証券会社が法令の要件を満たした安定操作取引を行う場合以外には、基本的には、安定操作取引が行われることはない。元引受金融商品取引業者は、安定操作取引を行う場合、発行体からの委託を受けた有価証券の募集・売出しに際して、目論見書等に記載・記録された取引所金融商品市場で、かつ安定操作期間において、一定の価格を上限として安定操作取引を行うことができる。安定操作の内容は、目論見書への記載、安定操作届出書の提出、安定操作報告書の提出、金融商品取引業者の個別的表示義務等において開示されることとなる。

---

11) 金商法施行令20条以下。

7　自己株取得に係る規制
(1) 規制の意味合い（相場操縦規制の適用除外ではないこと）

　上場会社による自己株取得については、相場操縦防止の観点から、買付けにおいて遵守すべき要件を定めて、これに違反した場合には、過料が科せられるものとなっている。金商法における自己株式の取得規制は、要件を満たした場合には相場操縦に該当しないという相場操縦規制の除外規定を定めるものではないものの、過去の判例や証券取引審議会における議論もふまえて、相場操縦とされるおそれの少ない取引態様を類型化して定めているものであり、これを遵守することによって相場操縦規制に抵触する懸念が軽減されることになる。しかしながら、上記のとおり、相場操縦規制の適用を除外するための要件ではないことから、本規制の要件を形式に満たしていたとしても、相場のくぎ付け等の行為が認められる場合には、相場操縦規制に抵触することになる。日本取引所自主規制法人では、主に、維持的な買付け（買い支えのための自己株式の取得ではないか）、決算期末の買付け（期末以前の5営業日において、維持的買付け等株価を意識した自己株式の取得ではないか）、ファイナンス期間中の買付け（株式等の募集・売出し価格決定に影響を及ぼしうる期間に、あるいは募集・売出し期間に自己株式の取得を行っていないか）という3点から自己株式の取得について注視している（自己株式取得ガイドライン2.）。

(2) 自己株式の取得方法

　市場において自己株式を取得する場合、大きく分けて、①オークション市場での単純買付け、②事前公表型の自己株式取得の2つの方法があり、②については、オークション市場、ToSTNet-2を利用した終値取引、ToSTNeT-3を利用した自己株式立会外取引の3つに分かれる。②は、売り方である株主が自己株式取得の情報を入手しているため、その公表によりインサイダー取引規制の適用を避けるために行われる。

　①と比較して②は、日々の株価等を見ながら買付けが可能、株主からまとまった数量の買付けが可能、取引の公正性や透明性を確保できるというメリットがある。また、ToSTNet-2やToSTNeT-3は、価格を固定することができ、ToSTNet-2では時間優先、ToSTNeT-3では取引参加者での按分比例の仕組みにより株主の取引の機会を確保し、立会時間外取引であり、マーケットに直接的なインパクトを与えないというメリットがある。そのため、実務上は、これらを利用した買付けが圧倒的に多い。

図表10-3：自己株式の取得方法

	(ア) オークション市場での単純買付け	(イ) 事前公表型の自己株式取得		
		オークション市場	ToSTNet-2を利用した終値取引	ToSTNeT-3を利用した自己株式立会外取引
① 事前公表	−	・自己株式取得を事前公表型の方法により行う旨 ・買付けの価格 ・買い付ける株券の数量 ・その他投資家の参考となるべき事項		
② 価格規制	あり	あり		
③ 数量規制	あり	なし		
④ 限定の方法	業者の限定	方法の限定		
⑤ 特色	・市場価格による買付け	・終値取引 ・価格を固定でき、立会時間外取引であるため、マーケットに直接的な影響を与えない ・実務上は、これらを利用した買付けが圧倒的に多い		
	・買付期間の長期化のおそれ	・日々の株価等を見ながら買付けが可能 ・株主からまとまった数量の買付けが可能 ・取引の公正性や透明性の確保が可能		
		・競争売買	・時間優先の原則	・完全あん分比例

8 責任

(1) 刑罰

　金商法159条の規定に違反した者は10年以下の懲役もしくは1000万円以下の罰金に処し、またはそのいずれもが科される（金商法197条1項5号）[12]。法人等の代表者、代理人、使用人等が、その法人の業務等に関し、金商法197条の違反行為をしたときは、当該法人等に対して7億円以下の罰金刑が科される（金商法207条1項1号）。

(2) 課徴金

　金商法159条1項に違反した者は課徴金納付命令の対象となる（金商法173条）。

---

12) ただし、当該違反が商品関連市場デリバティブ取引のみに係るものである場合は5年以下の懲役もしくは500万円以下の罰金または、そのいずれもが併科される（金商法197条の2）。

(3) **民事責任**

民事責任については**第12章Ⅱ**で述べる。

9 裁判例

違法な相場操縦が認められた事案としては、有価証券オプション取引に関する事案において、繁盛等目的について出来高を操作する目的も含むものである旨を判示した最決平成19・7・12刑集61巻5号456頁等がある。

Ⅳ 空売規制等

金商法162条1項1号は、何人に対しても、法令で定める一定の要件を満たす場合を除き、有価証券を有しないでもしくは有価証券を借り入れて[13]その売付けまたはその受委託を禁止している。

たとえば、金融商品取引所の会員等は、空売りを行うにあたっては、金融商品取引所に対して空売りである旨を明らかにするなどの明示義務を負い、また金融商品取引所の会員等が委託者に対して売付けが空売りであるか否かを確認するなどの義務を負う。また、空売りの価格規制として、金融商品取引所の会員等は、原則として直近に公表した価格以下の価格で空売りをしてはならない。さらに、株式の手当てをしない空売りは禁止されている。

本条に違反した者は30万円の過料に処せられる（金商法208条の2第2号）。

---

13) 保有している有価証券の売付け後遅滞なく当該有価証券を提供できることが明らかでない場合を含む（金商法施行令26条の2）。

第11章　金融ビジネス

I　新規参入

> **ポイント**
> - 金融商品取引業には、①第一種金融商品取引業、②第二種金融商品取引業、③投資助言・代理業、④投資運用業の4つの業種が存在し、それぞれの内容に応じた参入規制や行為規制が設けられている。特に、参入規制は、新規参入者にとっては厳しい要件も課されており、内容も多岐にわたるため注意が必要である。
> - 近時、世間の注目を集めているクラウドファンディングやソーシャルトレーディング、おつり投資、ロボアドバイザーといった新しいタイプのビジネスもすべて金商法と関係するビジネスであり、その内容によって登録が必要となる業種が異なるため、新規に事業を開始する際には、必要な登録を怠らないように注意が必要である。

1　概要

金商法は、金融商品取引業に該当する行為を金商法2条8項各号に列挙し、業務の内容や投資家保護の必要性に応じて、①第一種金融商品取引業、②第二種金融商品取引業、③投資助言・代理業、④投資運用業の4つに分類し、それぞれの内容に応じた参入規制や行為規制を設けている。新たな金融事業の開始を検討する際には、その事業が上記のいずれの類型に該当するのか検討するところが出発点となる。

なお、2019年7月26日、金融庁の金融審議会「金融制度スタディ・グループ」による「『決済』法制及び金融サービス仲介法制に係る制度整備についての報告≪基本的な考え方≫」が公表された。そこでは、利用者と金融機関との間に介在する仲介業者に対する法規制が、その機能ごとに分かれて設けられている結果、商品・サービスの内容によっては複数の登録等が必要となることが事業者にとって負担であるとの指摘がなされており、ワンストップで多種多様な商品・サービスを提供するために、参入規制の一本化を図ることが示唆されている。今後も、金融サービスのアンバンドリング・リバンドリングの動きは拡大することが予想されるため、金融法制の見直しについては十分な注意が必要であり、2019年10月現在、金融審議会「決済法制及び金融サービス仲介法制に関するワーキング・グ

ループ」においても議論が継続されているため、その動向が注目される。

2　金融商品取引業者

(1)　第一種金融商品取引業

　第一種金融商品取引業は、金融商品取引業者のなかでも最も厳格な規制が課されており、以下の業務が該当する。

---
① 有価証券（改正金商法施行後の電子記録移転権利に該当する暗号資産（仮想通貨）を含む）の売買、市場デリバティブ取引等（金商法28条1項1号、2条8項1号）
② これらの行為の媒介、取次ぎまたは代理（金商法28条1項1号、2条8項2号）
③ 有価証券の募集、売出しの取扱い等（金商法28条1項1号、2条8項9号）
④ 商品関連市場デリバティブ取引等（金商法28条1項1号の2）
⑤ 店頭デリバティブ取引等（金商法28条1項2号。いわゆるFX業者）
⑥ 有価証券の元引受け（金商法28条1項3号）
⑦ PTS業務（金商法28条1項4号）
⑧ 有価証券等管理業務（金商法28条1項5号）
---

(2)　第二種金融商品取引業

　第二種金融商品取引業は、金銭（改正金商法施行後の暗号資産（仮想通貨）を含む）の出資または拠出を受けた集団投資スキーム等の投資ファンドの持分の勧誘に関する業務が想定されており、第一種金融商品取引業よりも規制が緩和されている。

---
① 投資信託の受託証券や集団投資スキームの持分等の一定の有価証券についての募集または私募（金商法28条2項1号）
② みなし有価証券の売買、募集等（金商法28条2項2号）
③ 市場デリバティブ取引等（金商法28条2項3号）
④ 政令で定める行為（金商法28条2項4号）
---

(3)　投資助言・代理業

　投資助言・代理業務に該当する業務は、以下のとおりである。

---
① 投資顧問契約を締結し、当該契約に基づき有価証券の価値等や金融商品の価値等の分析に基づく投資判断について助言[1]を行うこと（金商法28条3項1号）
② 投資顧問契約または投資一任契約の締結の代理または媒介に係る業務（金商法28条3項2号）

---
1) 投資判断自体は助言を受けた投資家が行うことを前提としている。

(4) 投資運用業

投資運用業は、投資一任業務または集団投資スキーム等の投資ファンドの自己運用業務が典型であり、該当する業務は、以下のとおりである。

① 投資法人の資産の運用に係る委託契約または投資一任契約に基づき、有価証券またはデリバティブ取引に係る権利に投資して、資産運用を行うこと（金商法28条4項1号）
② 有価証券またはデリバティブ取引に係る権利に投資して、投資信託または外国投資信託の受益証券の権利者から拠出を受けた資産の運用を行うこと（金商法28条4項2号）
③ 有価証券またはデリバティブ取引に係る権利に投資して、集団投資スキーム持分等の権利者から拠出を受けた資産の運用を行うこと（金商法28条4項3号）

3 規制の内容

(1) 参入規制

(i) 参入プロセスの概要

　金融商品取引業を行うためには、内閣総理大臣の登録を受けなければならず（金商法29条)[2]、登録を受けるためには、所定の事項を記載した登録申請書と添付書類を内閣総理大臣に提出しなければならない（金商法29条の2第1項・2項）。登録の申請があった場合には、内閣総理大臣は、登録拒否事由がない限り、登録しなければならない（金商法29条の3第1項）。

　新規に参入しようとする者は、正式な登録申請に先立ち、体制の構築、事業計画の策定、概要書の作成、社内規則等の策定、その他書類を作成することが必要となる。これらの書類は、法令に基づき、金融商品取引業者に対する業務規制・行為規制をふまえて作成する必要があり、それをふまえて事前審査に臨む必要がある。行おうとする業務の内容により審査期間は異なるものの、第二種金融商品取引業や投資助言・代理業では、2か月～4か月、投資運用業や第一種金融商品取引業では3～4か月から1年近くかかるものまでさまざまである。事前審査は、最初に面談を行った後は、基本的には、書類審査であることから、書類の内容から関連する法令についての基本的な理解が欠けているなどと判断されると、管轄財務局長等から信頼されず、その後、まったく審査が進まないこともある。また、実務上の留意点として、登録に際しては、各金融商品取引業を適確に遂行するに足りる人的構成を備えていることが必要で、たとえば、第一種金融商品取引業に

---

[2] PTS（私設取引システム）については認可制がとられている（金商法30条）。

おいては、常勤役職員のなかに、その行おうとする第一種金融商品取引業の業務を3年以上経験した者が複数確保されていることが求められており、この要件をクリアすることは特に創業間もない会社にとっては容易ではない。さらに、事業の内容によっては、個人情報管理体制やシステムリスク管理体制について厳しく審査が行われることがあるので、特に新規の事業を立ち上げる際にはこの点に注意して手続を進める必要がある。このように、登録申請に際しては、入念な準備を行ったうえで相談に行くことが登録への近道であり、金商法に詳しく、かつ、登録実務にも精通している弁護士に相談することが重要となる。

　また、法律上の申請書の受理から登録までの標準処理期間は2か月（金商業等府令350条）とされており、概要書の内容確定と申請書の提出から2か月後に登録がなされることとなる。

　さらに、登録後に金融ADR[3]の措置を講じた後に業務開始が可能となるところ、日本証券業協会・投資顧問業協会・第二種金融商品取引業協会といった金融商品取引業協会（以下「協会」という）に加入する場合には、協会への加入により金融ADR措置を講じることとなるが、これらの協会には月1回の理事会で承認された後に協会への加入が認められることから、業務開始は登録後1か月程度を要する。なお、協会への加入は、法律上は任意となっているものの、第一種金融商品取引業・第二種金融商品取引業・投資運用業を行おうとする者は、協会に加入しない場合には、登録審査の過程において、協会加入者と同等の体制を整備することが登録要件となり（金商法29条の4第1項4号ニ）、一般的には、協会加入予定者より審査が厳しく、登録までの時間を要する傾向にある。そのため、幅広いビジネスを行おうとする場合には、費用はかかるものの、投資助言・代理業を行う者も含めて協会に加入するのが一般的である。

概要書に記載する項目の概要
1．会社の概要等
　(1)　会社設立日
　(2)　業務開始予定日
　(3)　資本金（および持込資本金）
　(4)　主要株主①（金商法29条の4第2項に規定する主要株主）
　(5)　主要株主②（議決権保有上位10者）
　(6)　役員

3)　金融ADRとは、①金融機関と利用者とのトラブル（紛争）を、②業界ごとに設立された金融ADR機関において、③中立・公正な専門家（弁護士等の紛争解決委員）が和解案を提示するなどして、④裁判以外の方法で解決を図る制度。

(7)　政令で定める使用人（金商法施行令15条の4第1号・2号の別を記載すること）
　(8)　加入する基金（基金加入の進捗状況を記載）
　(9)　加入する取引所（予定含む）
　⑽　加入する協会（協会加入の進捗状況についても記載すること）
　⑾　手続実施基本契約を締結する指定紛争解決機関
　⑿　主要取引銀行
　⒀　決算月

2．経営計画、業務計画等
　(1)　金融商品取引業への参入目的
　(2)　経営計画・業務計画等

3．業務内容、業務の方法等
　(1)　業務内容
　　①　金融商品取引業務
　　②　兼業・承認業務
　(2)　業務の方法
　　①　業務の形態、顧客層、開拓方法等、口座開設、商品の勧誘、取引の受託・取次ぎ方法等
　　②　取次ぎ母店
　(3)　登録業務の種別
　　①　業務の種別
　　②　電子募集取扱業務
　　③　該当業務
　(4)　デリバティブ取引業務
　　①　カバー先について
　　②　店頭デリバティブ取引の媒介、取次ぎまたは代理を行う場合は、その媒介等先と当社との関係

4．内部管理体制
　(1)　組織
　　①　人員の配置、採用計画
　　②　常勤役職員のうち当社の行おうとする金融商品取引業務3年以上経験者
　　③　内部管理統括責任者（役職名、氏名）
　　④　内部管理責任者（役職名、氏名）
　　⑤　営業責任者（役職名、氏名）
　(2)　電算システム、事務管理、担当者の所属部署および氏名等
　　①　帳簿書類・報告書等の作成、管理
　　②　ディスクロージャー
　　③　顧客資産の分別保管
　　④　リスク管理
　　⑤　電算システム管理

⑥　売買管理・取引審査
⑦　顧客管理
⑧　広告審査（ホームページを含む）
⑨　一般顧客からの照会窓口
⑩　苦情・トラブル処理
⑪　役職員の研修等
⑫　内部監査
⑬　外部監査の有無
⑭　オフサイトモニタリング
⑮　社内規則の管理

5．弊害防止措置等

6．社内規則等の整備状況等（金商法35条の3、金商業等府令70条の2第1項・2項）
　(1)　金商業等府令70条の2第1項関係
　(2)　金商業等府令70条の2第2項関係

7．特記事項（増資予定・役員および所在地の変更等）

(ii)　登録拒否事由

　金商法は、すべての金融商品取引業に共通して適用される登録拒否事由（以下「共通拒否事由」という）と、それぞれの業に特有の登録拒否事由（以下「個別拒否事由」という）を設けており、第一種金融商品取引業については最も厳しい要件を課している。

　まず、共通拒否事由として、①登録申請書および添付書類への虚実記載等、②5年以内に金商法上の登録を取り消された者等、③他の事業が公益に反する者、④金融商品取引業を適確に遂行するに足りる人的構成を有しない者、⑤金融商品取引業を適確に遂行するための必要な体制が整備されていると認められない者、⑥法人役員・使用人の適格性の欠如があげられる（金商法29条の4第1項柱書・1号〜3号）。

　次に、個別拒否事由としては、①資本金・営業所・代表者等に関する拒否事由（金商法29条の4第1項4号）、②会社の機関設計・純資産額・兼業・主要株主に関する拒否事由（同項5号）、③自己資本規制比率・商号に関する拒否事由（同項6号）が定められている。第一種金融商品取引業については、個別拒否事由のうち①から③のすべてが適用される。

(2)　業務範囲規制

(i)　総説

　金融商品取引業者のうち、第一種金融商品取引業および投資運用業を行う者に

ついては、投資家の預かり資産の保護の観点からそれぞれの業務に専念させるために、原則として、金融商品取引業に付随する業務を行う場合には届出または承認は不要だが、その他の業務を行う場合には、金融庁長官・管轄財務局長等への届出またはその承認を要する。

(ii) 付随業務

金融商品取引業の遂行に必要と想定される業務や密接に関連する業務（付随業務）は、投資家の利便性を高めることから、届出や承認を必要とすることなく行うことができる（金商法35条1項）。例示として、有価証券の賃借またはその媒介もしくは代理（同項1号）、有価証券に関する顧客の代理（同項4号）、有価証券に関連する情報の提供または助言（同項8号）、他の事業者の事業譲渡、合併、会社分割、株式交換もしくは株式移転に関する相談に応じ、またはこれらに関する仲介を行うこと（同項11号）、他の事業者の経営に関する相談に応じること（同項12号）等が法文の規定により列挙されている。また、法文の規定に列挙されていない業務であっても、「その他の金融商品取引業に付随する業務」といえるものは、届出や承認なく行えることから、金融商品取引業または例示列挙された付随業務に該当しない業務を行う場合には、当該業務を付随業務として整理することが可能か否かを検討することが必要となる。付随業務に該当するか否かは、金融商品取引業との一体性・関連性・従属性等を考慮して判断することとなる。

(iii) 届出業務

第一種金融商品取引業者および投資運用業者は、金融商品取引業および付随業務以外の業務について、届出をすれば行うことができる業務がある（金商法35条2項・3項）。届出業務に該当するものとして、たとえば、①貸金業その他の金銭の貸付けまたは金銭の貸借の媒介に係る業務、②宅地建物取引業または宅地もしくは建物の賃貸に係る業務（宅地建物取引業法2条1号・2号）、③不動産特定共同事業（不動産特定共同事業法2条4項）、④有価証券またはデリバティブ取引に係る権利以外の資産に対する投資としての資産運用業務、⑤信託契約代理業、⑥不動産の管理業務、⑦不動産に係る投資助言業、⑧顧客に対し他の事業者のあっせん・紹介を行う業務、⑨資金決済法の資金移動業等がある（金商業等府令68条）。ただし、監督行政の実務では、届出業務について、事前に審査に事実上相当するものが行われている。なお、届出は、あくまで、金商法上は届出を行えば

---

4) 第二種金融商品取引業として高速取引行為を行おうとする場合（金商法29条の4第1項7号）、第一種少額電子募集取扱業務（金商法29条の4の2）、第二種少額電子募集取扱業務（金商法29条の4の3）、適格投資家向け投資運用業（金商法29条の5）についてはそれぞれ特則がある。

足りるというものであり、当該届出業務が、他の法令による規制業種である場合には、当該他の法令による許認可等の取得が必要である。

　(iv)　承認業務

上記(ii)および(iii)に該当しない業務でも、第一種金融商品取引業者および投資運用業者は、金融庁長官または管轄財務局長等の承認を受けた業務を行うことができる（金商法35条4項）。かかる承認の申請時には、その業務が公益に反すると認められるとき、またはその業務に係る損失の危険の管理が困難であるために投資家の保護に支障が生ずると認められる場合には承認されないことがある（同条5項）。

(3)　行為規制

　(i)　総説

金商法は、金融商品取引業者に対する行為規制を定めており、下記**図表11-1**のとおり、①すべての種別の金融商品取引業者に共通して適用される基本規制、②販売・勧誘に関する規制、③投資助言・代理業および投資運用業務に共通して適用される規制、④投資助言業務に適用される規制、⑤投資運用業に適用される規制、⑥有価証券等の管理業務に適用される規制、⑦電子募集取扱業務に関する規制、⑧弊害防止措置等に関する規制、に大別される。なお、金商法は、適格機関投資家等のプロの投資家（特定投資家）については、自らの力で適切な投資判断を行うことが期待されることから、適合性の原則（ある特定の者に対してはいかに説明を尽くしても一定の商品の販売・勧誘を行ってはならないという狭義の適合性の原則）や書面交付義務等一部の規制を適用しないこととしている（金商法45条）。

図表11-1：行為規制

基本規制	業務管理体制の整備（金商法35条の3）
	顧客に対する誠実公正義務（金商法36条1項）[5]
	標識の表示（金商法36条の2）
	名義貸しの禁止（金商法36条の3）
	社債管理の禁止等（金商法36条の4）
販売・勧誘	広告等の規制（金商法37条）
	取引態様の事前明示義務（金商法37条の2）

---

5)　有価証券関連業務を行う第一種金融商品取引業者については情報管理体制等の整備が求められる（金商法36条2項）。

		契約締結前の書面交付義務（金商法37条の3）
		契約締結時等の書面交付義務（金商法37条の4）
		保証金受領時の書面交付義務（金商法37条の5）
		書面による解除（金商法37条の6）
		指定紛争解決機関との契約締結義務（金商法37条の7）
		禁止行為（金商法38条）
		損失補てん等の禁止（金商法39条）
		適合性の原則（金商法40条1号）
		顧客情報の適正な取扱い（金商法40条2号）
		最良執行方針等（金商法40条の2）
		集団投資スキーム持分等の売買等に関する規制（金商法40条の3）
		集団投資スキーム持分等の募集等に関する規制（金商法40条の3の2）
		特定投資家向け有価証券の売買等の禁止（金商法40条の4）
		特定投資家向け有価証券に関する告知義務（金商法40条の5）
		商品関連市場デリバティブ取引等におけるのみ行為の禁止（金商法40条の6）
		店頭デリバティブ取引に関する電子情報処理組織の使用義務（金商法40条の7）
投資助言・代理業および投資運用業		禁止行為（金商法38条の2）
投資助言業務		忠実義務（金商法41条1項）
		善管注意義務（金商法41条2項）
		禁止行為（金商法41条の2）
		有価証券の売買等の禁止（金商法41条の3）
		金銭または有価証券の預託の受入れ等の禁止（金商法41条の4）
		金銭または有価証券の貸付け等の禁止（金商法41条の5）

投資運用業務	忠実義務（金商法42条1項）
	善管注意義務（金商法42条2項）
	禁止行為（金商法42条の2）
	運用権限の委託規制（金商法42条の3）
	分別管理義務（金商法42条の4）
	金銭または有価証券の預託の受入れ等の禁止（金商法42条の5）
	金銭または有価証券の貸付け等の禁止（金商法42条の6）
	運用報告書の交付義務（金商法42条の7）
有価証券等の管理業務	善管注意義務（金商法43条）
	分別管理義務（金商法43条の2、43条の2の2、43条の3）
	顧客の有価証券を担保に供する行為等の制限（金商法43条の4）
電子募集取扱業務	所定事項の開示（金商法43条の5）
弊害防止措置等	二以上の種別の業務を行う場合の禁止行為（金商法44条）
	その他業務に係る禁止行為（金商法44条の2）
	親法人・子法人等が関与する行為の制限（金商法44条の3）
	引受人の信用供与の制限（金商法44条の4）

以下、これらの規制のうち特に重要な規制について解説する。

(ii) 個別の規制の内容

(a) 誠実公正義務

金融商品取引業者ならびにその役員および使用人は、顧客に対して誠実かつ公正に業務を遂行する義務を負っている（金商法36条1項）。誠実公正義務から導かれる具体的な義務として、投資家への説明義務、適合性の原則や最良執行義務があげられる。

(b) 広告規制

金融商品取引業者は、金融商品取引業の内容について広告その他これに類似する行為[6]をするときは、①金融商品取引業者の商号等、②金融商品取引業者であ

る旨および金融商品取引業者の登録番号、③金融商品取引業の内容に関する事項であって顧客の判断に影響を及ぼすこととなる重要な事項について表示[7]しなければならない（金商法37条1項）。また、金融商品取引業者は、金融商品取引行為を行うことによる利益の見込み等について、著しく事実に相違する表示をなすことや、著しく人を誤認させるような表示をなすことが禁止される（金商法37条2項）。

(c) 契約締結前の書面交付義務

金融商品取引業者は、顧客と金融商品取引契約を締結する際には、顧客に対して、①金融商品取引業者の商号等、②金融商品取引業者である旨および金融商品取引業者の登録番号、③金融商品取引契約の概要、④顧客が支払う手数料および報酬等、⑤顧客が行う金融商品取引行為に関する損失発生リスク等を記載した書面を交付[8]しなければならない（金商法37条の3第1項）。

なお、書面交付義務が形式的に履行されるだけでは、説明義務が十分に果たされているとはいえないことから、金融商品取引業者やその役員および使用人は、あらかじめ顧客に対し、契約締結前書面の内容等について、顧客の知識、経験、財産の状況および契約を締結する目的に照らし当該顧客に理解されるために必要な方法および程度による説明を行わなければならい（金商業等府令117条1項1号）。なお、顧客に対する説明義務違反に対しては、顧客の私法的救済を図るために、民法上の不法行為責任の特則として、金融商品販売法が定められている。

(d) 契約締結時等の書面交付義務

金融商品取引業者は、金融商品取引契約が成立したときその他一定の場合には、原則として、遅滞なく顧客に対して契約締結時交付書面を交付[9]しなければならない（金商法37条の4第1項）。

(e) 書面による解除（クーリング・オフ）

金融商品取引業者との間で投資顧問契約を締結した顧客は、一定の場合を除き、契約締結時交付書面を受領した日から起算して10日を経過するまでの間、書面により当該投資顧問契約の解除を行うことができる（金商法37条の6第1項、金商法施行令16条の3）。

---

6) ここでいう広告類似行為とは、電子メールの送信、パンフレットの配布等の方法により多数の者に対して同様の内容で行う情報の提供をさす（金商業等府令72条）。
7) 文字や数字の大きさ等についての規制がある（金商業等府令73条）。
8) 電子交付も可能である（金商法37条の3第2項）。
9) 電子交付も可能である（金商法37条の4第2項）。

(f) 禁止行為

金融商品取引業者またはその役員もしくは使用人は、下記**図表 11 - 2**の行為を禁止されている（金商法38条、金商業等府令117条）。

図表 11 - 2 : 禁止行為

禁止行為	虚偽告知
	断定的判断の提供等による勧誘
	無登録業者の信用格付の利用に際して無登録であること等を告知せずに行う勧誘
	不招請勧誘
	勧誘受諾意思確認なき勧誘
	再勧誘
	特定金融指標算出者に対する根拠のない算出基礎情報の提供
	高速取引行為者以外の者が行う高速取引行為に係る有価証券の売買等
	投資家の保護に欠け、もしくは取引の公正を害し、または金融商品取引業者の信用を失墜させるものとして内閣府令で定める行為[10]

(g) 損失補てん等の禁止

金融商品取引業者は、その中立性、公正性を担保し、証券市場における価格形成機能を正常に保つために、顧客に対する損失補てん等の申込み、約束および財産上の利益提供による損失補てんの実行等が禁止されている（金商法39条。なお、投資助言・代理業および投資運用業務に関し、金商法38条の2第2号、41条の2第5号、42条の2第6号）。

10) 具体的には、必要な方法および程度による説明を経ない金融商品取引契約の締結（金商業等府令117条1項1号）、虚偽表示（同項2号）、特別の利益の提供等（同項3号）、偽計、暴行または脅迫による金融商品取引契約の締結もしくは解約（同項4号）、債務の履行拒否等（同項5号）、顧客の財産等の不正取得（同項6号）、顧客に迷惑な時間帯の電話または訪問による勧誘（同項7号）、無断売買（同項11号）、職務上の地位を利用した有価証券の売買等（同項12号）、インサイダー取引への関与（同項13号）等が禁止されている。

(h)　適合性の原則
　金融商品の内容は金融商品によって千差万別であり、また、それに対する顧客の理解度も千差万別であることから、金融商品取引業者には、その顧客にとって適切な金融商品の勧誘を行うことが求められる。すなわち、金融商品取引行為に際しては、投資家の保護に欠けることがないよう、顧客の知識、経験、財産の状況および顧客の目的に照らして不適当と認められる金融商品の勧誘を行ってはならず（金商法40条1号）、これを適合性の原則という。
　(i)　最良執行方針等
　金融商品取引業者は、金融商品取引について複数の選択肢を持つ顧客の利益を守るために、顧客にとって最良の取引条件で注文を執行しなければならず（金商法40条の2第3項）、そのための方針および方法を策定して（同条1項）、公表しなければならない（同条2項）。
　(j)　分別管理義務
　金融商品取引業者は、顧客から預託を受けた有価証券等や金銭等について、自己の固有財産と分別して管理しなければならない（金商法43条の2第1項・2項）。
(4)　経理規制
　第一種金融商品取引業を行う者とそれ以外の金融商品取引業者について、それぞれ経理に関する規制が置かれており（金商法46条以下）、金融商品取引業者に共通する規制として、業務関係帳簿の保存（金商法46条の2、47条）、事業報告書の所管金融庁長官等への提出（金商法46条の3、47条の2）、説明資料の公衆縦覧（金商法46条の4、47条の3）が定められている。第一種金融商品取引業を行う者に関しては、さらに厳格な規制が設けられており、金融商品取引責任準備金の積立て（金商法46条の5）や自己資本規制（金商法46条の6）が定められている。

4　金商法が関連する近時のビジネス
(1)　クラウドファンディング
　クラウドファンディングとは、個人や企業等の資金需要者と資金提供者をインターネット経由で結びつけ、不特定多数の資金提供者から資金を調達することを可能とする手法である。クラウドファンディングは提供された資金の性質に応じていくつかの類型に分類されており、主に、①寄付型クラウドファンディング、②購入型クラウドファンディング、③ファンド型クラウドファンディング、④株式投資型クラウドファンディング、に大別される。
　クラウドファンディングを行うためのプラットフォームを提供する事業者については、クラウドファンディングの類型に応じて、金商法上の金融商品取引業者に該当しないか検討が必要となる。クラウドファンディングの類型により適用さ

れる法令等の概要は下記**図表11-4**のとおりである。なお、投資型クラウドファンディングについては、平成26年の金商法改正で、第一種少額電子募集取扱事業者および第二種少額電子募集取扱事業者という従来の第一種金融商品取引業および第二種金融商品取引業の規制を緩和した新たな類型が創出されている。

図表11-3：クラウドファンディングの類型により適用される法令等の概要

	資金需要者	プラットフォーム提供者	資金提供者
寄付型	個人：贈与税 法人：法人税	なし	一定の団体の場合には寄付金（特別）控除
購入型	・特定商取引に関する法律の表示義務 ・民法上の瑕疵担保責任 ・贈与税・法人税	左記と同じ。 業態次第で資金決済法の資金移動業の登録	なし
投資型（ファンド型）	・事業を行う場合には特に規制なし ・不動産投資型の場合には、不動産共同特定事業法の許可等 ・有価証券に出資する場合には投資運用業	・第二種金融商品取引業 ・第二種少額電子募集取扱業務 ・貸金業（プロジェクト実施者に貸し付ける場合）	なし
投資型（株式型）	なし	・第一種金融商品取引業 ・第一種少額電子募集取扱業務	なし

図表11-4：投資型クラウドファンディングの区分

	株式・新株予約権	ファンド持分
募集総額が1億円未満かつ1人あたり投資額が50万円以下	第一種少額電子募集取扱業務	第二種少額電子募集取扱業務
募集総額が1億円以上かつ1人あたり投資額が50万円以上	第一種金融商品取引業	第二種金融商品取引業

なお、クラウドファンディングサービスを提供する際には、金商法上の規制を遵守するだけではなく、業界団体の自主規制についても遵守する必要があり、ファンド型クラウドファンディングについては、第二種金融商品取引業協会が制定する電子申込型電子募集取扱業務等に関する規則等を、株式投資型クラウドファンディングについては、日本証券業協会の定める株式投資型クラウドファンディング業務に関する規則が適用される。

(2) ソーシャルトレーディング

ソーシャルトレーディングとは、ユーザーが自ら取得した情報に基づきユーザー自らが一から投資の判断を行うのではなく、過去の実績に優れている他のユーザーの判断を参考にし、他のユーザーと同じタイミングで当該他のユーザーと同じ有価証券の取引を可能とすることで、ユーザーの取引の選択肢を広げ、また、取引の有価証券ハードルを下げることを実現するサービスである。

ソーシャルトレーディングサービスを提供する場合、①単なる情報交換の場を提供するサービスにすぎないのか、②ユーザーに対して事業者がアドバイスを提供するためのサービスなのか、③ユーザーの注文に応じて有価証券の売買まで事業者が行うのかによって、登録を要する金融商品取引業の種別が異なる。

①の場合、ユーザー間で情報交換が行われるSNS（ソーシャル・ネットワーキング・サービス）にすぎず、情報交換の対象が有価証券に特化していることが特徴的ではあるものの、金融商品取引業のいずれかに該当するものではないと考えられる。次に、②の場合、有価証券の価値等や金融商品の価値等の分析に基づく投資判断（有価証券の場合には、投資対象となる有価証券の種類、銘柄、数、価格および売買の別）（投資助言）を提供し[11]、それに対して事業者がユーザーから対価を受領する場合[12]、投資顧問契約の締結に該当し、投資助言・代理業の登録が必要となるため、かかるサービスを提供するに際しては、提供している情報が「投資助言」なのか、単に他のユーザーの売買動向の情報を知ることができるだけで、「投資助言」とまでいえない行為であるかがポイントとなりうる。③の場合、第一種金融商品取引業または第二種金融商品取引業に該当することになる。

(3) おつり投資

おつり投資とは、ユーザーの設定した金額やルールに応じて、ユーザーが買い物をするたびにおつりに相当する額（たとえば、コンビニエンスストアで買い物をした際の代金870円に対し、1000円を支払った場合における「おつり」130円）を算出し、

---

11) サービスの仕組みによって、事業者が助言を提供していると評価される場合と、あくまで助言の提供主体はユーザーと評価される場合に分かれるものと思われる。
12) 対価を受領しなければ投資助言・代理業の登録は不要となる。

その累積金額を一定の基準日（たとえば、毎月30日）において、投資信託等の購入を行うというビジネスを指す。おつり投資を事業として提供する場合、投資に相当する事業として、いかなる内容のサービスを顧客に提供するかによって、登録を要する金融商品取引業の種別が異なる。

まず、ユーザーの利便性を考えると、おつり相当額が自動的に運用され、ユーザーが自ら逐一判断をせずとも投資信託の購入がなされるように事業を設計することが考えられる。このような場合には、金融商品の価値等の分析に基づく投資判断が一任され、投資判断に基づき顧客のために投資を行うことを目的として投資一任契約が締結され、投資一任契約に基づき実際に有価証券の購入を行うことになるため、投資運用業の登録を行うことが必要となる。

さらに、ユーザーの委託に基づいて有価証券の購入を行う前提として、おつり投資サービス提供者が自ら顧客の金銭または有価証券の預託を受ける場合や、口座を開設する場合には、第一種金融商品取引業の登録が必要になる。

(4) ロボアドバイザー

ロボアドバイザーとは、オンライン上で、事業者がユーザーから年齢や資産状況等に関する情報を取得し、アルゴリズムを利用して当該ユーザーの属性を分析したうえで、ユーザーごとに最適なポートフォリオを自動的に組成・提供するビジネスを指す。ロボアドバイザーは、ユーザーに対して、投資に関する助言や資産運用をサービスとして提供するものが多く、以下のとおり、そのサービスの内容によっては金融商品取引業の登録が必要となる。

ロボアドバイザーが、有価証券の価値等や金融商品の価値等の分析に基づく投資判断を提供し、それに対してユーザーから対価を受領する場合[13]、投資顧問契約の締結に該当するため、投資助言・代理業の登録が必要となる。アドバイスの提供にとどまる場合には、有価証券に投資するか否かの判断はユーザーに委ねられているが、ユーザーから資産運用について一任を受け、かかる投資一任契約に基づき、有価証券に投資する資産運用業務まで行う場合には、投資運用業の登録が必要となる。この判断は、事業者として投資に関する具体的な意思決定を行っていると評価しうる状況にあるか否かがポイントであり、たとえば、ユーザーから証券会社の顧客口座のIDおよびパスワードの情報の共有を受け、当該IDおよびパスワードを用いて、顧客のために事業者が管理するシステムを介して売買の発注を行っていたケースについて、「投資運用業」に該当すると判断された事例

---

[13] ソーシャルトレーディングと同様に、対価を受領せず、無償でサービスを提供する場合には、投資助言・代理業の登録は不要である。したがって、金融関連サービスを複数提供している事業者の場合には、ロボアドバイザー自体は無償で提供するという選択もありうるところである。

もある[14]。一方、顧客が自ら投資判断を行っているものの、有価証券の売買の取次ぎ等を行う場合には、第一種金融商品取引業の登録が必要となる。

Ⅱ　ファンド規制（集団投資スキーム規制）

ポイント
- ファンドを組成する際には、組成しようとするファンドの性質を考慮して、選択可能なビークルのなかから最適なビークルを選択することが望まれる。
- ファンド持分は原則として有価証券としてみなされるため、行為類型に応じた金融商品取引業の登録が必要となる。ただし、一定の場合には、有価証券としてみなされない場合もある。
- ファンド持分の出資の勧誘については第二種金融商品取引業の登録が必要となり、有価証券またはデリバティブ取引に係る権利に対する投資として出資を受けた財産のうち50％超を運用することについては投資運用業としての登録が必要となる。
- ファンド持分が有価証券とみなされた場合であっても、適格機関投資家等特例業務に該当する場合には、金融商品取引業としての登録義務の適用が除外され、届出を行うことで足りる（ただし、届出を行った者は、投資家に対する説明や書面の交付等の行為規制については、金融商品取引業者とほぼ同様の義務を負担するため注意を要する）。

1　概要

近年、スタートアップへの投資を中心として、企業の資金調達が活性化するなかで、多様な資金調達手法が活用されているが、いわゆる投資事業組合や投資ファンドといわれる組合型ビークルを用いた資金調達が重要な役割を担っている。ファンド持分の自己募集や出資・拠出を受けた財産の自己運用を業としている者は、金融商品取引業の登録を受けることが義務づけられている。以下、ファンド規制（集団投資スキーム規制）について解説する。

2　ファンドの類型

ファンドは、ファンド運営者とファンド投資家によって構成され、いずれもファンドの構成員としてファンドに対する出資を行う。ファンドを組成する場合、民法の組合契約を用いる任意組合、②商法の匿名組合契約を用いる匿名組合、③

14）　内閣府沖縄総合事務局「株式会社インベストメントカレッジに対する行政処分について」（平成27年10月20日）。

投資事業有限責任組合法上の投資事業有限責任組合契約を用いる投資事業有限責任組合、④有限責任事業組合法上の有限責任事業組合契約を用いる有限責任事業組合の4類型が考えられる。ファンドを組成する際には、組合員として負担する責任の性質、ファンドへの関与の程度、ファンド組成に要するコスト等も考慮して、上記の4類型から最適なビークルを選択することが必要となる。匿名組合については匿名組合員への収益分配金に対して原則として源泉徴収税が課せられるなどの税務上の考慮が必要であること、有限責任事業組合については組合の業務執行を決定するには原則として総組合員の同意が必要であること等から、一般的な傾向としては、有価証券を投資対象とするファンドのビークルとして任意組合や投資事業有限責任組合が用いられることが多い。

3 有価証券該当性

　ファンドを組成する場合、上記2にあげた4類型からいずれかのスキームを選択することになり、選択するスキームにより、投資事業有限責任組合であれば投資事業有限責任組合法の制約に服し、有限責任事業組合であれば有限責任事業組合法の制約に服することになる。

　ここで気をつけなければならないのは、いずれのスキームを選択した場合にも、ファンド持分は原則として有価証券として取り扱われ、金商法が適用されることである。具体的には、以下の3要件を満たす場合には、そのファンド持分は原則として有価証券に該当し（金商法2条2項5号柱書、金商法施行令1条の3）、これを集団投資スキーム持分という。なお、本書では実務上用いられることが多い日本法に準拠して組合型ファンドを組成した場合を念頭に置いて解説しているが、外国の法令に基づく組合型ファンドについても、そのファンド持分は原則として有価証券に該当するし（金商法2条2項6号）、組合ではなく社団法人に対する持分であっても有価証券とみなされうる（同項5号柱書）。

---

① 民法が定める組合契約や投資事業有限責任組合法が定める投資事業有限責任組合契約等に基づく権利等を有するものが金銭等を出資または拠出すること
② 出資者が出資または拠出をした金銭等を充てて事業（以下「出資対象事業」という）が行われること
③ 出資者が、出資額または拠出額を超えて、出資対象事業から生ずる収益の配当または当該事業に係る財産の分配を受けることができること

　ただし、金商法は、①から③の要件をすべて満たす場合であっても、出資者を投資家として保護する必要性が低い場合、そもそも投資としての性格が弱い場合、他の法律により出資者の保護が図られている場合等、投資家保護の必要性が類型

的に低いと考えられる以下のケースについては、有価証券とみなされるファンド持分から除外している（金商法2条2項5号イ～ニ）。

> ① いわゆる投資クラブ等出資者全員が自ら出資対象事業に関与している場合
> ② 出資者が出資または拠出された額を超えて収益の配当または出資対象事業に係る財産の分配を受けることがない場合[15]
> ③ 金商法の行為規制が準用されている他の法律により監督が行われる場合[16]
> ④ 上記以外の場合で公益または出資者保護のため支障を生ずることがないと認められる場合[17]

上記のうち、実務上利用されることが多い類型について詳細を論じる。

(1) 出資者の全員が出資対象事業に関与する場合

出資者の全員が出資対象事業に関与する場合として投資ファンドが次の①および②のいずれも満たす場合には、その持分は、有価証券に該当しない（金商法2条2項5号イ、金商法施行令1条の3の2）。

> ① 出資対象事業に係る業務執行がすべての出資者の同意を得て行われるものであること（すべての出資者の同意を要しない旨の合意がされている場合において、当該業務執行の決定についてすべての出資者が同意をするか否かの意思を表示してその執行が行われるものであることを含む）
> ② 出資者のすべてが、出資対象事業に常時従事する、または、特に専門的な能力であって出資対象事業の継続に欠くことができないものを発揮して当該出資対象事業に従事すること

(2) 役職員等による持株組合

次の要件を満たすファンド持分については、有価証券とみなされない（金商法2条2項5号ニ、金商法施行令1条の3の3第5号・6号、定義府令6条、7条1項1号～2号の2・2項）。

> ① 出資者は、発行者、その子会社、孫会社またはひ孫会社の役員または従業員のみ、または発行者の関係会社の従業員、発行者の指定取引先の役職員に限定

---

[15] マンション管理組合等はこの類型に該当することが多いと考えられる。
[16] 保険業法上の保険契約に基づく権利や不動産特定共同事業法上の不動産特定共同事業契約に基づく権利（一定の例外あり）等が該当する。
[17] 保険・共済契約に基づく権利（保険業法の対象とならないもの）、一定の要件を満たす役員または従業員持株会、拡大従業員持株会、取引先持株会、従業員等投資口会に係る権利、一定の要件を満たす映画制作委員会等共同してコンテンツ事業を行う契約に基づく権利等が該当する。

されること
② 投資対象は、株式または投資証券に投資するものであること
③ 1回の拠出金額が100万円未満であること
④ 一定の計画に従い、個別の投資判断に基づかず、継続的に買付けを行うものであること
⑤ 指定取引先の役員が出資者となるものについては、買付けが、金融商品取引業者に委託して行われるものであること

(3) コンテンツファンド

製作委員会方式によって、映画製作のために出資を募ること等が行われているが、民法の任意組合に対する出資は、原則として、有価証券とみなされ、金商法の適用対象となる。ただし、次に掲げる要件を満たすものは、有価証券とはみなされず、金商法は適用されない（定義府令7条1項3号）。

法人・団体が他の法人・団体と共同してもっぱらコンテンツ事業[18]（付帯する事業を含む）を行うことを約する契約に基づく権利であって、次に掲げる要件のすべてに該当すること
① 出資者のすべてが上記に係るコンテンツ事業の全部または一部に従事すること
② 出資者のすべてが、当該コンテンツ事業に係る収益の配当・財産の分配を受けることができる権利のほか、当該事業に従事した対価の支払いを受ける権利または当該事業に係るコンテンツの利用に際し、出資者の名称を表示しもしくは出資者の事業の広告・宣伝をすることができる権利を有すること
③ 上記契約に基づく権利について、他の出資者に譲渡する場合および他の出資者のすべての同意を得て出資者以外の者に譲渡する場合以外の譲渡が禁止されていること

たとえば、以下のようなものは、要件を満たすものとされている[19]。

① ある映画の製作委員会に出資している企業がその映画とのコラボレーション事業の一部に従事すること（商品の販売、タイアップCMの放送、映画フェアの開催等）

---

18) コンテンツの創造、保護および活用の促進に関する法律2条の規定により、映画、音楽、演劇、漫画、アニメーション等のコンテンツについて、以下のいずれかの行為を業として行うこと
　　① コンテンツの製作
　　② コンテンツの複製、上映、公演、公衆送信その他の利用（コンテンツの複製物の譲渡、貸与および展示を含む）
　　③ コンテンツに係る知的財産権の管理
19) 金融庁「コンテンツ事業に関するQ&A」問2～問6（答）（平成29年5月31日）。

②　製作委員会に出資している企業がプロダクト・プレイスメント（自社製品を映画のなかで目立つような形で取り上げてもらうことで自社の宣伝を行う手法）を行う場合であって製品の提供等が映画の製作に資するものと判断される場合
③　製作委員会に出資している企業がその映画の前売券の販売を行う場合、製作委員会に出資している海外の企業（ディストリビューター）が、海外における興行権、放映権、ビデオグラム化権をはじめとした広範にわたる利用権に係る事業（たとえば、これらの権利のライセンスの付与等）を行う場合
④　製作委員会に出資している企業の親子会社が、製作委員会が行うコンテンツ事業に従事している場合

⑷　不動産特定共同事業契約に基づく権利等、その他法令により規律される場合

　不動産特定共同事業法等、他の法律により規律される場合には、金商法は適用されないこととなる。

4　ファンド持分の勧誘

　ファンドを組成するため有価証券とみなされるファンド持分に対する出資を募る行為は、原則として、第二種金融商品取引業の登録をなくして行うことはできない（金商法2条8項7号ヘ、28条2項1号）。ただし、以下に掲げるいずれかの場合には、金融商品取引業の登録は不要となる。

①　海外で非居住者のみを相手方として勧誘が行われる場合[20]
②　出資者の勧誘を第二種金融商品取引業者に委託する場合には、ファンド運営者には「募集または私募」に該当する行為がなく、第二種金融商品取引業に該当しない[21]。
③　適格機関投資家等特例業務の届出を提出した場合（下記6を参照のこと）

5　ファンド勧誘後の運用

　出資を募った後に出資または拠出された財産を主として[22]有価証券に投資すること等の運用行為は投資運用業の登録なくして行うことができない（金商法2条8項15号ハ、28条4項3号）。ただし、以下に掲げるいずれかの場合には、金融商

---

20)　平成19年7月31日パブコメ回答63頁132番。
21)　平成19年7月31日パブコメ回答60頁113番。
22)　「主として」とは、基本的に、運用財産の50%超を意味する（平成19年7月31日パブコメ回答79頁〜80頁190番〜192番）。

品取引業の登録は不要となる。

① 行為者が運用権限の全部を委託するため他の金融商品取引業者等との間で投資一任契約を締結するものであって、一定の要件を満たし、当該金融商品取引業者等が事前に行為者に関する所要の事項を届け出ているもの（金商法施行令1条の8の6第1項4号、定義府令16条1項10号）
② 行為者が一の相手方と締結した匿名組合契約に基づき出資を受けた金銭等を不動産信託受益権に対して投資運用するものであって、一定の要件を満たし、当該相手方が事前に行為者に関する所要の事項を届け出ているもの（金商法施行令1条の8の6第1項4号、定義府令16条1項11号）
③ 匿名組合の営業者が出資を受けた金銭等の全部を充てて取得する競走用馬を他の匿名組合契約に基づき現物出資するもの（金商法施行令1条の8の6第1項4号、定義府令16条1項12号）
④ 外国集団投資スキームに係る自己運用のうち、出資者のうち本邦居住者が10人未満の適格機関投資家または適格機関投資家等特例業務の届出を行った者であり、かつ、本邦居住者による直接出資額が総出資額の3分の1以下であるもの（金商法施行令1条の8の6第1項4号、定義府令16条1項13号）
⑤ 適格機関投資家等特例業務の届出を提出した場合（下記6を参照のこと）

6 適格機関投資家等特例業務の届出

(1) 届出対象となるファンドの要件

ファンドを運営しようとする者が有価証券とみなされるファンド持分を勧誘し、その後、運用財産の50％超を有価証券で運用する行為は、いずれも、原則として、金融商品取引業の登録を行わなければならないが、上記4または5に記載のとおり、適格機関投資家等特例業務の要件を満たし、その届出を行った場合には、金融商品取引業の登録は不要となる（金商法63条）。具体的な要件は、以下のとおりである[23]。

① 届出対象ファンドの投資家に適格機関投資家を1名以上含むものであって、適格機関投資家は適格機関投資家以外の者に対する譲渡が禁止されていること（金商法施行令17条の12第4項1号）
② 届出対象ファンドの投資家のうち、以下の要件を満たす適格機関投資家以外の者（「特例業務対象投資家」）が49名以下であって、特例業務対象投資家は、他の一の適格機関投資家または特例業務対象投資家に対して一括して譲渡する場

---

[23] 投資家に非居住者が含まれる場合であっても、国内において勧誘が行われるのであれば、当該非居住者を人数の計算には含めることになる。一方、国外において非居住者である外国投資家に勧誘を行う場合には、適格機関投資家等特例業務の適用要件の該当性を判断するにあたり考慮する必要はない（平成19年7月31日パブコメ回答541頁17番、18番）。

合以外の譲渡が禁止されていること（金商法施行令17条の12第4項2号）
③ 届出対象ファンドの投資家に以下の者が存在しないこと（金商法63条1項1号）
　(ア) 資産の流動化に関する法律の特定目的会社のうち、その発行する資産対応証券を非適格機関投資家が取得している者
　(イ) 集団投資スキーム持分に対する投資事業に係る匿名組合で、非適格機関投資家を匿名組合員とするものの営業者または営業者となるとするもの
　(ウ) 特定目的会社またはこれと同様の事業を営む事業体であって、事業内容の変更が制限されている事業体のうち、その発行する社債、株式等を非適格機関投資家が取得している者（金商業等府令235条1号）
　(エ) 他の集団投資スキーム（「投資家ファンド」）の運営者のうち非適格機関投資家を含む出資者から出資を受けている者。ただし、投資家ファンドが投資事業有限責任組合、有限責任事業組合またはこれらに類する外国ファンドの場合[24]、投資家ファンドと届出対象ファンドの運営者が同一である場合であって、投資家ファンドの出資者のうち非適格機関投資家および届出対象ファンドの出資者のうち非適格機関投資家の合計が49名以下である場合には、届出対象ファンドにつき適格機関投資家等特例業務該当性を否定されない（金商業等府令235条2号）。

図表11-5：特例業務対象投資家

	特例業務対象投資家（金商法施行令17条の12第1項・2項）
①	国
②	日本銀行
③	地方公共団体
④	金融商品取引業者等
⑤	集団投資スキーム持分の自己私募業務、自己運用業務を行う者
⑥	⑤の密接関係者（金商業等府令233条の2第1項各号に定める者）
⑦	上場会社
⑧	資本金が5000万円以上の法人
⑨	純資産額が5000万円以上の法人
⑩	特別法人
⑪	特定目的会社

24) 投資家ファンドの運営者が投資運用業を行う金融商品取引業者等であるときは、投資家ファンドの非適格機関投資家の数を合算する必要はない。

⑫	保有資産の合計額が100億円以上と見込まれる企業年金基金（金商業等府令233条の2第2項）
⑬	外国法人
⑭	保有資産の合計額が1億円以上と見込まれ、かつ、金融商品取引業者等（外国の法令上これに相当する者を含む）に有価証券の取引またはデリバティブ取引を行うための口座を開設した日から起算して1年を経過していること（金商業等府令233条の2第3項1号）
⑮	業務執行組合員等であって、その保有資産の合計額が1億円以上である個人（金商業等府令233条の2第3項2号）
⑯	保有資産が1億円以上と見込まれる法人等（金商業等府令233条の2第4項4号以下）
ベンチャーファンド特例[25]を満たす場合、上記に加え、以下の者も特例業務対象投資家となる（金商法施行令17条の12第2項、金商業等府令233条の3）。	
	上場会社、資本金または純資産額が5000万円以上の有価証券報告書提出会社または保有資産が1億円以上と見込まれる法人の役員、勧誘前5年以内にこれらの役員であった者等の一定の要件を満たす者

(2) 届出者の要件と届出後のファンド運営者の義務

　金商法では、適格機関投資家等特例業務の届出者（特例業務届出者）に対し、以下のような規制が課されている。そのため、金融商品取引業の登録は不要であっても、金融商品取引業者と同等の義務を負うものであることから、ファンドの設立等に際しては、金商法に詳しい専門家の助言を得る必要がある。

---

25) 以下の要件を満たすファンドをいう（金商法施行令17条の12第2項、金商業府令233条の4各項）。
　① 組合員からの出資または拠出金の総額から、現預金額を控除した80％超を、発行者またはその親子会社等が国内外で上場・店頭登録されていない株式（新株予約権、新株予約権付社債、外国の者が発行する有価証券でこれらの性質を有するものを含む）に投資するものであって、借入れ・債務保証を行う場合にはその期限が120日かつ借入れ・債務保証の合計額が組合員からの出資または拠出金の総額の15％を超えない額（投資対象の発行者の債務保証は行わない）
　② やむをえない事由がある場合を除き、出資者の請求による払戻しを受けることができないもの
　③ 法令で規定する事項が契約書に定められていること
　④ 契約の締結までに①から③に掲げる要件に該当する旨を記載した書面が出資者に交付されていること

(a) 欠格事由

大要、金商業の登録の取消しを受けた者等に該当する者（金融商品取引業者等を除く）は適格機関投資家等特例業務を行うことができない（金商法63条7項）。

(b) 行為規制

適格機関投資家等特例業務の届出者には、以下のとおり、原則として、金融商品取引業者と同等の規制が課せられており、違反については、金融商品取引業者等と同様に罰則の対象となるほか（金商法63条11項）、業務改善・停止・廃止命令といった行政処分（金商法63条の5）や、管轄財務局長等の要請による報告命令等の対象となる（金商法63条の6）。

図表11-6：特例業務届出者に対する行為規制

①	特定投資家・一般投資家に対する告知（金商法34条～34条の5）
②	誠実公正義務（金商法36条1項）
③	名義貸しの禁止（金商法36条の3）
④	広告等の規制（金商法37条）
⑤	契約締結前の書面交付義務（金商法37条の3）
⑥	契約締結時等の書面交付義務（金商法37条の4）
⑦	禁止行為（顧客に対する虚偽告知、断定的判断の提供・誤解を生じさせることの告知、金商業等府令117条1項各号に掲げる行為の禁止。金商法38条1号・2号・9号、金商業等府令117条）
⑧	損失補てん等の禁止（金商法39条）
⑨	適合性の原則の確保等の投資家保護に支障を生ずるおそれのある行為の禁止（金商法40条、金商業等府令123条1項各号）
⑩	分別管理の確保されていない有価証券の売買等の禁止（金商法40条の3）
⑪	金銭の流用が行われている有価証券の販売禁止（金商法40条の3の2）
⑫	投資運用業における顧客に対する忠実義務の遵守や禁止行為（金商法42条、42条の2）
⑬	顧客資産の分別管理義務（金商法42条の4）
⑭	運用報告書の交付義務（金商法42条の7）

なお、上記のうち④、⑤、⑥、⑨の適合性の原則、⑭については、投資勧誘の相手方が特定投資家であって、その者からの照会等にただちに回答できる体制を整備している限りにおいては適用されない（金商法45条）。

図表11-7：ファンド事業に係る登録・届出の要否のまとめ

ファンドの内容	登録または届出の要否		
ファンド持分が有価証券に該当する場合	適格機関投資家等特例業務に該当する場合	自ら募集を行う場合	適格機関投資家等特例業務を行う者として、金商法63条2項の届出が必要
		自ら運用を行う場合	
	適格機関投資家等特例業務に該当しない場合	自ら募集を行う場合	金融商品取引業者（第二種業）として、金商法29条の登録が必要
		自ら運用を行う場合	金融商品取引業者（投資運用業）として、金商法29条の登録が必要
		他社のファンドの募集を取り扱う場合	金融商品取引業者（第二種業（第二種少額電子募集取扱業務を含む））として、金商法29条の登録が必要
		他社のファンドの運用を行う場合	金融商品取引業者（投資運用業）として、金商法29条の登録が必要

7　事業型ファンド

　事業型ファンドとは、金商法2条2項5号または6号に掲げる権利のうち、出資対象事業が主として有価証券またはデリバティブ取引に係る権利に対する投資（金商法施行令2条の9第1項1号および2号に規定する出資を除く）以外のものを指す（事業型ファンドの私募の取扱い等に関する規則2条1項）。

　事業型ファンドについては、第二種金融商品取引業者による事業型ファンドの違法な販売が行われたことから、事業型ファンドへの信頼、安全を確保し、投資家被害を適切に防止するための措置を講じる必要があるという背景・目的のもと、一般社団法人第二種金融商品取引業協会が、「事業型ファンドの私募の取扱い等に関する規則」を制定している。

　同規則によって、事業型ファンドの私募の取扱い等（事業型ファンドの私募の取扱い等に関する規則2条5項）を行うにあたり、次の事項に関する対応が求められている（事業型ファンドの私募の取扱い等に関する規則5条〜9条）。

① 事業型ファンドの販売・勧誘の審査の適正化
② 事業型ファンドの勧誘の適正化
③ 事業型ファンド発行後のモニタリングの拡充

④　ファンド報告書の作成、交付
⑤　記録の作成、保存

III　犯収法

ポイント
- 金融商品取引業者は、犯収法上の特定事業者として、各種のマネーローンダリング対策を実施する義務を負う。
- 特定事業者は、①顧客の取引時確認義務、②取引時確認記録・取引記録等の作成および保存義務、③疑わしい取引の届出義務、④取引時確認等を的確に行うための体制を整備する義務、⑤その他の義務を負う。
- 顧客の取引時確認は、①ハイリスク取引に該当しない特定取引（(ア)対象取引、(イ)特別の注意を要する取引）と、②ハイリスク取引の分類に応じて確認の方法が異なる。また、取引時確認の方法として、オンラインで本人確認が完結するe-KYCが認められている。
- 特定事業者は、取引時確認、取引記録等の保存、疑わしい取引の届出等の措置を的確に行うための体制を整備しなければならず、自らが行う取引に関するマネーローンダリングのリスクを評価した特定事業者作成書面等を作成しなければならない。

1　概要

　金融商品取引業者がビジネスを提供するに際しては、ビジネスの設計そのものに重大な影響を与える視点として、提供するビジネスが犯罪組織への資金提供手段として悪用されないようにするための対策をどのようにして設計・構築するかという課題があり、犯収法はこの点に関して重要な役割を果たしている。

　犯収法は、マネーローンダリング（犯罪によって得た収益を、金融機関等との取引の経由や本人以外の名義を利用した取引を経由することで、その出所や真の所有者を隠匿する行為）の防止を目的として、犯収法が適用される「特定事業者」に対して、大別すると、①顧客の取引時確認義務、②取引時確認記録・取引記録等の作成および保存義務、③疑わしい取引の届出義務、④取引時確認等を的確に行うための体制を整備する義務、⑤その他の義務（コルレス契約締結時の厳格な確認・外国為替取引に係る通知）を課している。

　金融商品取引業者、証券金融会社および特例業務届出者（以下、これらを総称して「金融商品取引業者等」という）は「特定事業者」に該当するため（犯収法2条2項21号～23号）、上記の顧客の取引時確認義務等を負うことになる。犯収法上の特定事業者が負う義務については、以下のとおりである。

図表11-8：特定事業者が負う義務

特定事業者 \ 義務付けられた措置	取引時確認【4条】	確認記録の作成・保存【6条】	取引記録等の作成・保存【7条】	疑わしい取引の届出【8条】	コルレス契約締結時の厳格な確認【9条】	外国為替取引に係る通知【10条】	取引時確認等を的確に行うための措置【11条】
金融機関等（1号～37号）	顧客との間で、**特定業務のうち特定取引等を行うに際しては、**・本人特定事項・取引を行う目的・職業・事業内容・実質的支配者・資産及び収入の状況（ハイリスク取引の一部）の確認を行わなければならない	**取引時確認を行った場合には、**直ちに確認記録を作成し、特定取引等に係る契約が終了した日から7年間保存しなければならない	**特定業務に係る取引を行った場合には、**直ちに取引記録等を作成し、取引の行われた日から7年間保存しなければならない	特定業務において収受した財産が犯罪による収益である疑いがあり、又は顧客が**特定業務に関し**マネー・ローンダリングを行っている疑いがあると認められる場合においては、速やかに届け出なければならない	外国銀行とコルレス契約を締結する際に、相手方の体制を確認しなければならない（※）	外国為替取引を委託するときは、顧客に係る本人特定事項等を通知して行わなければならない（※）	取引時確認をした事項に係る情報を最新の内容に保つための措置を講ずるほか、使用人に対する教育訓練の実施、**取引時確認等の措置の実施に関する規程の作成、統括管理者の選任等**の措置を講ずるよう努めなければならない
ファイナンスリース事業者（38号）							
クレジットカード事業者（39号）					×	×	
宅地建物取引業者（40号）							
宝石・貴金属等取扱事業者（41号）							
郵便物受取サービス業者（42号）							
電話受付代行業者（42号）							
電話転送サービス事業者（42号）							
司法書士（44号）	顧客との間で、**特定業務のうち特定取引等を行うに際しては、**本人特定事項の確認を行わなければならない			×			
行政書士（45号）							
公認会計士（46号）							
税理士（47号）							
弁護士（43号）	司法書士等の例に準じて日本弁護士連合会の会則で定めるところによる【12条】						司法書士等の例に準じて日本弁護士連合会の会則で定めるところによる【12条】

※第9条及び第10条の規定は、業として為替取引を行う者に限り適用される。

出典：警察庁刑事局組織犯罪対策部組織犯罪対策企画課犯罪収益移転防止対策室「犯罪収益移転防止法の概要（平成30年11月30日以降の特定事業者向け）」11頁

　なお、マネー・ローンダリング対策は、一国のみで体制を整備してもその実効性は乏しく、国際的な協調が必要となる。その観点において主導的な役割を果たしているのがFATF（Financial Action Task Force on Money Laundering：金融活動作業

部会）であり、わが国も FATF 勧告を受けて犯収法を改正しているので、国際的な動向に常に注意を払わなければならない点もマネーローンダリング対策の特徴である。

以下、金融商品取引業者等が押さえておくべき犯収法のポイントを解説する。

2　取引時確認

犯収法に基づく取引時確認は、特定事業者が行うすべての取引について求められるわけではなく、犯収法が定める特定業務のうち特定取引等といわれる一定の取引を行う際に求められる。

まず、金融商品取引業者等の特定業務は以下のように区分される。なお、特定業務は、特定事業者が犯収法上負担する義務を検討するうえで非常に重要な概念であり、特定事業者であっても特定業務に該当しない業務であれば、そもそも犯収法は適用されず犯収法上の義務を負担することはないので、自らが行う事業のうち特定業務に該当する事業を特定することが重要となる。

図表11-9：金融商品取引業者等の特定業務

類型	特定業務
第1種金融商品取引業者	すべての業務
第2種金融商品取引業者	第2種金融商品取引業に係る業務
投資運用会社	すべての業務
投資助言・代理業者	投資助言・代理業に係る業務
証券金融会社	すべての業務
適格機関投資家等特例業務届出業者	適格機関投資家等特例業務

次に、取引時確認が求められる特定取引等は、①ハイリスク取引に該当しない特定取引（(ｱ)対象取引、(ｲ)特別の注意を要する取引）と、②ハイリスク取引に分類される。

図表11-10：特定取引等の分類

特定取引等	特定取引	対象取引[26]	・有価証券の売買、市場デリバティブ取引等により有価証券を取得させる行為を行うことを内容とする契約の締結（犯収法施行令7条1項1号リ）

			・ 投資助言・代理業および投資運用業に係る契約の締結（犯収法施行令7条1項1号ヌ）等
		特別の注意を要する取引	・ マネーローンダリングの疑いがあると認められる取引（犯収法施行令7条1項、犯収法施行規則5条1号） ・ 同種の取引の態様と著しく異なる態様で行われる取引（犯収法施行規則5条2号）
	ハイリスク取引		・ なりすましの疑いがある取引（犯収法4条2項1号イ） ・ 本人特定事項を偽っていた疑いがある顧客との取引（犯収法4条2項1号ロ） ・ マネーローンダリング対策が不十分であると認められる国[27]に居住または所在する顧客との取引（犯収法4条2項2号） ・ 外国PEPs（Politically Exposed Persons）との取引（犯収法4条2項3号、犯収法施行令12条3項、犯収法施行規則15条）

　特定事業者が特定取引等を行うに際しては、取引時確認を行われなければならない。取引時確認は、通常の特定取引（特定取引であってハイリスク取引に該当しないもの）とハイリスク取引とで求められる内容が異なる。なお、通常の特定取引については、例外的に、過去に取引時確認を行っており、かつ、当該取引時確認について記録を作成している場合には、一定の要件を充足すれば取引時確認を

---

26) 犯収法施行令7条1項各号に対象取引の類型が定められているが、この類型に該当しても、犯収法施行規則4条1項各号に定める簡素な顧客管理の許容される取引に該当する場合で、特別の注意を要する取引にも該当しない場合には、特定取引に該当しない。
27) 2019年10月時点ではイランおよび北朝鮮（犯収法施行令12条2項）。

省略することが許される（犯収法4条3項）。また、特定事業者は、特定取引等を行うに際して、すべての取引について自ら取引時確認を行わなければならないわけではなく、一定の場合には第三者に取引時確認を委託することが可能である。具体的には、一定の口座振替・クレジットカード決済の取引については、銀行またはクレジットカード会社との合意によって、当該銀行またはクレジットカード会社が過去に取引時確認を行い、その記録を保存している場合には、当該確認記録を保存していることを確認する方法により取引時確認を行うことができる（犯収法施行規則13条1項1号・2号）。

図表11-11：特定取引とハイリスク取引の関係

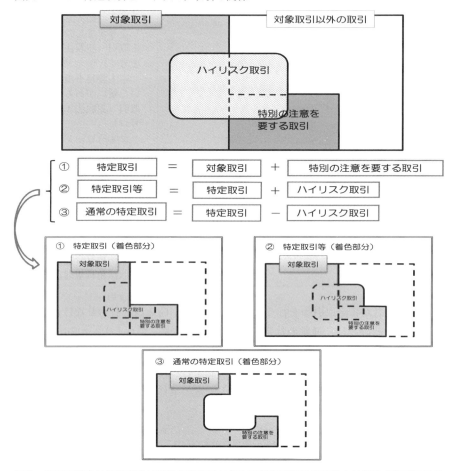

出典：警察庁刑事局組織犯罪対策部組織犯罪対策企画課犯罪収益移転防止対策室「犯罪収益移転防止法の概要（平成30年11月30日以降の特定事業者向け）」15頁

図表11−12：取引時確認の対象と方法

取引の類型	確認の対象	確認方法
通常の特定取引	① 本人特定事項（犯収法4条1項1号） （自然人：氏名、生年月日および住居 法人：名称および本店または主たる事務所の所在地）	下記**図表11−14**を参照のこと
	② 取引を行う目的（犯収法4条1項2号）	顧客またはその代表者等から申告[28]（犯収法施行規則9条）
	③ 職業（自然人）または事業の内容（法人）（犯収法4条1項3号）	自然人：顧客から申告（犯収法施行規則10条1号） 法人：定款、登記事項証明書等の書類による（犯収法施行規則10条2号）
	④ 実質的支配者の本人特定事項（法人）（犯収法4条1項4号）	顧客の代表者等から申告（犯収法施行規則11条1項）
	⑤ 代表者等の本人特定事項（犯収法4条4項）	①と同様の方法で確認
	⑥ 代表者等が顧客のために特定取引等の任にあたっていると認められる事由（犯収法4条4項）	委任状や登記（犯収法施行規則12条4項）
ハイリスク取引	上記①から⑥[29]（犯収法4条2項・4項）	①⑤ 下記**図表11−14**を参照のこと ②③⑥ 通常の特定取引と同様 ④ 顧客の株主名簿や登記事項証明書等の書類を確認し、かつ、実質的支配者の本人特定事項について顧客の代表者等から申告（犯収法施行規則14条3項）
	⑦ その取引が200万円を超える財産の移転を伴う場合には、資産および収入の状況（犯収法4条2項、犯収法施行令11条）	自然人の場合：源泉徴収票、確定申告書、預貯金通帳その他資産および収入の状況を示す書類 法人の場合：貸借対照表、損益計算書その他資産および収入の状況を示す書類（犯収法施行規則14条4項）

[28] 口頭による聴取、電子メール・FAX等の利用、チェックリストのチェック等。
[29] 本人特定事項および実質的支配者については通常の特定取引を行う場合よりも厳格な方法により確認を行うことが求められている。

本人特定事項の確認に用いる本人確認書類は、個人と法人とでそれぞれ求められる内容が異なる[30][31][32]。

図表11-13：本人特定事項の確認に用いる本人確認書類

個人	①	運転免許証、運転経歴証明書、在留カード、特別永住者証明書、個人番号カード、旅券等（犯収法施行規則7条1号イ）
	②	①のほか官公庁から発行または発給された書類等で、氏名、住居および生年月日の記載があり、かつ、顔写真貼付のもの（犯収法施行規則7条1号ロ）
	③	各種健康保険証、国民年金手帳、母子健康手帳、特定取引等に係る書類に押印した印鑑の印鑑登録証明書等（犯収法施行規則7条1号ハ）
	④	③以外の印鑑登録証明書、戸籍謄本・抄本、住民票の写し・住民票記載事項証明書（犯収法施行規則7条1号ニ）
	⑤	①から④以外の官公庁から発行または発給された書類等で、氏名、住居および生年月日の記載があるもの（犯収法施行規則7条1号ホ）
法人	①	登記事項証明書、印鑑登録証明書（犯収法施行規則7条2号イ）
	②	①以外の官公庁から発行または発給された書類等で、法人の名称および本店または主たる事務所の所在地の記載があるもの（犯収法施行規則7条2号ロ）

次に、本人特定事項の確認方法は、対面取引か非対面取引かによって異なる。通常の特定取引に際して行う確認方法は以下のとおり整理される。

なお、平成30年11月30日に改正犯収法施行規則が施行された結果、オンラインで本人確認が完結するいわゆる e-KYC が許容されることとなり、すでに e-KYC に対応した本人確認 API サービスを提供する事業者も現れている。従来は、非対面で本人特定事項を確認するためには、顧客から本人確認書類またはその写しの送付を受けるとともに、当該本人確認書類に記載されている住所に宛てて、転送不要郵便を送付しなければならなかったため、オンラインサービスであってもオンラインで手続を完結することができず、手続の完了までに時間を要するため、

---

30) 外国人、外国に本店または主たる事務所を有する法人については犯収法施行規則7条3号・4号。
31) 本人確認書類の種類によって、特定事業者が提示もしくは送付を受ける日において有効なものであることか、特定事業者が提示または送付を受ける日前6か月以内に作成されたものであることが求められる（犯収法施行規則7条）。
32) 本人確認書類に現在の住居等が記載されていない場合には補完書類（納税証明書、公共料金の領収証等）によって本人確認を行うことも認められている（犯収法施行規則6条2項）。

顧客のサービス利用開始が遅れる（＝事業者としては収益機会を逸失する）という悩みがあった。しかし、現在は、顧客から、写真付き本人確認書類の画像や写真付き本人確認書類に組み込まれたICチップ情報と本人の容貌をセットでアプリケーションを通じて送信してもらうことで本人特定事項の確認を完結することができ、オンラインサービスを提供する際の悩みが1つ解消された。

　一方、転送不要郵便や本人限定郵便を利用する確認方法（下記**図表11-14**のうち(ア)および(イ)）については、なりすまし防止のため、令和2年4月1日より厳格化される。具体的には、①本人確認書類の原本の送付を受ける、②本人確認書類に組み込まれたICチップの情報の送信を受ける、③1枚のみ発行される本人確認書類の画像データの送信を受ける、④住所記載がある本人確認書類の写し2つの送付を受ける、または⑤本人確認書類の写し1つと現住所が記載されている納税証明書か公共料金の領収書等の送付を受ける方法のいずれかに加えて転送不要郵便を送付する必要があり、また、本人限定郵便を送付する際は利用する本人確認書類が顔写真付きのものに限定される。

図表11-14：通常の特定取引時確認の方法[33]

個人／法人	本人確認書類	対面による確認	非対面による確認の概要
個人	① 運転免許証、運転経歴証明書、在留カード、特別永住者証明書、個人番号カード、旅券等（犯収法施行規則7条1号イ）	原本の提示（犯収法施行規則6条1項1号イ）	(ア) 顧客から本人確認書類またはその写しの送付を受けるとともに、本人確認書類またはその写しに記載されている顧客の住居に宛てて、取引関係文書を書留郵便等により、転送不要郵便物等として送付する方法（犯収法施行規則6条1項1号チ。本文記載のとおり、令和2年4月1日より厳格化）
	② ①のほか官公庁から発行された書類等で、氏名、住居および生年月日の記載があり、かつ、顔写真が貼付されているもの（犯収法施行規則7条1号ロ）	原本の提示（犯収法施行規則6条1項1号イ）	(イ) 本人限定郵便等により、顧客に対して、取引関係文書を送付する方法（犯収法施行規則6条1項1号リ。本文記載のとおり、令和2年4月1日より厳格化） (ウ) 顧客から、顧客の容貌および写真付き本人確認書類の画像情

---

33) **図表11-14**に記載していない確認方法もあるため詳しくは犯収法施行規則を参照されたい。

③ 各種健康保険証、国民年金手帳、母子健康手帳、特定取引等に係る書類に押印した印鑑の印鑑登録証明書等（犯収法施行規則7条1号ハ）	原本の提示を受けるとともに、(i)から(iii)のいずれかの方法をとる（犯収法施行規則6条1項1号ロ～ニ）。 (i) 取引関係文書を書留郵便等により転送不要郵便物等として送付 (ii) 提示を受けた本人確認書類以外の③または④に該当する本人確認書類または補完書類の原本の提示を受ける (iii) 提示を受けた本人確認書類以外の本人確認書類または補完書類の送付を受けて、その写しを確認記録に添付する方法	報[34]の送信を受ける方法（犯収法施行規則6条1項1号ホ） ㊁ 顧客から、顧客の容貌の画像情報と、写真付き本人確認書類に組み込まれたICチップ情報の送信を受ける方法（犯収法施行規則6条1項1号ヘ） ㊂ 顧客から、1枚に限り発行された本人確認書類の画像または本人確認書類に組み込まれたICチップ情報の送信を受けるとともに、銀行等の預貯金取扱金融機関またはクレジットカード会社に当該顧客の本人特定事項を確認済みであることを確認する方法（犯収法施行規則6条1項1号ト(1)） ㊃ 顧客から、1枚に限り発行された本人確認書類の画像または本人確認書類に組み込まれたICチップ情報の送信を受けるとともに、顧客の本人特定事項の確認済みの預貯金口座に金銭を振り込み、顧客から当該振込みを特定するために必要な事項が記載されたインターネットバンキング画面の画像等の送付を受ける方法（犯収法施行規則6条1項1号ト(2)）
④ ③以外の印鑑登録証明書、戸籍謄本・抄本、住民票の写し・住民票記載事項証明書（犯収法施行規則7条1号ニ）	原本の提示を受けるとともに、取引関係文書を書留郵便等により転送不要郵便物等として送付（犯収法施行規則6条1項1号ロ）	
⑤ ①から④以外の官公庁から発行または発給された書類等で、氏名、住居および生年月日		

34) 当該写真付き本人確認書類に記載されている氏名、住居および生年月日、当該写真付き本人確認書類に貼り付けられた写真ならびに当該写真付き本人確認書類の厚みその他の特徴を確認することができるものでなければならない。なお、㊂および㊃の本人確認用画像情報についても同様である。

		の記載があるもの（犯収法施行規則7条1号ホ）	
法人	① 登記事項証明書、印鑑登録証明書（犯収法施行規則7条2号イ）	法人の代表者等から原本の提示を受ける（犯収法施行規則6条1項3号イ）	法人の代表者等から本人確認書類またはその写しの送付を受けるとともに、本人確認書類またはその写しに記載されている会社の本店等に宛てて、取引関係文書を書留郵便等により、転送不要郵便物等として送付する方法（犯収法施行規則6条1項3号ニ）
	② ①以外の官公庁から発行または発給された書類等で、法人の名称および本店または主たる事務所の所在地の記載があるもの（犯収法施行規則7条2号ロ）		

　さらに、ハイリスク取引に際して本人特定事項を確認する場合には、上記の通常の特定取引に際して行う本人特定事項の確認（以下「通常確認」という）に加え、追加の本人確認書類または補完書類（以下、あわせて「本人確認書類等」という）の提示を受け、または、本人確認書類等もしくはその写しの送付を受ける方法により確認（以下「追加確認」という）を行う。なお、なりすましの疑いがある取引または本人特定事項を偽っていた疑いがある顧客との取引に際しては、通常確認または追加確認において、当該他の取引の際に確認した本人確認書類等以外の本人確認書類等を少なくとも1つ確認しなければならない（犯収法施行規則14条1項）。

3　記録の作成・保存

　特定事業者は、取引時確認を行った場合には、ただちに確認記録を作成し（犯収法6条1項）、これを特定取引等に係る契約が終了した日から7年間保存しなければならない（同条2項）[35]。

　また、特定事業者は、特定業務に係る取引を行った場合には[36]、ただちに取引

---

35)　確認記録の書式については警察庁刑事局組織犯罪対策部組織犯罪対策企画課犯罪収益移転防止対策室「犯罪収益移転防止法の概要（平成30年11月30日以降の特定事業者向け）」34頁別表8。
36)　特定取引等に該当しない取引であっても特定業務に係る取引であれば、作成および保存義務が課される点に注意を要する。

記録等を作成し（犯収法7条1項）、当該取引の行われた日から7年間保存しなければならない（同条3項）。ただし、財産移転を伴わない取引や1万円以下の財産移転に係る取引等については、取引記録の作成・保存は不要である（犯収法施行令15条1項）[37]。

4　疑わしい取引の届出

特定事業者は、特定業務に係る取引について、当該取引において収受した財産が犯罪による収益である疑いがある、または顧客等が当該取引に関し組織的な犯罪の処罰及び犯罪収益の規制等に関する法律（組織的犯罪処罰法）10条の罪もしくは国際的な協力の下に規制薬物に係る不正行為を助長する行為等の防止を図るための麻薬及び向精神薬取締法等の特例等に関する法律（麻薬特例法）6条の罪にあたる行為を行っている疑いがある、と認められる場合には、すみやかに、疑わしい取引の届出を行政庁に行わなければならない（犯収法8条1項）。金融商品取引業者等が疑わしい取引を発見した場合には、金融庁監督局総務課特定金融情報第2係を窓口として、金融庁長官に届け出ることになる[38]。

5　体制整備

特定事業者は、取引時確認、取引記録等の保存、疑わしい取引の届出等の措置（以下「取引確認等の措置」という）を的確に行うため、当該取引時確認をした事項に係る情報を最新の内容に保つための措置を講じ、また、その他の措置を講じるように努めなければならない（犯収法11条、犯収法施行規則32条）。その内容は下記図表11-15のとおりである。

図表11-15：体制整備の概要

義務	取引時確認をした事項に係る情報を最新の内容に保つための措置
努力義務	① 使用人に対する教育訓練の実施
	② 取引時確認等の措置の実施に関する規程の作成
	③ 取引時確認等の措置の的確な実施のために必要な監査その他の業務を統括管理する者の選任

---

37) 取引記録の作成・保存が不要な取引であっても、疑わしい取引の届出が必要となる場合がある点に注意を要する。
38) 金融庁監督局総務課「疑わしい取引の届出手続きと届出にあたってのお願い（2018年3月改訂）」。

④	自らが行う取引（新たな技術を活用して行う取引その他新たな態様による取引を含む）について調査・分析を行い、当該取引による犯罪による収益の移転の危険性の程度その他の当該調査および分析の結果を記載し、または記録した書面または電磁的記録（以下「特定事業者作成書面等」という）を作成し、必要に応じて、見直しを行い、必要な変更を加えること
⑤	特定事業者作成書面等の内容を勘案し、取引時確認等の措置を行うに際して必要な情報を収集するとともに、当該情報を整理し、および分析すること
⑥	特定事業者作成書面等の内容を勘案し、確認記録および取引記録等を継続的に精査すること
⑦	顧客等との取引がハイリスク取引に該当する場合には、当該取引を行うに際して、当該取引の任にあたっている職員に当該取引を行うことについて業務統括管理者の承認を受けさせること
⑧	ハイリスク取引について、⑤の情報の収集、整理および分析を行ったときは、その結果を記載し、または記録した書面または電磁的記録を作成し、確認記録または取引記録等とともに保存すること
⑨	取引時確認等の措置の的確な実施のために必要な能力を有する者を特定業務に従事する職員として採用するために必要な措置を講ずること
⑩	取引時確認等の措置の的確な実施のために必要な監査を実施すること

　特定事業者作成書面等とは、各特定事業者が、自らが行う取引に関するマネーローンダリングのリスクを評価したものであり、国家公安委員会が公表する犯罪収益移転危険度調査書において、業種・サービスごとにリスクに関する記載があるので、当該記載を参考にして、各特定事業者のリスク要因を加味した書面を作成することになる。金融商品取引業者等向けの総合的な監督指針においても、犯罪収益移転危険度調査書の内容を勘案し、取引・商品特性や取引形態、取引に関係する国・地域、顧客属性等の観点から、自らが行う取引がテロ資金供与やマネーローンダリング等に利用されるリスクについて適切に調査・分析したうえで、特定事業者作成書面等を作成し、定期的に見直しを行うことに留意し体制を整備するように記載されているため、金融商品取引業者等においては、自社の取引形態等の変化や犯罪収益移転危険度調査書の改訂にあわせて特定事業者作成書面等の見直しを行うことが期待される。

第12章　違反の効力

I　概要

　金商法は各規定の遵守を担保するための規定として、①民事責任、②課徴金制度、③刑事罰を設けている。たとえば、開示規制における不実記載については、いずれの対象ともなりうるものの、民事責任の原因は(ア)重要な事実の虚偽記載、(イ)重要事項の欠落または(ウ)ミスリードな記載（これらを総称して以下「虚偽記載等」という）の3つになっているが、課徴金は(ア)と(イ)、刑事罰は(ア)のみであり、責任の範囲が異なるなどの相違がある。以下では、①から③に分けて概説する。

　なお、届出者等に対する報告命令や虚偽記載等のある開示書類の訂正届出書の提出命令については**第13章**で述べる。

II　民事責任

> **ポイント**
> ● 金商法は、金融商品取引業者としての顧客に対する責務を定めるとともに、不法行為責任において特則を設け、過失、因果関係、損害額の立証について軽減を図っている。
> ● 情報開示等に係る虚偽記載等のある書類に係る賠償責任について、金商法は虚偽記載等のある書類、賠償請求者、賠償責任者等により、それぞれ責任要件や損害額の算定等について規定を設けており、下記**図表12-2**等によりこれらを理解することが重要である。

1　概要

(1)　顧客に対する責務と契約上の責任

　金商法は、顧客に対する誠実義務、善管注意義務、忠実義務を定めており、これらの規定は金融商品取引業者等の顧客に対する責務を規律し、これに違反した場合は、私法上も、善管注意義務違反等債務不履行に基づく損害賠償責任の根拠となりうる。

(2)　不法行為責任

　民法709条は不法行為に基づく損害賠償責任を規定しており、損害賠償請求が

認められる要件は、①損害賠償責任者の侵害行為、②損害賠償責任者の故意または過失、③損害(損害額も含む)の発生、④侵害行為と損害との因果関係であり、損害賠償請求者は、本来、これを立証しなければならない。

金商法の各規定に違反する行為があった場合、たとえば、発行者が自らの財務状況を良好に見せるために有価証券報告書において重要な事項について虚偽の記載をしたような場合、これを信頼して有価証券を取得し、その結果、損害が生じた者は民法709条の要件を立証することにより発行体に対して損害賠償請求を行うことが考えられる。しかしながら、実際には、発行者の故意または過失といった主観を一般投資家において立証することは困難な場合も多く、また具体的な損害の発生や虚偽記載等との因果関係およびその額の立証も困難を伴う場合もある。

金商法は、これらの問題を解消すべく、一定の事由があった場合について、過失の要件について、無過失責任ないしは過失の立証責任の転換[1]や損害額の算定規定等を設けることにより、損害賠償請求における請求者の負担の軽減を図るなどしている。

2 情報開示等に係る金商法上の賠償責任の規定

(1) 概要

情報開示等に係る金商法上の賠償責任の規定のそれぞれの責任類型に関する大要は下記**図表12-2**のとおりである。以下、各責任類型に応じて概説する。

(2) 募集売出によって有価証券を取得した者に対する虚偽記載等のある書類に係る賠償責任

(i) 届出者の責任

金商法18条1項は、有価証券届出書に虚偽記載等があるときの、これを知らずに募集等で取得した者に対する責任を定めている。本規定の趣旨は、投資判断の前提となる資料を確実にし、投資家の保護を図ることにある(東京高判平成27・1・26判時2251号47頁)。

本規定の責任については、虚偽の記載等に関する過失および損害との因果関係について要件とせず取得者が当該有価証券の取得について支払った額から市場価額等[2]を控除した金額を賠償額とする旨が規定されている。ただし、賠償責任者が、当該重要な事項について虚偽の記載等があることによって生ずべき当該有価

---

[1] 本来、請求者が賠償責任者の過失を立証すべきところ、賠償責任者が無過失を立証しない限り、過失が認められるとすることにより、過失の立証責任を転換する。
[2] 損害賠償請求時の市場価額をいい、市場価額がないときは、その時における処分推定価額をいう。また当該有価証券を処分した場合においては、その処分価額をいう。

証券の値下り以外の事情により損害が生じたことを証明した場合においては、その全部または一部について賠償額が減免される（減額の抗弁）。

> **金商法19条1項による賠償額の算定式**
> 請求権者が当該有価証券の取得について支払った額
> －①損害賠償請求時における市場価額（市場価額がないときは、その時における処分推定価額）、または②請求前に当該有価証券を処分した場合においてはその処分価額

　これらの規定は目論見書に虚偽記載等があるときに準用される。

　虚偽記載等があるときとは、重要な事項について虚偽の記載があり、または記載すべき重要な事項もしくは誤解を生じさせないために必要な重要な事実の記載が欠けているとき[3]をいうが、「重要な事項」や「重要な事実」について一般的には投資家一般、市場一般にとっての抽象的客観的な重要性で足りると解される（東京地判平成20・6・13判時2013号27頁）[4]。

　(ⅱ)　役員等の賠償責任（金商法21条）

　①とあわせて、募集等に応じて取得した者に対する役員等の賠償責任が規定されている。責任主体は、下記**図表12-1**のとおりであり、当該責任主体が自己に責任がない旨（以下の免責要件）を立証した場合には、責任を負わないものとされている。

図表12-1：責任主体ごとの免責要件

金商法 21条1項	責任主体	免責要件
1号・2号	役員等、売出人	記載が虚偽でありまたは欠けていることを知らず、かつ、相当な注意を用いたにもかかわらず知ることができなかったこと
3号	監査法人等	記載が虚偽でありまたは欠けているものを虚偽でなくまたは欠けていないものとして証明をしたことについて故意または過失がなかったこと
4号	元引受金融商品取引業者	記載が虚偽でありまたは欠けていることを知らず、かつ、財務計算に関する書類に係る部分以外の部分については、相当な注意を用いたにもかかわらず知ることができなかったこと

---

3)　金商法18条1項等。
4)　ただし、東京高判平成27・1・26判時2251号47頁は、金商法18条の趣旨が信義則上の説明義務による投資家保護と共通するとしたうえで信義則上説明すべきものとされる事項の内容や程度は、当該顧客の属性をふまえて個別具体的にしか定まらないと判示している。

役員等に含まれる「取締役に準ずる者」について、東京地判平成21・5・21判時2047号36頁は、「会社の全般についての業務執行決定および業務執行の監督を行う取締役会の一員である取締役とほぼ同等の地位や権限が与えられていることを要する」としており、また役員等の免責要件である「相当な注意」に関して各取締役が当該会社において占めている具体的な役割や地位に応じて検討されるべきであるとしている[5]。

これらの規定は、目論見書および発行登録書類等のうちに虚偽記載等があるときにも準用される（金商法21条3項、23条の12第5項）。

なお、募集もしくは売出しによらないで取得または処分した者に対する役員等の賠償責任については下記(3)で述べる。

(3) 募集売出によらないで有価証券を取得または処分した者に対する賠償責任

(i) 有価証券届出書、有価証券報告書および内部統制報告書

金商法22条は、有価証券届出書に虚偽記載等がある場合における役員等および監査証明した監査法人等の、募集等によらないで取得した者等に対する責任を定めている。なお、これらの者は、上記**図表12-1**の免責要件を証明したときには賠償責任を負わない。

これら規定は、有価証券報告書、内部統制報告書（その訂正報告書を含む）のうちに重要な事項について虚偽の記載等がある場合について準用される（金商法24条の4、24条の4の6）。

(ii) 開示書類の提出者

金商法21条の2は、開示書類のうちに虚偽記載等があるときにこれを知らずに募集等によらず有価証券を取得等した者に対する開示書類の提出者の責任を規定する。

ただし、提出者は、有価証券の取得者等が虚偽記載等を知っているまたは虚偽記載等について故意または過失がなかったことを証明したときは免責される（金商法21条の2第2項）。

また、賠償責任の額は、下記**図表12-2**のとおり推定規定がある。

---

5) ただし、東京地判平成21・5・21判時2047号36頁は、海外滞在の技術部門を担当する非常勤の取締役に関しても、いずれの取締役も会社の業務全般について協議、決定をし、これを監督すべき地位にあり、また、旧証券取引法は担当のいかんを問わず全取締役に損害賠償責任を負わせて有価証券報告書の正確性を確保しようとしているのであるから、技術担当であるとか、非常勤であるからといって、単に与えられた情報を基に有価証券報告書の正確性を判断すれば足りるものではないし、また、海外に滞在しているからといって、尽くすべき注意の程度が当然に軽減されるものではないと判示している。

図表12-2：情報開示等に係る損害賠償責任規定一覧表

根拠規定	責任類型	賠償責任の発生事由	賠償請求権者
金商法18条、23条の12第5項 金商法21条、23条の12第5項	有価証券届出書等に虚偽記載等のある場合[※1]における募集・売出しによって有価証券を取得した者に対する賠償責任	有価証券届出書、目論見書および発行登録書類の虚偽記載等	募集・売出しにより当該有価証券を取得した者（虚偽記載等を知っていた者は除く[※2]）
金商法22条、24条の4、24条の4の6 金商法21条の2	有価証券届出書等に虚偽の記載等のある場合における募集・売出しによらないで有価証券を取得または処分した者に対する賠償責任	有価証券届出書、有価証券報告書、内部統制報告書、開示書類の虚偽記載等	募集・売出しによらないで取得または処分した者（虚偽記載等を知っていた者は除く）
金商法16条	届出の効力発生前の取引禁止等違反に関する賠償責任	届出の効力発生前の有価証券の取引禁止および目論見書の交付義務に違反	有価証券を取得した者
金商法17条、23条の12第5項	虚偽記載等がある目論見書等の使用に関する賠償責任	虚偽記載等がある目論見書等を使用して有価証券を取得させた	虚偽記載等を知らないで当該有価証券を取得した者

※1 重要な事項について虚偽の記載があり、または記載すべき重要な事項もしくは誤解を生じさせないために必要な重要な事実の記載が欠けているときをいう（金商法18条1項）。
※2 虚偽記載等を知っていたことの立証責任は賠償義務者にある。
※3 【請求権者が当該有価証券の取得について支払った額】－【①損害賠償を請求する時における市場価額（市場価額がないときは、その時における処分推定価額）、または②損害賠償請求前に当該有価証券を処分した場合においてはその処分価額】。ただし、賠償責任者が、損害の額の全部または一部について、虚偽記載等によって生ずべき当該有価証券の値下り以外の事情により生じたことを証明した場合においては、その全部または一部については、賠償の責めに任じない（減額の抗弁）。
※4 以下のいずれかの期間の経過で請求権は消滅する。
　①請求権者が虚偽記載等を知った時または知ることができる時から3年間、②当該有価証券の募集もしくは売出しに係る届出がその効力を生じた時または当該目論見書の交付があった時から7年間。

Ⅱ　民事責任　307

賠償責任者	行為者の過失	虚偽記載等との因果関係	賠償額（推定規定）	消滅時効等
届出者、発行者	無過失責任	因果関係の立証を要しない。	金商法19条※3	金商法20条※4
役員等、売出人、監査証明した監査法人等、元引受金融商品取引業者	過失責任であるが立証責任が転換されている。※5	必ずしも明確でない。	金商法上の規定なし※6	金商法上の規定なし※7
役員等、監査証明した監査法人等	過失責任であるが立証責任が転換されている。			
当該書類の提出者		因果関係の立証を要しない。	金商法21条の2第3項※8	金商法21条の3※9
届出効力発生前の有価証券取引禁止、目論見書交付義務に違反した者	無過失責任	請求者において立証を要する※10。	金商法上の規定なし	金商法上の規定なし
資料を使用して有価証券を取得させた者	過失責任であるが立証責任が転換されている。	必ずしも明確でない。		

※5　金商法21条2項各号。
※6　民法の規定に従い、請求権者が立証責任を負う。
※7　民法の不法行為責任に基づく損害賠償責任の消滅時効。
※8　公表日前1年以内に当該有価証券を取得し、当該公表日において引き続き当該有価証券を所有する者は、【公表日前1月間の当該有価証券の市場価額（市場価額がないときは処分推定価額）の平均額】－【当該公表日後1月間の当該有価証券の市場価額の平均額】。なお、減免の抗弁の規定あり。
※9　以下のいずれかの期間の経過で請求権は消滅する。
　　①請求権者が虚偽記載等を知った時または相当な注意をもって知ることができる時から2年間、②書類が提出された時から5年間。
※10　東京高判平成12・10・26判時1734号18頁。

> 虚偽記載等の事実の公表がされたときで、公表日(虚偽記載等の事実の公表がされた日)前1年以内に有価証券を取得し、当該公表日において引き続き当該有価証券を所有する者への賠償額
> 公表日前1月間の当該有価証券の市場価額[6]の平均額
> －当該公表日後1月間の当該有価証券の市場価額の平均額
> ただし、以下で算定される金額を上限とする。
>
> 請求権者が当該有価証券の取得について支払った額
> －①損害賠償請求時における市場価額、または②請求前に当該有価証券を処分した場合においてはその処分価額

　上記計算式の「公表日」(虚偽記載等の事実の公表がされた日)は、当該書類の提出者等により、当該書類の虚偽記載等に係る記載すべき重要な事項または誤解を生じさせないために必要な重要な事実について、公衆の縦覧その他の手段により、多数の者の知りうる状態に置く措置がとられたことをいうが(金商法21条の2第4項)、その時点については個別具体的な判断となる。

　ライブドア事件に関する最判平成24・3・13民集66巻5号1957頁は、有価証券報告書等の虚偽記載等を訂正する情報や有価証券報告書等に記載すべき正確な情報を入手することができ、その情報には類型的に高い信頼性が認められるとして、検察官について公表主体性を認めている。また同最判は、虚偽記載等に係る記載すべき重要な事項について多数の者の知りうる状態に置く措置がとられたというためには、虚偽記載等のある有価証券報告書等の提出者等を発行者とする有価証券に対する取引所市場の評価の誤りを明らかにするに足りる基本的事実について上記措置がとられれば足りるとして、検察官による報道機関への情報提供について「虚偽記載等の事実の公表」があったとする。

　オリンパス事件に関する東京地判平成27・3・19判時2275号129頁は、同社が記者会見を開催し、有価証券投資等に係る損失計上の先送りを行っていたこと等を発表するとともにプレスリリースでもその旨を開示したことが「虚偽記載等の事実の公表」にあたるとする。

　また、本規定においても発行者が虚偽記載等によって生ずべき当該有価証券の値下り以外の事情により損害が生じたことを立証した場合には、賠償額は減額される(減額の抗弁)。上記最判平成24・3・13は、「虚偽記載等によって生ずべき当該有価証券の値下り」とは、取得時差額相当分の値下がりに限られず、有価証

---

[6] 市場価額がないときは、処分推定価額。以下、同じ。

券報告書等の虚偽記載等と相当因果関係のある値下がりのすべてをいうものと解するのが相当であると判示する。

なお、当該賠償請求権は、①請求者が虚偽の記載があること等を知った時、もしくは相当な注意をもって知ることができる時から2年、または②書類が提出された時から5年間のいずれか短い期間の経過により請求ができなくなる（金商法21条の3）。

(4) 届出の効力発生前の取引禁止等違反に関する賠償責任

金商法15条は、有価証券の募集等に際して、内閣総理大臣への届出の効力が生じる前に当該有価証券を取引することを禁止し、また取引における目論見書の交付を義務づけており、金商法16条は、これら規定に違反した者の損害賠償責任を定めている。

金商法16条は無過失責任とされている（東京高判平成12・10・26判時1734号18頁）。

(5) 虚偽の記載等がある目論見書等の使用に関する賠償責任

金商法17条は、有価証券の募集等に際し、重要な虚偽の記載等がある目論見書等[7]を使用して有価証券を取得させた者の賠償責任を定めている。

金商法17条は、過失（無過失）の立証責任を賠償責任者へ転換している。

また、これらの規定は、発行登録を行った有価証券の募集または売出しについても準用される（金商法23条の12の第5項）。

3　公開買付けに係る金商法上の賠償責任の規定

金商法27条の16以下は、公開買付けに関する違反行為について賠償責任の規定を設けている。

(1) 公開買付届出書不提出等に関する賠償責任

金商法27条の16は、株券等の買付け等をした者の、①公開買付開始公告後に公開買付届出書不提出で売付け等の申込みの勧誘等をした場合、もしくは②公開買付期間中に訂正届出書の提出命令に対する訂正届出書を提出するまでの間に売付け等の申込みの勧誘等をした場合等における、公開買付けに応じて当該株券等の売付け等をした者に対する損害賠償責任を規定する。

当該責任は無過失責任である。

(2) 公開買付けによらない買付け等の禁止違反に関する賠償責任

別途買付け等の禁止（金商法27条の5）に違反して株券等の買付け等をした公開買付者等は、当該公開買付けに応じて株券等の売付け等をした者に対し、無過

---

7) 金商法13条1項の目論見書（資料を使用して有価証券を取得させた場合は当該資料を含む）。なお、金商法23条の12第5項により準用される場合は目論見書に係る参照書類を含まれる。

失責任による損害賠償責任を負う（金商法27条の17第 1 項）。

賠償額は法定されており、以下のとおりである。

> 【買付け等を行った際に公開買付者等が支払った最も有利な価格－公開買付価格[8]】
> ×賠償請求権者の応募株券等[9]の数

(3) 決済義務違反に関する賠償責任

決済義務規定（金商法27条の13第 4 項）に違反して公開買付けをした者は、当該公開買付けに応じて株券等の売付け等をした者に対し、賠償責任を負う（金商法27条の18第 1 項）。

賠償額は法定されており、公開買付けをした者が、公開買付けに応じて株券等の売付け等をした者の一部の者に対し、公開買付価格より有利な価格で買付け等を行った場合は上記(2)と同様であるが、公開買付けをした者が公開買付届出書に記載されたあん分比例方式と異なる方式で株券等の買付け等をした場合は、以下のとおりである。

> 【あん分比例方式で計算した場合に賠償請求権者から買付け等がされるべき株券等の数－当該公開買付けをした者が当該請求権者から買付け等をした株券等の数[10]】
> ×【公開買付価格[11]－損害賠償を請求する時における当該株券等の市場価格[12]】

(4) 虚偽記載等のある公開買付説明書の使用者の賠償責任

虚偽記載等のある公開買付説明書その他の表示を使用して株券等の売付け等をさせた者は、当該公開買付けに応じて株券等の売付け等をした者に対して、過失（無過失）の立証責任が賠償責任者に転換された損害賠償責任を負う（金商法27条の19）。

(5) 虚偽記載等のある公開買付開始公告を行った者等の賠償責任

金商法27条の20は、虚偽記載等のある公開買付開始公告を行った者等の、当該

---

8) 公開買付開始公告および公開買付届出書に記載した買付け等の価格をいい、公表等により買付け等の価格を変更したときは、当該変更後の買付け等の価格をいう（金商法27条の17第 2 項）。
9) あん分比例方式により売付け等ができなかったものを除く。
10) 当該請求権者から買付け等をしなかった場合には、当該あん分比例方式で計算した場合に当該請求権者から買付け等がされるべき株券等の数とする（金商法27条の18第 2 項 2 号）。
11) 金商法27条の17第 1 項に該当する場合にあっては同条 2 項に規定する公開買付者が支払った価格、金商法27条の18第 2 項 1 号に掲げる場合に該当する場合にあっては同号に定める有利な価格とし、そのいずれにも該当する場合にあってはそのいずれか有利な価格とする（同項 2 号）。
12) 市場価格がないときはその時における処分推定価格とし、当該請求時前に当該株券等を処分した場合においてはその処分価格とする（金商法27条の18第 2 項 2 号）。

公開買付けに応じて当該株券等の売付け等をした者に対する損害賠償責任を規定し、大要は以下のとおりである。

図表 12－3：公開買付開始公告者等の責任類型

① 公開買付届出書を提出した者	② 公開買付説明書を作成した者	③ 公開買付開始公告等を行った者	④ 対質問回答報告書を提出した者	⑤ ①～④の者の特別関係者および役員等
無過失責任				過失（無過失）の立証責任が転換
賠償額の法定規定あり[13]	なし			

4 相場操縦行為等に関する賠償責任

違法な相場操縦行為等の行為者は、当該違反行為により形成された金融商品等に係る価格等により、取引所金融商品市場等における有価証券の売買等[14]をし、またはその委託をした者に対し、これにより損害を賠償する責任を負う（金商法160条1項）。

本規定による賠償責任においては、相場操縦行為等と損害との因果関係の立証は不要であると解される（大阪高判平成6・2・18判時1524号51頁）。

当該損害賠償の請求権は、請求権者が違法な相場操縦行為等があったことを知った時から1年間、または当該行為があった時から3年間で時効によって消滅する。

III 課徴金

> **ポイント**
> ● 課徴金は、刑事罰と異なり、違反について故意と過失を区別せず、違反があった場合には、（刑事事件と異なり起訴猶予等の制度はなく）課徴金を課すのが法令の規定である。
> ● 上記にもかかわらず、規定違反に対し課徴金が課されるか否かは、故意か過失か、悪質性、重大性、違反後の自己申告と対応の内容をふまえて判断されている

---

13) 公開買付届出書公開買付説明書に公開買付け終了後に株券当の買付け等を公開買付けによらないで行う契約があるにもかかわらず、それを記載せず、契約による買付け等を行った場合の損害賠償額として、最も有利な価格から公開買付価格を控除した金額に賠償請求者の応募株券等の数を乗じた額。

14) 当該金融商品、金融指標もしくはオプションについて、取引所金融商品市場における有価証券の売買、市場デリバティブ取引、店頭売買有価証券市場における有価証券の売買もしくは取扱有価証券の売買（金商法160条）。

ため、万一、規定違反を認識した場合でも、対応に慣れた専門家の助言を得たうえで、問題解消のための措置を実施することが重要である。また、自己株式の取得に係るインサイダー取引規制違反、発行開示・継続開示の虚偽記載等については、証券取引等監視委員会等の調査開始前に自主申告をした場合には課徴金の減算制度がある。
● 課徴金のための証券取引等監視委員会の検査は、刑事手続ではないものの、関係書類や物の押収や嫌疑者も含めた関係者に対する聴取が行われるなど、刑事手続に近いことから、その対応には専門家の助言を得ることが重要である。
● 課徴金納付命令のための審判（金融庁における裁判に類する手続）となった場合には、民事裁判に類する手続となっており、また、審判において、課徴金納付命令が取り消された事案があるため、その対応には専門家の助言を得ることが重要である。

1　概要

証券市場への参加者の裾野を広げ、個人投資家を含め、誰もが安心して参加できるものとしていくために、証券市場の公正性透明性を確保し、投資家の信頼が得られる市場を確立することが重要である。

このため、証券市場への信頼を害する違法行為に対して、行政として適切な対応を行う観点から、規制の実効性確保のための手段として、不公正取引、有価証券届出書等の不提出虚偽記載、公開買付開始公告の不実施、公開買付届出書等の不提出虚偽記載、大量保有報告書等の不提出虚偽記載等について、行政上の措置として違反者に対して金銭的負担を課す課徴金制度が導入されている。

課徴金制度について、金商法172条1項等は「課徴金を国庫に納付することを命じなければならない。」としており、課徴金納付命令の対象となる事実が認められる場合には課徴金納付命令を発出しなければならず、その判断について裁量は認められていないが、実際の違反事案に対しては、重大性や悪質性等をふまえ、課徴金の適否が判断されている。

年度ごとの課徴金納付命令数は以下のとおりである[15]。

図表12-4：課徴金納付命令件数

平成30年度	平成29年度	平成28年度	平成27年度	平成26年度	平成25年度	平成24年度	平成23年度	平成22年度	平成21年度
41件	32件	49件	48件	44件	46件	37件	33件	51件	48件

※年度の期間は4月1日から翌年3月31日である。

具体的な課徴金の対象および金額等は金商法172条から175条の2が定めている。

---

15)　金融庁ウェブサイト「課徴金納付命令等一覧」。

年度ごとの課徴金納付命令合計額は以下のとおりである[16]。

図表12-5：課徴金納付命令合計額

年度	平成29年度	平成28年度	平成27年度	平成26年度	平成25年度
金額	42億7175万円	9億2904万円	101億4866万円	17億4678万円	7億8806万円

※1万円未満は切捨て。
※納付命令金額は、命令が発せられた会計年度に計上している。
※納付命令額は、徴収不能決定の処分額を含む。
※判決等により課徴金納付命令が取り消されたもの等については、納付命令額等から減額している。

　課徴金納付命令は、対象者に金銭負担を課すものであり、慎重を期すために命令前に審判手続等が設けられている。
　まず証券取引等監視委員会が調査を行い、課徴金の対象となる法令違反行為があると認める場合には、金融庁長官に対して勧告を行う。これを受け、金融庁長官は審判手続開始決定を行い、審判官が審判手続を経たうえで課徴金納付命令決定案を作成し、金融庁長官に提出する。金融庁長官は、決定案に基づき、課徴金納付命令の決定を行う。
　審判手続は、民事裁判に類する手続であり、審判において、課徴金納付命令が取り消された事案も存在する。そのため、証券取引等監視委員会の調査段階から、専門家の助言を得て対応することが重要である。

図表12-6：課徴金制度概要図

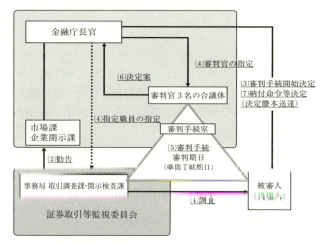

出典：金融庁ウェブサイト「課徴金制度について」

2 減算制度

　課徴金の減算制度は、自主的なコンプライアンス体制の構築の促進および再発防止の観点から課徴金の対象となる違反行為について、証券取引等監視委員会または金融庁もしくは管轄財務局長等による検査または報告の徴取等が開始される前に、証券取引等監視委員会に対して違反事実に関する報告が行われた場合に、直近の違反事実に係る課徴金の額を法律の規定に基づいて算出した額の半額に減額する制度である。

　実際に課徴金が課される可能性が低いと予想される事案であっても、法令上は違反行為が認められる場合には金融庁は課徴金を課すものとされているため、減算制度の対象となる行為があれば、減額申請書を提出した方がよいであろう。

　課徴金減算制度の対象となる類型の概要は以下のとおりである。

図表12-7：課徴金減算制度対象類型

主な対象行為
①　発行開示書類等の虚偽記載・重要事項の欠落（金商法172条の2第1項[17]）
②　継続開示書類等の虚偽記載・重要事項の欠落（金商法172条の4第1項・2項）
③　大量保有・変更報告書の不提出（金商法172条の7）
④　特定証券等情報の虚偽等（金商法172条の10第1項）
⑤　発行者等情報の虚偽等（金商法172条の11第1項）
⑥　虚偽記載・重要事項の欠落に対する外部協力者（特定関与者。金商法172条の12第1項）
⑦　自己株式の取得に係るインサイダー取引規制違反（金商法175条9項において準用する同条1項）

　本制度による減額の申請をするには、所定の様式により作成した「課徴金の減額に係る報告書」（減額報告書）を証券取引等監視委員会事務局開示検査課に提出する必要がある。提出方法については、直接持参する方法、書留郵便等による方法、ファクシミリによる方法がある。

　減算報告書においては違反の類型や違反の概要を記載して提出することになる。減算報告書の様式および記載要領は証券取引等監視委員会のウェブサイト[18]から

---

16)　金融庁ウェブサイト「課徴金納付命令額及び納付額」。
17)　同条4項において準用する場合を含む。
18)　証券取引等監視委員会ウェブサイト「課徴金の減額に係る報告の手続について」。

確認できる。

　減額報告書が受理された後、証券取引等監視委員会による調査・検査がなされ、その結果、法令違反に該当する事実が認められた場合、当委員会は、金融庁長官に対し、課徴金納付命令を発出するよう勧告が行われ、金融庁が行う審判手続を経て、課徴金納付命令が発出されることになる。

3　加算措置

　金商法は課徴金の加算措置も定めており、過去5年以内に課徴金納付命令等を受けた者が、再度違反行為を繰り返した場合は、課せられる課徴金額が1.5倍となる（金商法185条の7第15項）。

4　調査勧告

　金融庁長官[19]は、課徴金納付命令の対象となる事実があると認めるときは、当該事実に係る事件について審判手続開始の決定をしなければならない。当該事実の有無については、証券取引等監視委員会が調査を行い、証券取引等監視委員会はこれが認められる場合、金融庁長官等に対して課徴金納付命令を発出するよう勧告を行う。

5　審判手続

　証券取引等監視委員会からの勧告を受け、金融庁長官は文書（審判の期日および場所、課徴金に係る事実ならびに納付すべき課徴金の額およびその計算の基礎が記載される）により審判手続開始決定する。

　そして、被審人（課徴金の納付を命じようとする者）に審判手続開始決定書の謄本を送達し、審判期日に出頭することが命じられる。

　また、被審人は、被審人は弁護士等を代理人とすることができ、審判手続開始決定書の謄本の送達を受けたときは、これに対する答弁書を、遅滞なく、審判官に提出しなければならない。被審人が審判手続開始決定書に記載された審判の期日前に、課徴金に係る事実および納付すべき課徴金の額を認める旨の答弁書を提出したときは、審判の期日を開くことは要しないとされる。

　審判手続は、民事裁判に類似しており、金商法等において民事訴訟法等に類似した規定が整備されており、事実を争う旨の答弁書を提出し、その後は、準備書面を通じて争点に関する主張・反論がなされ、証拠説明書とともに証拠書類や証拠物が提出され、認否が行われるほか、被審人や参考人の審問が行われ、最後の審

---

19)　内閣総理大臣の権限は金融庁長官に委任されている（金商法194条の7第1項）。

判期日において、最終準備書面に基づく主張の取りまとめが行われる。

審判官は、審判手続を経た後、審判事件についての決定案を作成し、金融庁長官に提出しなければならない。

6 金融庁長官の決定と不服申立て

金融庁長官は、審判手続を経た後、課徴金納付を命ずべき事実があると認めるときは、課徴金納付を命令が行われ、違反事実がない場合にはその旨が決定される（民事裁判における判決に相当する）。

課徴金納付を命ずべき決定も不利益処分にあたり、取消訴訟が可能であるが、その訴えは決定がその効力を生じた日から30日以内に提起しなければならない。

課徴金納付命令が違法であるとして取り消された事例としては、公募増資の公表前に会社関係者から公募増資の事実の伝達を受けたことが認められないとして課徴金納付命令を取り消した東京地判平成28・9・1判時2369号47頁がある。

Ⅳ 刑事罰

金商法は、刑事罰の威嚇をもって違反行為を抑止するため、多くの違反に対して刑事罰の規定を設けている（金商法197条以下）。

最も重い罰則は金商法197条で10年以下の懲役もしくは1000万円以下の罰金、またはその併科である。

なお、行為を行った自然人を罰するとともに法人も処罰の対象となり、罰金刑は最高で7億円となっている（金商法207条1項1号）。

主な刑罰と違反行為例は下記**図表12-8**のとおりである。

図表12-8：主な刑罰類型

金商法の規定	刑罰	違反行為例
197条	10年以下の懲役もしくは1000万円以下の罰金またはその併科	有価証券報告書等の虚偽記載、風説の流布や相場操縦の禁止等
197条の2、197条の3	5年以下の懲役もしくは500万円以下の罰金またはその併科	有価証券届出書等の不提出、インサイダー取引、金融商品取引業の無登録営業
198条、198条の3	3年以下の懲役もしくは300万円以下の罰金またはその併科	緊急差止命令の違反、金融商品取引業者による損失補てん
198条の4および198条の5	2年以下の懲役もしくは300万円以下の罰金またはその併科	顧客資産の分別管理違反

第13章　監視体制と行政当局対応

I　監視体制

> **ポイント**
> - 金融取引については、行政機関として金融庁・証券取引等監視委員会・管轄財務局等が担っているほか、自主規制機関による自主規制も重要な役割を果たしている。
> - 金融商品取引業協会に加入しないことは登録拒否事由に該当し、登録時の審査が事実上厳格化し、金融庁・管轄財務局等の直接審査を受けることから、金融商品取引業の登録を行う場合には、協会に加入する方が登録手続は迅速に進む傾向がある。なお、金融商品取引業協会は、加入に際し、審査・費用がかかるものの、各種ひな型や研修の提供等が行われる。
> - 金融商品取引業協会は、金融商品取引業者に対する独自の規制（法令に規定のない事項）について規制を設けていることがあるが、その規制の内容は、金融庁と協議のうえで作成されており、法令に準ずるものとして遵守する必要がある。

1　概要

金融商品取引に関する行政規制の大部分は、金融庁（および委託を受けた管轄財務局等）と証券取引等監視委員会によって担われている。

行政機関内での法の解釈・運用を連絡するガイドライン、監督指針や検査マニュアルは行政機関外の関係人を拘束するものではないが、実務上、法令解釈・運用に大きな影響を及ぼしている。

また、金融規制の分野では行政による監視・監督のみならず、自主規制が重視されており、日本証券業協会等による自主規制機能が重要となる。金商法上自主規制機能を担う組織として認可金融商品取引業協会や認定金融商品取引業協会がある。

2　金融商品取引業協会

(1)　概要

認可金融商品取引業協会とは、有価証券の売買その他の取引およびデリバティブ取引等を公正かつ円滑にし、ならびに金融商品取引業の健全な発展および投資

家の保護に資することを目的とし、内閣総理大臣の認可を受けて設立される。認可金融商品取引業協会としては、日本証券業協会がある。

　また、認定金融商品取引業協会とは、金融商品取引業者が設立した一般社団法人であって、金融商品取引業の健全な発展および投資家の保護に資することを目的とすること等の要件に該当するもので、内閣総理大臣の認定を受けて設立される。認定金融商品取引業協会としては、日本投資顧問業協会、第二種金融商品取引業協会がある。

　金融商品取引業協会への加入は、法令上の義務ではないものの、協会に加入しないものであって、協会の定款その他の規則を作成していないものや社内規則を遵守するための体制を整備していないものは、金融商品取引業の登録拒否事由とされていることから、加入しない場合には、登録の審査が事実上厳格化する傾向にある。金融商品取引業協会への加入に際しては、審査・費用がかかるものの、各種ひな型や研修の提供等が行われるため、特段の理由がない限り、金融商品取引業の登録に際しては、金融商品取引業協会への加入が望ましい。なお、金融商品取引業協会は、加入に際し、審査・費用がかかるものの、各種ひな型や研修の提供等が行われる。

(2)　**自主規制機関による規制**

　日本証券業協会は、証券会社および金融機関等の協会員がその社会的・公共的使命を適切かつ十全に発揮・遂行するため、投資家の保護や金融商品取引および市場の公正性・健全性の確保等を図ることを目的として、自主規制に関する業務を行っている。

　日本投資顧問業協会は、ファンド運用業者や投資助言・代理業者の会員の行う投資運用業および投資助言・代理業の公正かつ円滑な運営を確保することにより投資家保護を図るとともに、投資運用業および投資助言・代理業の健全な発展に資することを目的とする。

　第二種金融商品取引業協会は、自己募集その他の取引等を行う会員等の行う第二種金融商品取引業等を公正かつ円滑にし、ならびに第二種金融商品取引業等の健全な発展および投資家の保護に資することを目的とする。

　これらの協会では、自主規制規則等自主規制ルールの制定等を行っており、法令よりも規制範囲が拡大している場合があるほか、自主規制ルールに違反した者に対しては定款に基づき会員等に対して除名処分等制裁を行っている。

　金融商品取引業協会は、金融商品取引業者に対する独自の規制（法令に規定のない事項）について規制を設けていることがあるが、その規制の内容は、金融庁と協議のうえで作成されており、法令に準ずるものとして遵守する必要がある。

　また、第二種金融商品取引業協会では、投資家からの事業型ファンドへの信頼

性・安心感を確保し、投資家被害の適切な防止を図るため、事業型ファンドの私募の取扱い等について、詳細な規則を設けている。

3 金融庁・管轄財務局長等・証券取引等監視委員会の権限分配

金商法における行政権限は、基本的には、金融庁長官が担う。

大要として、金融庁長官の権限は、さらに、管轄財務局長等と証券取引等監視委員会に分かれて委任されており、開示関連のうち、書類の受理、その内容の訂正に関する受理や命令は管轄財務局長等、課徴金検査や刑事告発等を念頭に置いた検査権限は証券取引等監視委員会に属している。また、不公正取引に関する課徴金検査や刑事告発等を念頭に置いた検査権限は証券取引等監視委員会に属している。

金融商品取引業者に対する普段の監督については、金融庁(監督局証券課)と管轄財務局等が担当しており、処分等に係る検査については証券取引等監視委員会が金融庁・管轄財務局等とは異なる視点でオンサイトでモニタリングを行う。

なお、証券取引等監視委員会の検査の一部は管轄財務局等の証券取引等監視官部門においても行われている。

Ⅱ 行政当局対応

> **ポイント**
> - 金融庁・証券取引等監視委員会・管轄財務局等の対応においては、法令・監督指針・検査マニュアルやその他行政当局の視点や考え方をふまえた対応が重要となるため、これらにおいて勤務経験のある専門家に相談するのが望ましい。

1 概要

金融庁・管轄財務局等・証券取引等監視委員会は、金融商品取引に係る監督・検査・監視機能を有し、上場会社に対しては投資家保護の観点から、金融商品取引業者に対しては法令・監督指針・検査マニュアルをふまえて(もちろん、最終目的は投資家保護ではあるものの)行政監督の観点から、検査監督を行うことから、法令・監督指針・検査マニュアルといった関連事項に対する知識はもちろんのこと、行政当局の視点や考え方をふまえ、場合によっては、行政当局との間で、いわゆる「落としどころ」を見据えた対応が必要となるため、法令のみを知っていればよいというものでもない。このような対応は、金融規制に精通する専門家に依頼することが望ましい。

2 財務会計面での不祥事が発覚した場合

　不適切会計のおそれが生じ、規模感が一定程度（会計上の重要性を有する場合）となることが予想される場合、不適切会計の内容の特定と過年度財務書類の修正等の対応をしない限り、直近の提出予定の財務諸表における監査意見または四半期財務諸表における四半期レビューの意見を監査人から受領できないこととなる。そのため、不適切会計の内容の特定と過年度財務書類の修正等の対応を行う必要があるところ、当該対応には一定の時間を要し、かかる対応が有価証券報告書または四半期報告書の提出期限に間に合わないといった事態が生じることがある。このような場合、外部委員を含めた調査委員会を立ち上げ、その内容を適時開示において公表し、有価証券報告書または四半期報告書の提出期限の延長申請を行うこととなる。不適切会計のおそれが発覚したタイミングにもよるが、開示等の対応としては、おおむね、以下の流れをたどることとなる。定時株主総会がある場合には、定時株主総会の延期または計算書類の報告以外の決議事項の決議等のみを行ったうえで、計算書類の報告等のために臨時株主総会を開催するなどの検討も必要となる。

---

① 不適切会計のおそれが生じ、決算発表を延期する必要があることの適時開示
※外部調査委員会（または第三者調査委員会）の委員選定。①と②を同時並行して行うということもありうる。
② 外部調査委員会（または第三者委員会）の設置と委員の選定等の適時開示
③ 有価証券報告書・四半期報告書の提出期限の延長申請のための、監査人・管轄財務局長等との協議
④ 有価証券報告書・四半期報告書の提出期限の延長申請の適時開示
※適時開示を行う時点では、通常、管轄財務局長等との調整が調っており、おおむね④の翌または翌々営業日には承認を受けることが可能である。
⑤ ④の承認の適時開示
⑥ 外部調査委員会（または第三者委員会）の調査結果の公表
⑦ 過年度の決算短信と四半期決算短信、有価証券報告書と四半期報告書の訂正報告書の提出
⑧ 課徴金の減額申請
※証券取引等監視委員会の調査前であれば、課徴金の減額申請を行うことが可能。

　自主的な訂正対応等を行っている場合、この時点において、証券取引等監視委員会の課徴金検査のための検査が並行して行われておらず、課徴金を課されるか否かが判明していないこともあり、課徴金の減額申請を行うことに躊躇される場合もあるが、減額申請を行ったからといってただちに課徴金が課されているわけではない。⑦の時点で虚偽記載等は自認している以上、その時点で、すでに課徴金を課される可能性はあるため、その時点における役員の善管注意義務としては、

課徴金の減額申請を行い、会社の受ける可能性のある経済的な不利益を少しでも少なくさせるように行動すべきであろう。

3　証券取引等監視委員会による開示検査・取引調査

　証券取引等監視委員会は、有価証券報告書等の提出者等に対し、報告の徴取および検査を行い、開示検査の結果、開示書類の重要な事項についての虚偽記載等が認められた場合には、金融庁長官に対し、課徴金納付命令の勧告等を行う。

　当該検査は、刑事手続における捜査ではないものの、行政上の賦課金である課徴金納付命令の勧告を行うためのものであること、勧告の結果、金融庁において審判手続が開始され、事実の認否について争いとなりうることから、司法手続に準じた手続と考え、捜査対応に準じた対応を行う必要がある。

　たとえば、対象者や参考人に対しては聴取が行われ、その内容が調書化されることから、事実に基づいて正確に回答すること、調書化される際においては内容を確認し、自らが語っていないことが調書に含まれていないことを確認するなどの対応が必要となる。

　なお、検査開始後には、書類の廃棄やデータの消去等は検査妨害となることから厳に慎むこと、社内の情報管理を適切に行うことが必要となる。

4　管轄財務局長等による金融商品取引業者に対する監督・検査

　金融庁長官および権限の委任を受けた管轄財務局長等は、金融商品取引業者の登録等の権限を有し、また登録金融商品取引業者等の監督権限を有し、投資家保護等のために金融商品取引業者等に対して報告の徴取および検査を行うことができ、また投資家保護等一定の場合には金融商品取引業者の登録取消し、または業務の停止を命ずることができる。

　検査に際しては、行政当局側が法令違反ではないかとの見解を持っていた場合でも、行政当局との議論の結果として、法令違反はないと判断され、結果、法令上の行政処分が行われず、何ら公表も行われないこともある。したがって、当局の検査が開始されたといっても、あせらずに、法務・コンプライアンス部門を中心に、適切な対応を行うことが必要である。もっとも、法務・コンプライアンス部門としても、当局側の指摘が適切であり、金融商品取引業者として適切な改善措置が必要と考えられる場合もあり、そういった場合には、自律的に改善措置を検討・立案・行政当局との協議を行うことが必要であり、このような対応を行うことによって、行政当局として行政処分を行う必要がないと判断が行われる可能性もあるため、行政当局対応だからといって、必要以上に敵対的になる必要はなく、是々非々で対応していくことが重要である。

事項索引

あ行

暗号資産 ……………………………… 2, 265
安定操作取引 …………………………… 260
1 年通算 ………………………………… 62
売出し …………………………………… 176
売付け勧誘等 …………………………… 51
おつり投資 ……………………………… 278
親会社等 ………………………………… 31
親会社等状況報告書 …………………… 30
親子の関係 ……………………………… 185

か行

買入消却 ………………………………… 200
外形基準 ………………………… 90, 111
外国投資家 ……………………………… 22
外国法人発行株券等 …………………… 189
解散 ……………………………………… 205
会社関係者 ……………………………… 211
買付条件等の変更 ……………………… 165
買付約定 ………………………………… 179
買い予約 ………………………………… 194
貸株 ……………………………… 177, 179
仮想通貨 ………………………………… 2
仮装取引 ………………………………… 259
課徴金 …………………………………… 311
課徴金納付命令 ………………………… 313
課徴金の減額に係る報告書 …………… 314
合併 ……………………………………… 205
カバードワラント ……………………… 174
株券 ……………………………………… 173
株券関連有価証券 ……………………… 173
株券等所有割合 ………………………… 153
株券等保有割合 ………………… 175, 193, 196
株式移転 ………………………………… 205
株式交換 ………………………………… 205

株式の信託 ……………………………… 33
株式報酬 ………………………………… 60
株主提案権 ……………………………… 183
株主の意思確認 ………………………… 133
空売規制 ………………………………… 263
借株 ……………………………………… 200
仮目論見書 ……………………………… 75
関係法人等 ……………………………… 163
完全議決権株式 ………………………… 175
完全子会社 ……………………………… 14
完全孫会社 ……………………………… 14
完全無議決権株式 ……………………… 174
企業行動規範 ………………… 129, 142, 145
偽計 ……………………………………… 255
議決権制限株式 ………………………… 174
記述情報の開示に関する原則 ……… 65, 96
基準日 …………………………………… 203
希薄化率 ………………………… 132, 135
基本合意書 ……………………………… 122
急速買付け ……………………………… 158
業績予想の修正 ………………………… 124
兄弟会社 ………………………………… 187
兄弟法人等 ……………………………… 163
共同保有者 ……………………………… 182
業として ………………………………… 43
業務執行を決定する機関 ……………… 222
業務範囲規制 …………………………… 269
共有 ……………………………………… 180
虚偽記載等 ……………………………… 302
――によって生ずべき当該有価証券の値
　下り ………………………………… 308
金融 ADR ……………………………… 45, 267
金融商品取引業 ………………………… 43
金融商品取引業協会 …………………… 317
金融商品取引業者 ……………………… 176
金融商品取引業者等 …………………… 204
金融商品販売法 ………………………… 274
クーリング・オフ ……………………… 274

事項索引

組合 …………………………………… 181, 189
組込方式 ……………………………………… 65
クラウドファンディング ………………… 276
グリーンシューオプション ……………… 131
グローバル・オファリング ……………… 101
クロクロ取引 ………………………………… 27
経営者から一定程度独立した者
　　…………………………… 132, 137, 138
形式的基準に基づく特別関係者 ………… 154
　──の範囲 ……………………………… 153
継続開示義務の中断事由 ………………… 108
軽微基準 ……………………………… 118, 119
契約締結時等の書面交付義務 …………… 274
契約締結前の書面交付義務 ……………… 274
経理規制 …………………………………… 276
決算情報 …………………………………… 227
決定事実 ……………………………… 122, 216
減額報告書 ………………………………… 314
減算制度 …………………………………… 314
減資 ………………………………………… 205
行為規制 …………………………………… 271
公開買付応募契約 ………………………… 194
公開買付け等 ……………………………… 242
公開買付けの撤回等 ……………………… 166
広告規制 …………………………………… 273
行使権限 …………………………………… 179
更生手続開始 ……………………………… 205
公表 ………………………………………… 243
公表日 ……………………………………… 308
交付目論見書 ………………………………… 72
公募等 ……………………………………… 128
コーポレート・ガバナンス報告書 ……… 148
コーポレートガバナンス・コード ……… 149
コール・オプション …… 178, 184, 194, 195
子会社に関する事実 ……………………… 230
5％ルール ………………………………… 152
コミットメント型ライツ・オファリング
　　………………………………………… 176
コンテンツファンド ………………… 39, 283

さ行

再生手続開始 ……………………………… 205

最良執行方針等 …………………………… 276
先買権（First Refusal Right） …………… 184
先渡取引 …………………………………… 179
指図権限 …………………………………… 179
参照方式 ……………………………………… 65
参入規制 …………………………………… 266
私売出し ……………………………………… 84
事業型ファンド …………………………… 289
事業承継 ……………………………………… 25
事業の全部または一部の譲渡、譲受け … 205
事業報告等 ………………………………… 97
自己株式 ……………………………… 174, 176
　──の消却 …………………………… 192
自己株取得 ………………………………… 261
自社株買いと検討中のM&A …………… 223
市場外3分の1ルール …………………… 156
事前相談 …………………………………… 131
実質的基準に基づく特別関係者 ………… 154
実質的共同保有者 ………………………… 182
支配株主 ……………………… 32, 141, 143
　──との間に利害関係を有しない者 … 146
支配株主その他施行規則で定める者
　　……………………………………… 142, 143
支配株主等 ………………………………… 185
自発的訂正 …………………………………… 66
四半期報告書 ……………………………… 178
従業員持株会 ……………………………… 177
集団投資スキーム規制 …………………… 280
集団投資スキーム持分 ……………… 10, 281
重要情報 …………………………………… 246
重要提案行為等 ……………………… 204, 206
重要な財産の処分または譲受け ………… 205
重要な事項の変更 ………………………… 198
重要な取引等 ……………………………… 142
取得勧誘 ……………………………………… 50
取得条項付株式 …………………………… 174
取得請求権付株式 ………………………… 174
主要株主 ……………………………… 31, 32, 250
証券金融会社 ……………………………… 176
上場廃止 ……………………………… 110, 205
上場廃止基準 ……………………………… 133
上場廃止等 …………………………………… 88
譲渡制限付株式報酬 ………………………… 9

譲渡担保権	179
承認業務	271
少人数私募	19, 80, 81
──の転売制限	82
情報開示等に係る金商法上の賠償責任	303
情報伝達・取引推奨	244
新株予約権証券	173, 174, 190
新株予約権付社債券	173, 174, 190
新株予約権無償割当て	176
親権者	180
信託契約	178
信託契約等	179
信託財産	176, 180, 181
信託受益権の売買	36
信託譲渡	33, 36
新投資口予約権証券等	173, 174, 190
信用取引	177, 179
スクイーズ・アウト	113
スクープ報道	126
スチュワードシップ・コード	207
ストック・オプション	60, 145
ストック・オプション特例	14
誠実公正義務	273
成年後見人	180
潜在株式数	175, 176
相互保有株式	174, 175
相場操縦	127, 256
相場操縦取引類型	257
ソーシャルトレーディング	278
組織再編成に係る届出義務	23
損失補てん等の禁止	275

た行

第一項有価証券	48
──の売出し	51
──の募集	49
第一種金融商品取引業	265
第一種金融商品取引業者	204
第一種少額電子募集取扱事業者	277
待機期間	68
──の短縮	69
大規模増資	131

第三者委員会	138, 146
第三者割当	128, 131, 135
──に係る遵守事項	137, 148
貸借契約	194
対象有価証券	174
──に係る権利を表示する有価証券	174
対内直接投資等	22
第二項有価証券	48
第二種金融商品取引業	265
第二種少額電子募集取扱事業者	277
多額の借財	205
他社株転換可能債	175
立会外取引3分の1ルール	157
短期大量譲渡報告制度	200
単元未満株式	174
単体株券等保有割合	189, 198
単独運用指定金銭信託	180
担保契約等重要な契約	194
帳簿閲覧権	183
通常方式	65
提出期限	191
訂正報告書の自発的提出	107
訂正命令	67
訂正目論見書	73, 75
適格機関投資家私募	20, 80, 81
──の転売制限	81
適格機関投資家等特例業務	285
──の届出	40
適合性の原則	276
適時開示	115
電子開示システム届出書	191
電子開示システムの利用届	29
電子交付	73
同一の種類	63
──の有価証券	62
投資一任契約	177, 179, 180
投資運用業	266
投資運用業者	177, 180, 204
投資証券等	173, 174
投資助言・代理業務	265
投資ファンド	38
同種の新規発行証券	82
特定買付け等	152, 156

特定業務 ……………………………………… 292
特定事業者 …………………………………… 290
特定事業者作成書面等 …………………… 301
特定証券情報 ………………………………… 178
特定投資家 …………………………………… 271
特定投資家私募 ………………………… 80, 84
特定取引 ……………………………………… 292
特定取引等 …………………………………… 292
特定売買等 …………………………………… 157
特定募集等 …………………………………… 86
特に周知性の高い企業 ……………………… 69
特別関係者 …………………………………… 153
特別資本関係 ………………………………… 154
特別の関係 …………………………………… 185
特例業務対象投資家 ………………………… 285
特例業務届出者 ……………………………… 287
特例対象株券等 ……………………………… 204
特例報告制度 ………………………………… 203
届出業務 ……………………………………… 270
届出前勧誘規制 ………………………… 59, 128
取下げ願い …………………………………… 63
取引関係者 …………………………………… 247
取引時確認 …………………………………… 292

な行

内国法人発行株券等 ………………………… 189
馴合取引 ……………………………………… 259
日本株 ADR …………………………………… 174
認可金融商品取引業協会 ………………… 317
認定金融商品取引業協会 ………………… 318

は行

売買合致数量 ………………………………… 30
売買契約 ……………………………………… 193
売買等 …………………………………… 239, 248
売買に係るオプション ……………………… 179
売買の一方の予約 …………………………… 178
売買報告書 …………………………………… 29
ハイリスク取引 ……………………………… 292
破産手続開始 ………………………………… 205
バスケット条項 ………………………… 120, 229

発行者関係者 …………………………… 54, 58
発行者情報 …………………………………… 178
発行済株式 …………………………………… 189
発行済株式総数 ……………………………… 175
発行済投資口 ………………………………… 189
発行済投資口総数 …………………………… 175
発行登録書 …………………………………… 77
発行登録追補書類 …………………………… 77
発行登録通知書 ……………………………… 87
発行登録の効力発生 ………………………… 78
発生事実 ………………………………… 124, 224
半期報告書 …………………………………… 178
引受け ………………………………………… 176
引渡請求権 ……………………………… 177, 178
被支配会社 …………………………………… 185
被支配法人等 ………………………………… 154
非振替社債 …………………………………… 19
ファンド・トラスト ……………………… 177, 180
風説 …………………………………………… 254
　——の流布 ………………………………… 127
夫婦の関係 …………………………………… 185
フェア・ディスクロージャー・ルール … 246
フェアネス・オピニオン …………………… 147
付随業務 ……………………………………… 270
プット・オプション ………………………… 184
不適切会計 …………………………………… 320
振替社債 ……………………………………… 18
プロキシーファイト ………………………… 180
分割 …………………………………………… 205
分別管理義務 ………………………………… 276
並行募集・売出し …………………………… 62
変動操作取引 ………………………………… 259
　——類型 …………………………………… 260
法人格なき社団 ……………………………… 181
保有株券等の数 ……………………………… 175
保有者 …………………………… 175, 177, 178

ま行

孫会社 ………………………………………… 188
マネーローンダリング ……………………… 290
見せ玉 ………………………………………… 258
みなし共同保有者 …………………………… 185

——からの除外	189
みなし支配株主等	185
みなし被支配会社	185, 187
無議決権種類株式	176
目論見書	71
モザイク情報	247
持株会	10

や行

役員	249
役員持株会	177
役職員等による持株組合	39
有価証券関連業	176
有価証券信託受益証券	173, 174
有価証券通知書	86
有価証券売買等	127
有価証券報告書	178
——の提出期限とその延長	92
優先株式	16

ら行

利益関係書類	30
流布	255
連名方式	195
6か月通算募集	62
ロックアップ合意	194
ロボアドバイザー	279

アルファベット

CB 等	138
Drag Along Right	184
e-KYC	296
EB 債	175
ETF	173
FATF	291
First Refusal Right	194
ICO トークン	48
JDR	173, 174
MSCB 等	138
——の発行に係る遵守事項	139

Tag Along Right	184, 195
TDnet	128

編著者・著者略歴

●編著者
峯岸健太郎（みねぎし　けんたろう）
- 2001年　一橋大学法学部卒業
- 2002年　弁護士登録（第二東京弁護士会所属）
- 2002年　濱田松本法律事務所（現　森・濱田松本法律事務所）（～2018年）
- 2006年　金融庁総務企画局企業開示課（現　企画市場局企業開示課）出向（専門官）。金融商品取引法制の企画立案に従事（～2007年）
- 2008年　中央大学法科大学院兼任講師（～2017年）
- 2012年　財務省「ミャンマー証券取引法整備支援」WG委員（～2016年）
- 2016年　名古屋大学法科大学院非常勤講師（金商法）（～2017年）
- 2018年　一種証券外務員資格 取得
- 2019年　三浦法律事務所設立に参画（～現在）

【主な取扱分野】
金融規制・危機対応、キャピタル・マーケッツ、ディスクロージャー、M&A、FinTech、事業承継

【主な著作・論文】
「募集・売出しと『出損』に係る『判断』」商事法務2209号（2019年）、「資産管理会社に対する株式の譲渡と売出し規制」商事法務2196号（2019年）、『金融商品取引法コンメンタール１――定義・開示制度〔第２版〕』（商事法務、2018年〔共著〕）、『金融商品取引法――資本市場と開示編〔第３版〕』（商事法務、2015年〔共著〕）、『新・会社法実務問題シリーズ３　新株予約権・社債〔第２版〕』（中央経済社、2015年〔共著〕）、『新・会社法実務問題シリーズ９　組織再編〔第２版〕』（中央経済社、2015年〔共著〕）、『エクイティ・ファイナンスの理論と実務〔第２版〕』（商事法務、2014年〔共著〕）、『事例でわかるインサイダー取引』（商事法務、2013年〔共著〕）等、著書・論文多数。

●著者
今戸智恵（いまど　ともえ）
- 1999年　上智大学大学院法学研究科博士前期課程修了
- 2003年　弁護士登録（第二東京弁護士会所属）
- 2003年　森・濱田松本法律事務所（～2007年）
- 2008年　外務省国際法局経済条約課（～2010年）
- 2010年　奥野総合法律事務所（～2018年）
- 2015年　司法試験考査委員（国際公法）（～2018年）
- 2018年　株式会社アイ・アールジャパン　投資銀行本部（常勤）（～現在）
- 2019年　三浦法律事務所設立に参画（～現在）

【主な取扱分野】
M&A、買収ファイナンス、金融関連法制、コーポレートガバナンス、商事紛争、医療・ヘルスケア

【主な著作・論文】
『Q&A 株式・社債等の法務と税務』『会社役員規程マニュアル』『Q&A 親子・関連会社の実務』（改訂版加除式）（新日本法規出版、2010年～2019年〔共著〕）、『救急診療指針〔改訂第5版〕』（へるす出版、2018年〔共著〕）、『ジェネラリストのための外来初療・処置ガイド』（医学書院、2016年〔共著〕）、『内部統制と取締役の責任』（学陽書房、2007年〔共著〕）、『これなら使える新会社法50のポイント』（日本経済新聞出版社、2006年〔共著〕）、『M&A活用と防衛戦略』（東洋経済新報社、2005年〔共著〕）等。

柴田　久（しばた　ひさし）
　2003年　東京大学法学部卒業
　2005年　弁護士登録（第二東京弁護士会所属）
　2005年　森・濱田松本法律事務所（～2018年）
　2011年　Cornell Law School(LL.M.) 修了
　2011年　米国三菱商事会社／北米三菱商事会社法務部出向（～2012年）
　2013年　経済産業省通商政策局米州課出向（～2015年）
　2019年　三浦法律事務所設立に参画（～現在）

【主な取扱分野】
M&A、事業承継、コーポレートガバナンス、商事紛争、国際法務、通商法

【主な著作・論文】
「【実務解説】CPTPPおよび日EUEPAの実務的影響（第1回）　CPTPPおよび日EUEPA総論」ビジネスロー・ジャーナル2019年6月号、「WTOアンチダンピング等最新判例解説㉜　アンチダンピング調査における価格効果分析と因果関係の立証」国際商事法務46巻2号（2018年）、「英国会社を対象とする株式対価のクロスボーダーM&A」商事法務2112号（2016年〔共著〕）、『企業再生の法務――実践的リーガルプロセスのすべて〔改訂版〕』（金融財政事情研究会、2011年〔共著〕）、「株式実務に潜むリスク　発行した優先株式の処理――転換、償還、公開買付け」会社法務A2Z21号（2009年〔共著〕）等、著書・論文多数。

今村　潤（いまむら　じゅん）
　2010年　慶應義塾大学大学院法務研究科修了
　2011年　弁護士登録（大阪弁護士会所属）
　2011年　共栄法律事務所（～2015年）
　2015年　関東財務局統括法務監査官（証券検査官、金融証券検査官併任）（～2018年）
　2019年　弁護士再登録（東京弁護士会所属）
　2019年　三浦法律事務所設立に参画（～現在）

【主な取扱分野】
FinTech、金融規制・危機対応、税務、訴訟・紛争

尾西祥平（おにし　しょうへい）
　2011年　慶應義塾大学大学院法務研究科修了
　2012年　弁護士登録（第二東京弁護士会所属）

2013年　ヤフー株式会社コーポレート政策企画本部（～2015年）
　　　2015年　佐藤総合法律事務所（～2019年）
　　　2016年　国内大手証券会社出向（～2017年）
　　　2019年　三浦法律事務所設立に参画（～現在）
【主な取扱分野】
FinTech、金融規制・危機対応、M&A、コーポレートガバナンス、キャピタル・マーケッツ、IT、スタートアップ・プラクティス

緋田　薫（あけだ　かおる）
　　　2011年　慶應義塾大学大学院法務研究科修了
　　　2013年　弁護士登録（第一東京弁護士会所属）
　　　2014年　外立総合法律事務所（～2018年）
　　　2016年　国内大手金融グループ会社出向（～2018年）
　　　2019年　三浦法律事務所設立に参画（～現在）
【主な取扱分野】
買収ファイナンス、金融規制、M&A、コーポレートガバナンス、訴訟・紛争、人事労務
【主な著作・論文】
「The Asset Tracing and Recovery Review: Sixth Edition」（Law Business Research Ltd., 2018年9月）、「Tax Litigation: Second Edition」（Thomson Reuters UK Limited., 2016年5月）等。

磯田　翔（いそだ　しょう）
　　　2014年　慶應義塾大学法学部法律学科卒業
　　　2014年　司法試験予備試験合格
　　　2016年　弁護士登録（東京弁護士会所属）
　　　2016年　三宅・今井・池田法律事務所（～2018年）
　　　2019年　三浦法律事務所設立に参画（～現在）
【主な取扱分野】
M&A、コーポレートガバナンス、金融規制、訴訟・紛争、人事労務

小倉　徹（おぐら　とおる）
　　　2015年　京都大学大学院法学研究科法曹養成専攻修了
　　　2016年　弁護士登録（東京弁護士会所属）
　　　2016年　ベーカー＆マッケンジー法律事務所（外国法共同事業）（～2018年）
　　　2019年　三浦法律事務所設立に参画（～現在）
【主な取扱分野】
M&A、金融規制、知的財産関連法制、IT、個人情報・プライバシー

ポイント解説
実務担当者のための金融商品取引法

2019年11月30日　初版第1刷発行

編著者	峯　岸　　健太郎		
著　者	今　戸　　智　恵	柴　田　　　久	
	今　村　　　潤	尾　西　　祥　平	
	緋　田　　　薫	磯　田　　　翔	
	小　倉　　　徹		

発行者　　小　宮　慶　太

発行所　株式会社　商　事　法　務
〒103-0025 東京都中央区日本橋茅場町 3-9-10
TEL 03-5614-5643・FAX 03-3664-8844〔営業部〕
TEL 03-5614-5649〔書籍出版部〕
https://www.shojihomu.co.jp/

落丁・乱丁本はお取り替えいたします。　　印刷／広研印刷㈱
© 2019 Kentaro Minegishi　　　　　　　　Printed in Japan
Shojihomu Co., Ltd.
ISBN978-4-7857-2749-9
＊定価はカバーに表示してあります。

JCOPY〈出版者著作権管理機構　委託出版物〉
本書の無断複製は著作権法上での例外を除き禁じられています。
複製される場合は、そのつど事前に、出版者著作権管理機構
（電話 03-5244-5088、FAX 03-5244-5089、e-mail: info@jcopy.or.jp）
の許諾を得てください。